项目一

旅游企业财务管理概述

【知识目标】

（1）了解旅游企业及其组织形式；
（2）理解旅游企业财务管理内容及原则；
（3）明确旅游企业财务管理目标；
（4）熟知旅游企业财务管理环节及环境。

【技能目标】

能够正确对旅游企业的财务管理活动进行分析，具备相应的分析问题和解决问题的能力。

【素质目标】

洞悉财务管理基本理论和国家财经法规，培养遵纪守法、诚实守信的职业品质和社会责任感。

【引入案例】

携程与“去哪儿”合并

2015年10月26日傍晚，携程网公告，与“去哪儿”合并。两者的合并方式是通过与百度股权置换实现的，即百度将持有的“去哪儿”1.78亿元普通A股及1 145万元普通B股股票置换给携程，获得1.9亿元携程普通B股。经过置换后，携程拥有45%的“去哪儿”股票，百度拥有25%的携程股票。这一交易后双方可以减少因竞争产生的资源消耗，降低行业的无序竞争，保证中国在线旅游的健康有序发展。

【问题】

1. 企业在并购过程中需要经历哪些主要环节？
2. 企业在搜寻适合的并购对象时，并购对象一般应符合哪些标准？
3. 本案例给你哪些启示？

前 言

我国旅游业伴随改革开放而破冰启航，经过40多年的快速发展，不断地创造奇迹和辉煌，已成为国民经济的战略性支柱产业。当前，我国经济已由高速增长阶段转向高质量发展阶段，推动旅游业向纵深发展。促进旅游业高质量发展，就要提高旅游企业品质，提升国际竞争力，同时对管理人才也提出更高要求，不仅要懂得经营，还要看得懂财务报表、懂得投资、会从财务的角度去理解和处理问题。因此，财务管理已成为现代旅游企业管理人员必须了解和掌握的一门专业知识。

旅游企业财务管理是旅游企业组织财务活动、处理财务关系的一系列管理活动，是企业管理的一个重要组成部分。通过对旅游企业财务管理的学习，可以掌握财务管理的基本理论、基本知识和基本方法，培养财务思维，提高财务洞察能力，这对旅游管理者提升综合职业素质来说是十分重要的。党的二十大报告指出，教育、科技、人才是全面建设社会主义现代化国家的基础性、战略性支撑。教育是国之大计、党之大计。职业教育是我国教育体系的重要组成部分，肩负着“为党育人、为国育才”的神圣使命。本书以习近平新时代中国特色社会主义思想为指导，深入贯彻落实党的二十大精神，将思想道德建设与专业素质培养融为一体，着力培养爱党爱国、敬业奉献、具有工匠精神的高素质技能人才。本书适合作为应用型本科和高等职业院校旅游管理专业财务管理课程的教学用书，也可以作为旅游企业管理人员培训和自学用书。

本书编者在总结多年一线教学经验的基础上，充分吸取现有旅游企业财务管理教材的优点，结合职业教育类型和旅游企业的经营特点，依据财务管理学科的最新发展动态设计编写了本书。本书按照理论和实践高度融合的思路，从财务管理基础入手，简明扼要地阐述了财务管理的基本概念、基本原理和基本方法，进而引入旅游企业管理中的筹资、投资、运营、收入与分配管理和预算等工作环节，重点论述旅游企业筹资、投资和分配等问题的决策理论和方法。主要编写思路和特色如下：

1. 以育人为根本，彰显寓教于乐

本书以企业理财为主线，融入信仰、道德、修养、文化和价值观等思政内容，做到以文载道，价值塑造、知识传授和能力培养一体化，全程育人。

2. 以学生为中心，强化创新素养

本书内容追求宽度和厚度，坚持以学生为中心，贴近高职院校学生认知特点，匹配旅游管理岗位需求。在编写过程中尽量做到通俗易懂、深入浅出。以鲜活案例、真实任务、仿真情境等为载体，引导学生“学中做”和“做中学”，培养学生的创新素养和实操能力。

3. 以学术前沿为引领，突出职业发展

本书紧跟时代发展，充分反映旅游业最新的发展动态、准则规范，强化理实一体、立教融合，以突出教材内容的职业性与实用性，满足学生未来就业岗位与职业发展的可持续性。

4. 以校企合作为牵手，共同建设数字资源

本书在编写时充分利用合作单位——山东神州顺利办企业管理有限公司资源，将比较抽象的理论和实际工作流程进行链接，吸纳大量真实案例，共同开发建设数字化教学资源，实现了纸质教材与数字资源一体化设计。

本书由山东旅游职业学院会计教师团队执笔编写。王艳玲、王蕾任主编，刘艳雪、王晓任副主编。具体分工为：王艳玲负责教材的组织规划，编写项目一、二、十；王蕾负责通稿审核，编写项目三、四、五；刘艳雪编写项目六、七；王晓编写项目八、九。

本书在编写过程中参阅了大量的相关文献、教材、著作和网站，在此向所有作者致以最真挚的谢意。

由于编者水平有限，书中难免存在一些不足之处，恳请专家、学者批评指正，以便我们不断地更新、改进与完善。

编者

2022 年 3 月

目　录

校企“双元”合作开发教材

新编21世纪高等职业教育精品教材 | 旅游大类

旅游企业财务管理

Financial Management of Tourism Enterprises

主　编　王艳玲　王　蕾

副主编　刘艳雪　王　晓

中国人民大学出版社

·北京·

任务一

认识旅游企业财务管理

一、旅游企业及其组织形式

（一）旅游企业的概念

旅游企业是能够以旅游资源为依托，以有形的空间设备、资源和无形的服务效用为手段，在旅游消费服务领域中进行独立经营核算的经济单位。

现代旅游活动涉及食、住、行、游、购、娱等多个方面，因此旅游企业活动范围十分广泛。旅游企业类型主要包括：

1. 旅游中介企业

旅游中介企业也称为旅游中间商，它们从旅游产品生产者那里订购各种旅游产品和服务，如住宿、交通、保险等，然后再转卖给旅游经营者或游客，并从中获得佣金。由于旅游中介企业面对着不同的经营对象，又可以分为旅游经营商（包括批发商）和零售代理商。前者将旅游过程中分散的产品组合成一个整体，并以包价的形式通过旅游零售代理商销售；后者为消费者提供现成的旅游线路，如旅行社。旅游中介服务已成为全球销售旅游产品和服务的普遍形式。

2. 旅游交通企业

旅游交通企业是为游客从常住地到旅游目的地往返以及在各旅游目的地内提供空间转移服务手段的机构。以交通工具使用的不同为标志，旅游交通具体划分为航空旅游交通、铁路旅游交通、公路旅游交通、水路旅游交通和特种旅游交通等。

3. 旅游住宿企业

旅游住宿企业也就是我们通常所说的商业性质的饭店和宾馆。它是为顾客提供住宿和其他服务的企业机构。根据消费和管理的不同需求，住宿企业又形成了各种类型，如可以按星级标准划分为五星级、四星级等类型的饭店；按功能划分为商务、度假、休闲、会议等类型的饭店；按经营管理特点划分为单体经营和连锁经营饭店（包括兼并经营、合同管理、特许经营和租赁经营饭店）。

4. 旅游吸引物企业

旅游者往往期望在外地获得愉悦，因此，旅游吸引物企业经营的对象才最能满足游客的愿望和要求，也是吸引人们到旅游目的地享受的根本原因。旅游吸引物可以划分为许多种类，形成了企业经营的业务内容。具有代表性的旅游吸引物企业主要有主题公园、博彩公司、娱乐公司、娱乐表演公司、节庆和活动公司、旅游购物公司等。

（二）旅游企业的组织形式

旅游企业的组织形式是指企业存在的形态和类型，主要有业主制旅游企业、合伙制旅游企业和公司制旅游企业。无论旅游企业采用何种组织形式，都应具有两种基本的经济权利，即所有权和经营权，它们是旅游企业从事经济运作和财务运作的基础。

1. 业主制旅游企业

业主制旅游企业是最简单的旅游企业组织形式，这种俗称“夫妻店”的典型小旅游企业只有一个产权所有者。企业是业主的个人财产，由业主直接经营，业主享有企业的全部经营所得，同时对企业债务负有完全责任。

业主制旅游企业一般规模很小、结构简单，几乎没有任何专门的内部管理机构。它具有创立容易，经营管理灵活自由，不需缴纳企业所得税等优点。但它存在一定的局限性，表现为：

（1）需要业主对企业债务承担无限责任，当企业的损失超过业主最初的投资时，需要用业主个人的其他财产偿债。

（2）由于受到偿债能力的限制，因此难以从外部获得大量资金用于经营。

（3）企业的生命有限，将随着业主的死亡而自动消亡。

2. 合伙制旅游企业

合伙制旅游企业是由两个或两个以上的人合伙经营的企业，合伙人共同出资，共同经营，共享企业所得、共担企业债务。合伙制旅游企业分为普通合伙企业和有限合伙企业。

普通合伙企业由普通合伙人组成，合伙人对合伙企业债务承担无限连带责任。有限合伙企业由普通合伙人和有限合伙人组成，普通合伙人对合伙企业债务承担无限连带责任，有限合伙人以其认缴的出资额为限对合伙企业债务承担责任。

除了业主不止一个人外，合伙制旅游企业的优点和缺点与业主制旅游企业类似。此外，法律还规定合伙人转让其所有权时需要取得其他合伙人的同意，有时甚至还需要修改合伙协议。

3. 公司制旅游企业

公司制旅游企业是法人组织，依法独立行使民事权利、承担民事责任。公司的产权分属于股东，股东有权分享公司的盈利。与合伙制旅游企业不同，公司股东并不对企业债务负无限责任，而以其认缴的出资额为限对公司承担责任。同时，公司股东不能退股，只能转让他的股权。

从企业制度的内容来分析，公司制旅游企业具有以下一些明确的特征：

（1）产权关系：所有权与经营控制权相分离。法人财产独立，企业拥有出资者投资形成的全部法人财产权，成为享有民事权利、承担民事责任的法人实体。

（2）企业经营方式及盈亏责任：企业以其全部法人财产依法自主经营、自负盈亏，长期亏损、资不抵债者依法破产，公司法人对其债务以法人资产为限负有限责任。

（3）出资者权利及责任：出资者按投入企业的资本额的多少享有股东权利，对公司债务以其出资额为限负有限责任。

（4）企业治理结构（即领导和管理体制）：企业形成所有者（股东）、决策者（董事会）、管理者（经理）三位一体的法人治理结构（也可增设监事会）。

（5）薪酬制度：企业自主分配。管理人员和职工的收入来源是工资和奖金，股东可根据企业经营成效按出资额的多少分得红利。

（6）人事制度：实行聘用制或招聘制。职工与企业法人之间的关系是劳动合同关系。在实行职工持股的情况下，职工具有股东和劳动者的双重身份。

（7）资产性质：现代公司资产的价值形态可以转让和流动。其中股份有限公司的股票可以自由流动；有限责任公司的股单可以在股东之间自由转让、在其他场合有条件地转让；公司债券也可以自由转让。资产证券化，股票、企业债券可自由流动，这是现代公司的一大特点。

以上特征表明，与合伙制相比较，公司制旅游企业最突出的优点是股东只对企业债务负有限责任，风险要比合伙人小得多。这就使公司制企业成为筹集大量资本的良好企业组织形式。公司制的另一个优点是具有独立生命，除非由于破产歇业，它的生命是永远延续的。在业务决策上，只需多数同意而不需要一致通过。与此同时，公司股东不能像合伙制企业的合伙人那样，直接做出经营决策和代表其他股东与人签约，而是由股东大会按一股一票的原则投票选聘董事组成董事会，托管公司法人财产。董事会则聘任总经理和其他高级经理人员进行日常经营活动。公司经理人员在作为股东的代理人行使职权和承担财务责任时受到有关法律的严格限制。这样就保证了公司决策的连续性和及时性，减少了差错。

公司制这种组织形式的缺点如下：

（1）公司设立程序复杂。公司法人地位的确定需要政府的认可，歇业也要通过一定的法定程序。因此，公司的组建不像其他两种企业形式那样方便灵活。

（2）缺乏骨肉相连的关系。股东购买股票，只为取得股利和从股票升值中谋利，对公司缺乏业主制和合伙制下那种所有者同企业之间的血肉相连的关系。同时，由于经营者往往不是拥有股权的股东，他们同旅游企业的利益关系也不像业主制及合伙制那样紧密。由此便产生了委托人（出资者）和代理人（经理人员）之间的复杂的授权与控制的关系。

（3）双重课税。公司制旅游企业作为独立的法人，其利润需要缴纳所得税，企业利润分配给股东后，股东还需缴纳个人所得税。

以上三种形式的旅游企业组织中，业主制旅游企业占旅游企业总数的比重很大，但绝大部分的商业资金是由公司制旅游企业控制的。因此，财务管理通常把公司制旅游企业作为讨论的重点。除非特别指明，本教材讨论的财务管理均指公司制旅游企业财务管理。

二、旅游企业的社会责任

旅游企业的社会责任是指企业在谋求所有者或股东权益最大化之外所负有的维护和增进社会利益的义务。具体来说，旅游企业的社会责任主要包括以下内容：

（一）对员工的责任

旅游企业除了有向员工支付报酬的法律责任外，还负有为员工提供安全的工作环境、职业教育等保障员工利益的责任。按照我国《公司法》的规定，企业对员工承担的社会责任有以下几个方面：

（1）按时足额发放劳动报酬，并根据社会发展逐步提高工资水平。

（2）提供安全健康的工作环境，加强劳动保护，实现安全生产，积极预防职业病。

（3）建立公司的职业教育和岗位培训制度，不断提高员工的素质和能力。

（4）完善工会、职工董事和职工监事制度，培育良好的企业文化。

（二）对债权人的责任

债权人是旅游企业的重要利益相关者，旅游企业应依据合同的约定以及法律的规定对债权人承担相应的义务，保障债权人的合法权益。这种义务既是公司的民事义务，也可视为公司应承担的社会责任。公司对债权人承担的社会责任主要有以下几个方面：

（1）按照法律、法规和公司章程的规定，真实、准确、完整、及时地披露公司信息。

（2）诚实守信，不滥用公司人格。

（3）主动偿债，不无故拖欠。

（4）确保交易安全，切实履行合法订立的合同。

（三）对消费者的责任

公司的价值实现，很大程度上取决于消费者的选择，旅游企业理应重视对消费者承担的社会责任。旅游企业对消费者承担的社会责任主要有：

（1）确保产品服务质量，保障消费安全。

（2）诚实守信，确保消费者的知情权。

（3）提供完善的售后服务，及时为消费者排忧解难。

（四）对社会公益的责任

旅游企业对社会公益的责任主要涉及慈善、社区等。旅游企业对慈善事业的社会责任是指承担扶贫济困和发展慈善事业的责任，表现为企业对不确定的社会群体（尤指弱势群体）进行帮助。捐赠是其最主要的表现形式，受捐赠的对象主要有社会福利院、医疗服务机构、教育事业、贫困地区、特殊困难人群等。此外，还包括雇用残疾人、生活困难的人、缺乏就业竞争力的人到企业工作，以及举办与公司营业范围有关的各种公益性的社会教育宣传活动等。

（五）对环境和资源的责任

旅游企业对环境和资源的社会责任可以概括为两大方面：

一是承担可持续发展与节约资源的责任；

二是承担保护环境和维护自然和谐的责任。

此外，旅游企业还有义务和责任遵从政府的管理、接受政府的监督。旅游企业要在政府的指引下合法经营、自觉履行法律规定的义务，同时尽可能地为政府献计献策、分担社会压力、支持政府的各项事业。

一般而言，对一个利润或投资收益率处于较低水平的公司，在激烈竞争的环境下是难以承担额外增加其成本的社会责任的。而对于那些利润超常的公司，它们可以适当地承担而且有的也确已承担一定的社会责任。因为对利润超常的公司来说，适当地从事一些社会公益活动，有助于提高公司的知名度，促进其业务活动的开展，进而使股价升高。但不管怎样，任何企业都无法长期单独地负担因承担社会责任而增加的成本。过分地强调社会责任而使企业价值减少，就可能导致整个社会资金运用的次优化，从而使社会经济发展步伐减缓。事实上，大多数社会责任都必须通过立法以强制的方式让每一个企业平均负担。然而，旅游企业是社会的经济细胞，理应关注并自觉改善自身的生态环境，重视履行对员工、消费者、环境、社区等利益相关方的责任，重视其生产行为可能对未来环境的影响，特别是在员工健康与安全、废弃物处理、污染等方面应尽早采取相应的措施，减少企业在这些方面可能会遭遇的各种困扰，从而有助于企业可持续发展。

三、旅游企业财务管理的内容

旅游企业财务管理是旅游企业组织财务活动、处理财务关系的一项经济管理工作。因此，旅游企业财务管理的内容包括旅游企业的财务活动和旅游企业的财务关系两个方面。

（一）旅游企业的财务活动

旅游企业的财务活动是指以现金收支为主的旅游企业资金收支活动的总称，即旅游企业再生产过程中的资金运动。任何企业的再生产过程都具有两重性：既是使用价值的生产和交换过程，又是价值的形成和实现过程。旅游企业生产的产品是劳务产品，虽然不像制造业那样提供的是有形的物质产品，但是无形的服务同样能满足人们特定的消费需求，并在满足需求的过程中实现价值增值，因而旅游企业提供的服务同样具有使用价值和价值。

旅游企业在提供服务满足游客需要的过程中伴随着资金的筹集、投放、耗费、回收及分配等资金运动过程，这一系列资金运动过程构成了旅游企业的财务活动内容，具体来说主要包括：

1. 资金筹集

旅游企业经营活动离不开资金支持，如果从资金的来源性质上理解资金的话，可以将资金分为两类：一类是债务性质的资金，即负债；另一类是属于所有者的资金，即所有者权益。前者代表旅游企业与债权人之间的一种借贷关系，旅游企业必须按期还本付息；后者代表旅游企业投资人所拥有的利益或权利。旅游企业必须选择合适的筹资渠道，处理好筹资中两类资金的比例关系，以较低的筹资成本筹资和以适当的还款方式偿债。

2. 资金投放

旅游企业筹集来的资金需要通过投放转化为各类有用的资产。如果从资金投放的结果来看，可以将资金分为两类；一类是有形资产，即各种有形的生产资料、原材料和货币资产；另一类是无形资产，即知识产权、专有技术、品牌和商标等。旅游企业必须处理好投放在各类资产上的比例关系，以形成适当的资产结构，以避免重有形、轻无形的投资误区。

3. 资金耗费

旅游企业在提供服务时，会耗费各种材料，损耗固定资产，支付员工工资及其他费用，各种生产耗费的货币表现就构成了服务产品的成本，成本是旅游企业生产经营过程中的资金耗费。伴随着资金耗费，旅游企业在为消费者提供服务效用的同时，也创造出新的价值。其中除补偿员工为自己劳动创造的价值以外，还包括为社会劳动创造的价值。旅游企业必须控制好资金耗费过程，即控制好成本，才能最大限度地创造利润。

4. 资金回收

旅游企业在为消费者提供服务以后，便可按一定价格实现一定量的货币收入，由此实现资金回收。由于回收的方式不同，会产生现收收入和应收收入。旅游企业只有密切关注资金回收量的多少和回收时间的长短，才能确保实现资金回收目标。为此必须制定合理的价格，选择适当的结算方式。

5. 资金分配

旅游企业取得的货币收入要用于弥补各项耗费，要向国家缴纳各项税金，要向债权人还本付息，要向投资者分红等，由此实现资金的分配过程。旅游企业必须处理好分配中的各种关系。只有利益关系协调好，才能为旅游企业持续经营创造良好的内外部条件。

（二）旅游企业的财务关系

旅游企业在组织财务活动过程中，不可避免地会与企业内外部有关各方发生经济利益关系，这种经济利益关系就构成了旅游企业的财务关系，主要包括：

1. 企业与投资者、受资者的财务关系

旅游企业不管是从投资者那里筹集资金，还是向其他单位投资，都会形成投资方与受资方的关系，受资方应当向投资方分配投资收益。这种关系在性质上属于所有权关系，双方必须承担各自的责任和享受各自的权益。

2. 企业与债权人、债务人的财务关系

旅游企业在购销活动中会与有关单位发生货款收支结算关系，也会由于资金周转的需要与有关单位发生资金借贷关系。这种关系在性质上属于债权债务关系、合同关系，双方同样要保证各自的权利和义务，按合同规定落实到位。

3. 企业与税务机关的财务关系

税务机关以社会管理者的身份与旅游企业发生征缴税款的财务关系，旅游企业必须依法足额按时缴纳各项税金，履行应尽的义务。

4. 企业与客户的财务关系

旅游企业由于向客人提供了服务产品而享有获得收入的权利，由于结算方式不同，会形成现收收入和赊收收入。如何实现收入安全回收，是旅游企业财务管理的重要内容。

5. 企业内部的财务关系

旅游企业在取得收入后，要向员工支付工资、津贴和奖金等，这种财务关系体现了个人和集体在劳动成果上的分配关系，要按有关分配政策协调好这种关系。

旅游企业上述的各种财务关系是在从事生产经营，进行资金的筹集、投放、耗费、回收和分配等财务工作中产生的。它是伴随着财务活动必然产生的一种经济现象，离开了这些财务关系，旅游企业的资金运动就缺乏效率和动力。由此可见，旅游企业财务就其本质而言，是指其经营过程中的资金运动及其所体现的财务关系。因此，不难发现旅游企业财务管理的对象是旅游企业的资金运动，区别于其他管理的特点，在于它是一种全面价值管理。

四、旅游企业财务管理的原则

财务管理原则是旅游企业组织财务活动和处理财务关系的基本准则，是体现理财活动规律性的行为规范，是对财务管理的基本要求。具体来说，可以概括为以下几个：

（一）资金合理配置原则

资金合理配置原则就是通过对资金运动的组织和调节来保证各项资源具有最优化的结构比例关系。从资金来源来说，合理配置自有资金与负债资金的比例关系，构建良好的资金结构，是保证财务稳定性的重要前提；从资金占用来说，合理配置各类资产间的比例关系，推动资金运动良性循环，是保证旅游企业整体服务质量的资源基础。

（二）收支积极平衡原则

收支积极平衡原则就是努力创造条件去实现经营过程中对资金收支的正常需要。从收支平衡来讲，有消极的方式也有积极的方式，传统上的“量入为出”虽然稳妥，但比较消极；现代经济社会发展变化速度很快，机会也是稍纵即逝，要抓住有利于满足经营扩张的需要，必须具备“量出为入”的积极收支平衡观，对一些关键性的生产经营支出要开辟财源予以支持。这种理财观是一种积极的、动态的收支平衡观，也是促使旅游企业迅速发展壮大的一种理财原则。

（三）成本效益均衡原则

成本效益均衡原则就是要对旅游企业经营活动的所费与所得进行相互联系的思考。离开效益去谈成本是无目标的，离开成本去谈效益也是缺乏基础的。要注意区分有效成本（有助于效益取得的成本）和无效成本（无助于效益取得的成本），对有效成本要想尽办法大力支持，对无效成本要严格控制。对旅游企业来说，要特别注意服务无形性特点对效益表现形式的影响，处理好有形效益与无形效益、长期效益与短期效益的关系，认清成本与效益的对立统一关系尤为重要。

（四）收益风险均衡原则

收益风险均衡原则就是要求旅游企业全面客观地认识到任何财务决策都具有两面性，从而做到在决策中要趋利避害，控制风险，提高收益。这里的风险是指获得预期财务成果的不确定性。旅游企业要想获得收益，就不能回避风险，而且通常风险越大的项目收益越高。旅游企业在财务决策与财务活动中，要将收益动机与风险意识结合起来，客观地进行评价和分析，以求在控制财务风险的同时争取获得较多的收益。

（五）利益关系协调原则

利益关系协调原则就是要求旅游企业在进行利益分配时，必须兼顾各方面的利益要求，尽可能地做到分配公平合理，使各方面的利益要求均得到一定体现，为旅游企业更有效地开展经营活动创造良好的环境，这也有助于各利益主体更加关心、支持旅游企业的经营活动。旅游企业经营活动的开展离不开各方面的支持与配合，各方面利益关系的协调最终就是财务关系的协调，旅游企业理财活动中必须合理配置财务资源，形成和谐共处的生态经营环境。

任务二

旅游企业财务管理目标

财务管理目标又称为理财目标，是指旅游企业进行财务管理活动所要达到的根本目的，它决定着旅游企业财务工作的发展方向，是评价旅游企业理财活动是否合理有效的基本标准，也是一切财务活动的出发点和归宿。合理的财务管理目标，对优化财务管理行为、改善旅游企业战略管理与经营管理、不断提高经济效益具有重要意义。

目前，人们对财务管理目标的认识尚未形成统一观点，具有代表性的观点有以下几种：

一、利润最大化

这种观点认为，利润代表了旅游企业新创造的财富，利润越大，说明旅游企业所创造的财富越多，就越接近旅游企业的总目标。以利润最大化作为财务管理目标，其主要原因有三：

一是人类从事经营活动的目的是创造更多的剩余产品，在市场经济条件下，剩余产品的多少可以用利润这个指标来衡量；

二是在自由竞争的资本市场中，资本的使用权最终属于获利最多的企业；

三是只有每个旅游企业都最大限度地创造利润，整个社会的财富才可能实现最大化，从而带来社会的进步和发展。

（一）利润最大化的优点

以利润最大化作为旅游企业财务管理目标的主要优点在于：

（1）利润是旅游企业一定时期内全部收入和全部费用的差额，将利润最大化作为财务管理的目标，在一定程度上有利于资源的合理配置，有利于经济效益的提高。这是因为旅游企业追求利润最大化，就必须讲求经济核算，不断加强管理，降低成本，提高工作效率。

（2）旅游企业的利润指标比较具体直观，而且易于分解与分配，因此利润最大化目标容易被旅游企业管理者和职工接受。

（3）旅游企业通过追求利润最大化目标，可使整个社会的财富实现最大化。

（二）利润最大化的缺点

以利润最大化作为旅游企业财务管理目标存在以下缺点：

（1）这里的利润是指旅游企业一定时期内实现的税后利润，没有考虑利润实现时间和资金时间价值；

（2）没有反映创造的利润与投入资本之间的关系；

（3）没有考虑风险因素，获得高额利润往往要承担过大的风险；

（4）片面追求利润最大化，可能导致管理者的决策带有短期行为倾向，影响旅游企业长远发展。

二、股东财富最大化

股东财富最大化是指通过财务上的合理经营，为股东创造最多的财富，实现旅游企业财务管理目标。在上市公司，股东财富是由其所拥有的股票数量和股票市场价格两方面决定的。当股票数量一定时，股票价格达到最高，股东财富也就达到最大。

（一）股东财富最大化的优点

与利润最大化相比，股东财富最大化的主要优点有：

（1）科学地考虑了风险因素，因为风险的高低会对股票价格产生重要影响。

（2）在一定程度上避免旅游企业短期行为，因为不仅目前的利润会影响股票价格，预期未来的利润同样会对股票价格产生重要影响。

（3）股东财富最大化能够充分体现旅游企业股东对资本保值与增值的要求。

（二）股东财富最大化的缺点

以股东财富最大化作为财务管理目标也存在以下缺点：

（1）适用范围存在限制，只适用于上市公司，对非上市公司很难适用。

（2）股票价格受众多因素影响，这些因素并非都是旅游企业所能控制的，股票价格不能完全、准确地反映企业财务管理状况。

（3）只强调股东利益，而对其他相关者的利益重视不够，可能导致旅游企业股东与其他利益主体之间产生矛盾与冲突。

三、企业价值最大化

企业价值最大化是指旅游企业通过采用最优的财务政策，充分考虑资金的时间价值以及风险与报酬的关系，在保证长期稳定发展的基础上，使企业总价值达到最大。旅游企业价值不是账面资产的总价值，而是旅游企业所有者权益和债权人权益的市场价值，或者是旅游企业所能创造的预计未来现金流量的现值。未来现金流量这一概念包含时间价值和风险价值两个方面的因素。因为未来现金流量的预测包含不确定性和风险因素，而现金流量的现值是以资金的时间价值为基础对现金流量进行折现计算得出的。

（一）企业价值最大化的优点

以企业价值最大化作为财务管理目标，具有以下优点：

（1）考虑了取得收益的时间，并用货币时间价值的原理进行了计量；

（2）考虑了风险与收益的关系；

（3）将旅游企业长期、稳定的发展和持续的获利能力放在首位，能克服企业在追求利润上的短期行为，因为不仅当前的利润会影响旅游企业的价值，预期未来的利润对企业价值增加也会产生重大影响；

（4）用价值代替价格，避免了过多外界市场因素的干扰，有效地规避了企业的短期行为。

（二）企业价值最大化的缺点

以企业价值最大化作为财务管理目标也存在一些缺点：

（1）以企业价值最大化作为财务管理目标过于理论化，不易操作；

（2）对于非上市公司而言，只有对旅游企业进行专门的评估才能确定其价值，而在评估企业的资产时，由于受评估标准和评估方式的影响，很难做到客观和准确。

四、相关者利益最大化

在现代企业是多边契约关系的总和的前提下，要确立科学的财务管理目标，需要考虑哪些利益关系会对旅游企业发展产生影响。在市场经济中，旅游企业的理财主体更加细化和多元化。股东作为企业所有者，在企业中拥有最高的权力，并承担着最大的义务和风险，但是债权人、员工、企业经营者、客户、供应商和政府也为企业承担着风险。因此，企业的利益相关者不仅包括股东，还包括债权人、企业经营者、客户、供应商、员工、政府等。在确定企业财务管理目标时，不能忽视这些相关利益群体的利益。

（一）相关者利益最大化目标的具体内容

（1）强调风险与收益的均衡，将风险限制在旅游企业可以承受的范围内；

（2）强调股东的首要地位，并强调旅游企业与股东之间的协调关系；

（3）强调对代理人即旅游企业经营者的监督和控制，建立有效的激励机制以便企业战略目标的顺利实现；

（4）关心本企业普通职工的利益，创造优美和谐的工作环境，提供合理恰当的福利待遇，培养职工长期努力为企业工作；

（5）不断加强与债权人的关系，培养可靠的资金供应者；

（6）关心客户的长期利益，以便保持销售收入的稳定增长；

（7）加强与供应商的协作，共同面对市场竞争，并注重企业形象的宣传，遵守承诺，讲究信誉；

（8）保持与政府部门的良好关系。

（二）相关者利益最大化的优点

（1）有利于旅游企业长期稳定发展。这一目标注重企业发展过程中考虑并满足各利益相关者的利益关系。在追求长期稳定发展的过程中，站在企业的角度上进行投资研究，避免只站在股东的角度进行投资可能导致的一系列问题。

（2）体现了合作共赢的价值理念，有利于实现旅游企业经济效益和社会效益的统一。由于兼顾了企业、股东、政府、客户等各方的利益，企业就不仅仅是一个单纯谋利的组织，还承担了一定的社会责任。旅游企业在寻求其自身的发展和利益最大化过程中，由于需维护客户及其他利益相关者的利益，就会依法经营、依法管理，正确处理各种财务关系，自觉维护和保障国家、集体和社会公众的合法权益。

（3）这一目标本身是一个多元化、多层次的目标体系，较好地兼顾了各利益主体的利益。这一目标可使旅游企业各利益主体相互作用、相互协调，并在使企业利益、股东利益达到最大化的同时，也使其他利益相关者的利益达到最大化。

（4）体现了前瞻性和现实性的统一。比如，企业作为利益相关者之一，有其一套评价指标，如未来企业收益贴现值；股东的评价指标可以使用股票市价；债权人可以寻求风险最小、利息最大；工人可以确保工资福利；政府可考虑社会效益等。不同的利益相关者有各自的指标，只要合理合法、互利互惠、相互协调，就可以实现所有相关者利益最大化。

五、各种财务管理目标之间的关系

上述各种财务管理目标，都以股东财富最大化为基础。因为，旅游企业是市场经济的主要参与者，企业的创立和发展都必须以股东的投入为基础，离开了股东的投入，企业就不复存在；并且，在旅游企业的日常经营过程中，作为所有者的股东在旅游企业中承担着最大的义务和风险，相应也需享有最高的收益，即股东财富最大化，否则就难以为市场经济的持续发展提供动力。

当然，以股东财富最大化为核心和基础，还应该考虑利益相关者的利益。各国公司法都规定，股东权益是剩余权益，只有满足了其他方面的利益之后才会有股东的利益。旅游企业必须缴税、给员工发工资、给顾客提供他们满意的产品和服务，然后才能获得税后收益。可见，其他利益相关者的要求先于股东被满足，因此这种满足必须是有限度的。如果对其他利益相关者的要求不加限制，股东就不会有“剩余”了。除非股东确信投资会带来满意的回报，否则股东不会出资。没有股东财富最大化的目标，利润最大化、企业价值最大化以及相关者利益最大化的目标也就无法实现。因此，在强调公司承担应尽的社会责任的前提下，应当允许旅游企业以股东财富最大化为目标。

任务三

旅游企业财务管理环节

旅游企业财务管理环节是用来组织、指挥、监督和控制财务活动，正确处理财务关系，以完成财务管理任务的手段。旅游企业财务管理包括以下几个环节：

一、计划与预算

（一）财务预测

财务预测是根据旅游企业财务活动的历史资料，考虑现实的要求和条件，对旅游企业未来的财务活动做出较为具体的预计和测算的过程。通过测算旅游企业财务活动的数据指标，为决策提供可靠的依据；通过预计财务收支的发展变化情况，以确定经营目标；通过测算各项定额和标准，为编制计划、分解计划指标服务。

财务预测的方法主要有定性预测和定量预测两类。定性预测法主要是利用直观材料，依靠个人的主观判断和综合分析能力，对事物未来的状况和趋势做出预测的一种方法；定量预测法主要是根据变量之间存在的数量关系建立数学模型来进行预测的方法。

（二）财务计划

财务计划是根据旅游企业的整体战略目标和规划，结合财务预测的结果，对财务活动进行规划，并以指标形式落实到每一计划期间的过程。财务计划主要通过指标和表格，以货币形式反映在一定计划期内的企业生产经营活动所需要的资金及其来源、财务收入和支出、财务成果及其分配的情况。

确定财务计划指标的方法一般有平衡法、因素法、比例法和定额法等。

（三）财务预算

财务预算是根据财务战略、财务计划和各种预测信息确定预算期内各种预算指标的过程。它是财务战略的具体化，是财务计划的分解和落实。

财务预算的编制方法通常包括固定预算与弹性预算、增量预算与零基预算、定期预算与滚动预算等。

二、决策与控制

（一）财务决策

财务决策是指按照财务战略目标的总体要求，利用专门的方法对各种备选方案进行比较和分析，并从中选出最佳方案的过程。财务决策是财务管理的核心，决策的成功与否直接关系到企业的兴衰成败。

财务决策的方法主要有两类：一类是经验判断法，是根据决策者的经验来判断选择，常用的方法有淘汰法、排队法、归类法等；另一类是定量分析方法，常用的方法有优选对比法、数学微分法、线性规划法、概率决策法等。

（二）财务控制

财务控制是指利用有关信息和特定手段，对旅游企业的财务活动施加影响或调节，以便实现计划所规定的财务目标的过程。

财务控制的方法通常有前馈控制、过程控制、反馈控制几种。财务控制措施一般包括预算控制、运营分析控制和绩效考评控制等。

三、分析与考核

（一）财务分析

财务分析是指根据旅游企业财务报表等信息资料，采用专门方法，系统分析和评价企业的财务状况、经营成果以及未来趋势的过程。

财务分析的方法通常有比较分析法、比率分析法和因素分析法等。

（二）财务考核

财务考核是指将报告期实际完成数与规定的考核指标进行对比，确定有关责任单位和个人完成任务的过程。财务考核与奖惩紧密联系，是贯彻责任制原则的要求，也是构建激励与约束机制的关键环节。

财务考核的形式多种多样，可以用绝对指标、相对指标、完成百分比考核，也可以采用多种财务指标进行综合评价考核。

任务四

旅游企业财务管理环境

旅游企业财务管理环境是指企业在财务管理过程中所面对的各种客观条件或因素，主要包括技术环境、经济环境、金融环境、法律环境等。

一、技术环境

财务管理的技术环境，是指财务管理得以实现的技术手段和技术条件，它决定着财务管理的效率和效果。会计信息系统是财务管理技术环境中的一项重要内容。在旅游企业内部，会计信息主要是提供给管理层决策使用的，而在旅游企业外部，会计信息则主要是为企业的投资者、债权人等提供服务的。

随着数据科学、机器人流程自动化等机器智能技术不断应用到财务管理领域（如财务共享），财务管理的技术环境更容易实现数出 门、资源共享，便于不同信息使用者获取、分析和利用，进行投资和相关决策。

二、经济环境

财务活动是经济活动的组成部分，经济环境是影响财务管理最重要的因素。经济环境内容十分广泛，包括经济体制、经济周期、经济发展水平、宏观经济政策及通货膨胀水平等。

（一）经济体制

在计划经济体制下，旅游企业作为一个独立的核算单位而无独立的理财权。这时财务管理活动的内容比较单一，财务管理方法比较简单。在市场经济体制下，旅游企业成为“自主经营、自负盈亏”的经济实体，有独立的经营权，同时也有独立的理财权。可以从其自身需要出发，合理确定资本需要量，然后到市场上筹集资本，再把筹集到的资本投放到高效益的项目上获取更大的收益，最后将收益根据需要和可能进行分配。因此，财务管理活动的内容比较丰富，方法也复杂多样。

（二）经济周期

市场经济条件下，经济的发展有其内在规律，呈现出一种从复苏、繁荣、衰退和萧条到复苏的周期性特征，这对旅游企业财务管理产生了重要影响。在经济周期的不同阶段，企业应采用不同的财务管理战略（见表1-1）。

表1-1 经济周期中不同阶段的财务管理战略

复苏	繁荣	衰退	萧条
1. 增加厂房设备	1. 扩充厂房设备	1. 停止扩张	1. 建立投资标准
2. 实行长期租赁	2. 继续建立存货	2. 出售多余设备	2. 保持市场份额
3. 建立存货储备	3. 提高产品价格	3. 停产不利产品	3. 压缩管理费用
4. 开发新产品	4. 开展营销规划	4. 停止长期采购	4. 放弃次要利益
5. 增加劳动力	5. 增加劳动力	5. 削减存货	5. 削减存货
		6. 停止扩招雇员	6. 裁减雇员

（三）经济发展水平

财务管理的发展水平是和经济发展水平密切相关的，经济发展水平越高，财务管理水平也越高。财务管理水平的提高将推动旅游企业降低成本、改进效率、提高效益，从而促进经济发展水平的提高；而经济发展水平的提高，将改变旅游企业的财务战略、财务理念、财务管理模式和财务管理的方法手段，从而促进企业财务管理水平的提高。财务管理应当以经济发展水平为基础，以宏观经济发展目标为导向，从业务工作角度保证企业经营目标和经营战略的实现。

（四）宏观经济政策

经济政策是国家进行宏观经济调控的重要手段，国家产业政策、财税政策、金融政策、外汇政策、价格政策、投资政策、社会保障制度等对旅游企业财务管理产生不同的影响。如金融政策中的货币发行量、信贷规模会影响旅游企业投资的资金来源和投资的预期收益；财税政策会影响旅游企业的资金结构和投资项目的选择等；价格政策会影响旅游企业资金的投向和投资的回收期及预期收益，进而对企业财务活动的事前预测、决策及事后的评价产生影响等。

（五）通货膨胀水平

通货膨胀是指在货币流通条件下，因货币供给大于货币实际需求，导致货币贬值，从而引起的一段时间内物价持续上涨的现象。通货膨胀不仅对消费者不利，也会对旅游企业财务活动产生影响。主要表现在：

（1）引起资金占用的大量增加，从而增加企业的资金需求。

（2）引起企业利润虚增，造成企业资金由于利润分配而流失。

（3）引起利率上升，加大企业筹资成本。

（4）引起有价证券价格下降，增加企业的筹资难度。

（5）引起资金供应紧张，增加企业的筹资难度。

为了减轻通货膨胀对旅游企业造成的不利影响，企业应当采取措施予以防范。在通货膨胀初期，货币面临贬值的风险，这时企业进行投资可以避免风险，实现资本保值；与客户应签订长期购货合同，以减少物价上涨造成的损失；取得长期负债，保持资本成本的稳定。在通货膨胀持续期，企业可以采用比较严格的信用条件，减少企业债权；调整财务政策，防止和减少企业资本流失等。

三、金融环境

旅游企业资金除了自有外，主要从金融机构和金融市场取得，金融政策的变化必然影响公司的筹资、投资和资金运营活动，因此金融环境是旅游企业财务管理的主要影响因素之一，主要包括金融机构、金融工具、金融市场、利率等。

（一）金融机构

金融机构主要是指银行和非银行金融机构。银行是指经营存款、放款、汇兑、储蓄等金融业务，承担信用中介的金融机构，包括各种商业银行和政策性银行，如中国工商银行、中国农业银行、中国银行、中国建设银行、国家开发银行、中国农业发展银行。非银行金融机构主要包括保险公司、信托投资公司、证券公司、财务公司、金融资产管理公司、金融租赁公司等机构。

（二）金融工具

金融工具是指形成一方的金融资产并形成其他方的金融负债或权益工具的合同。借助金融工具，资金从供给方转移到需求方。金融工具分为基本金融工具和衍生金融工具两大类。常见的基本金融工具有企业持有的现金、从其他方收取现金或其他金融资产的合同权利、向其他方交付现金或其他金融资产的合同义务等；衍生金融工具又称派生金融工具，是在基本金融工具的基础上通过特定技术设计形成的新的金融工具，常见的衍生金融工具包括远期合同、期货合同、互换合同和期权合同等，种类非常复杂、繁多，具有高风险、高杠杆效应的特点。

一般认为，金融工具具有流动性、风险性和收益性的特征。

（1）流动性。流动性是指金融工具在必要时迅速转变为现金而不致遭受损失的能力。

（2）风险性。风险性是购买金融工具的本金和预定收益遭受损失的可能性。一般包括信用风险和市场风险。

（3）收益性。收益性是指金融工具能定期或不定期地给持有人带来收益。

（三）金融市场

金融市场是指资金供应者和资金需求者双方通过一定的金融工具进行交易，进而融通资金的场所。金融市场的构成要素包括资金供应者（或称资金剩余者）和资金需求者（或称资金不足者）、金融工具、交易价格、组织方式等。金融市场的主要功能就是把社会各个单位和个人的剩余资金有条件地转让给社会各个缺乏资金的单位和个人，使财尽其用，促进社会发展。资金供应者为了取得利息或利润，期望在最高利率条件下贷出；资金需求者则期望在最低利率条件下借入。因利率、时间、安全性条件不会使借贷双方都十分满意，于是就出现了金融机构和金融市场从中协调，使之各得其所。

在金融市场上，资金的转移方式有两种：

（1）直接转移。它是需要资金的企业或其他资金不足者直接将股票或债券出售给资金供应者，从而实现资金转移的一种方式。

（2）间接转移。它是需要资金的企业或其他资金不足者，通过金融中介机构，将股票或债券出售给资金供应者；或者以他们自身所发行的证券来交换资金供应者手中的资金，再将资金转移到各种股票或债券的发行者（即资金需求者）手中，从而实现资金转移的一种方式。

金融市场不仅为旅游企业融资和投资提供了场所，而且还可以帮助旅游企业实现长短期资金转换、引导资本流动，提高资金转移效率。

（四）利率

利率也称利息率，是利息占本金的比率。金融市场交易虽千姿百态，但其实质无非都是货币资金这一特殊商品的交易或融通。资金融通是以利率为价格标准的。筹资者为了获取资金，必须给资金的供应者提供不低于其资金机会成本的收益率，利率是资金价格的一般表现形态。

四、法律环境

财务管理的法律环境是指旅游企业与外部发生经济关系时应遵守的各种法律、法规和规章。

（一）法律环境的范畴

影响财务管理的法律法规，主要包括公司法、证券法、民法典、企业所得税法、企业财务通则、内部控制基本规范、管理会计指引等。市场经济是法制经济，旅游企业的经济活动总是在一定法律规范内进行的。法律既约束旅游企业的非法经济行为，也为旅游企业从事各种合法经济活动提供保护。按照对旅游企业财务管理内容的影响情况可以分以下几类：

（1）影响旅游企业筹资的各种法律法规主要有：《公司法》《证券法》《民法典》等。这些法律法规可以从不同方面规范或制约企业的筹资活动。

（2）影响旅游企业投资的各种法律法规主要有：《证券法》《公司法》《企业财务通则》等。这些法律法规从不同角度规范企业的投资活动。

（3）影响旅游企业收益分配的各种法律法规主要有：《企业所得税法》《公司法》《企业财务通则》等。这些法律法规从不同方面对企业收益分配进行了规范。

（二）法律环境对企业财务管理的影响

法律环境对旅游企业的影响是多方面的，影响范围包括企业组织形式、公司治理结构、投融资活动、日常经营、收益分配等。不同种类的法律、法规、规章分别从不同方面约束企业的经济行为，对旅游企业财务管理产生影响。

【思政园地】

跟王安石学理财思维——“合天下之众者财”

（一）原文出处

该句出自《度支副使厅壁题名记》。其中，王安石说：“夫合天下之众者财；理天下之财者法；守天下之法者吏也。吏不良，则有法而莫守。法不善，则有财而莫理。有财而莫理，则阡陌闾巷之贱人，皆能私取予之势，擅万物之利，以与人主争黔首，而放其无穷之欲，非必贵强桀大而后能。如是，而天子犹为不失其民者，盖特号而已耳。”

（二）译文

能聚合天下民众的是财政经济，能治理天下财政经济的是法令，执行天下法令的是官吏。官吏不好，虽有法令而不能贯彻。法令不当，即使有财、有物也无从管理。财政经济形势很好而不能妥善管理，那样连田间街巷中的卑贱之人都会有操纵市场的势力，获得垄断各种物资的利益，来与皇帝争夺黎民百姓，从而放纵他们自己的无穷欲望，这不一定需要豪门强宗大势力的人才可以办到。如果到了这个地步还说是皇帝没有失去百姓，大概只不过是徒有天子之名罢了。

（三）引申

从会计文化的角度讲，王安石所说的有四层要义。一是财务管理工作很重要，它不仅能从价值形态综合反映整个社会和单位的总体经济运行状况，而社会或单位的财政收入和财政支出又是一项政策性很强的工作，它与民众的切身利益息息相关，一定要以民为本；二是国家和企业的财富多寡，重在管理，聚财、理财、生财应三位一体，相互促进、相互协调，财务会计人员应从财富的守护者变为财富的创造者；三是财务会计人员要想真正理好财，首要前提是依法理财，为此，不仅要知法、懂法、守法，而且要搞好内部控制规范制度建设；四是国家的财经法规和企业单位内部的财经制度规定，领导干部和执法者必须带头贯彻执行，不能执法违法、胆大无法、肆意践法。

资料来源：郭传章．会计文化［M］．北京：高等教育出版社，2019.

【项目小结】

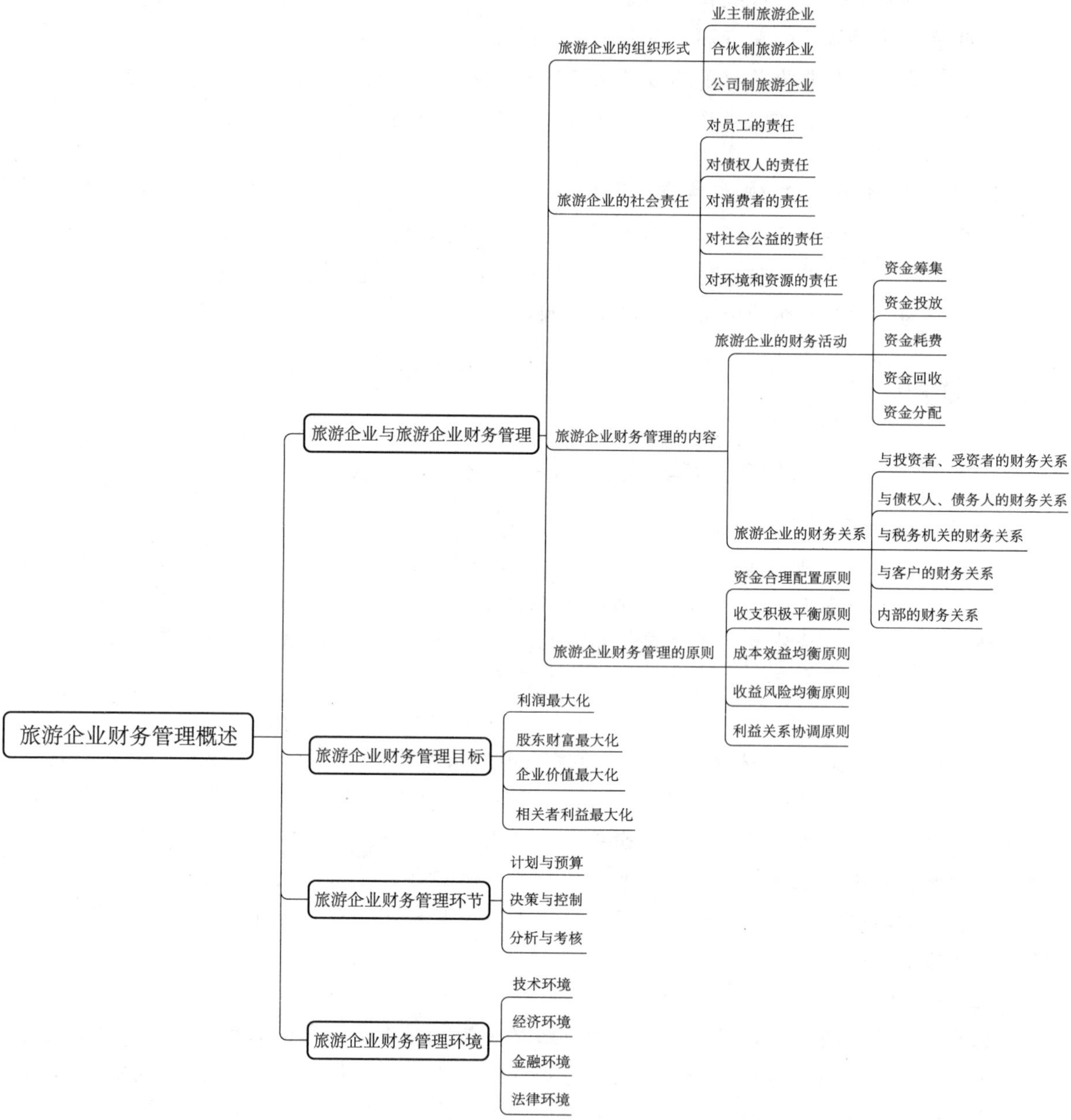

※ 应知考核 ※

一、单选题

1. 旅游企业与债权人之间的财务关系体现为（　　）。

A. 债权债务关系　　B. 强制和无偿的分配关系

C. 资金结算关系　　D. 债务债权关系

2. 旅游企业的财务管理目标应该是（　　）。

A. 利润最大化　　B. 股东财富最大化

C. 企业价值最大化　　D. 相关者利益最大化

3. 旅游企业财务管理的核心是（　　）。

A. 企业的经营活动　　B. 从事财务会计的人员

C. 企业的资金运动　　D. 企业的质量控制

4. 影响旅游企业财务管理的最重要的环境因素是（　　）。

A. 法律环境　　B. 经济环境

C. 金融环境　　D. 技术环境

5. 旅游企业价值通常是指（　　）。

A. 企业全部资产的账面价值　　B. 企业全部资产的市场价值

C. 企业有形资产的账面价值　　D. 企业的清算价值

二、多选题

1. 以利润最大化作为旅游企业财务管理的目标，其缺陷是（　　）。

A. 没有考虑资金的时间价值　　B. 没有考虑风险因素

C. 导致短期行为　　D. 没有考虑投入资本与获利之间的关系

2. 旅游企业财务管理的基本环节主要包括（　　）。

A. 财务预测　　B. 财务决策、财务预算

C. 财务控制　　D. 财务分析

3. 旅游企业财务管理的经济环境一般包括（　　）。

A. 经济体制　　B. 经济周期

C. 经济政策　　D. 通货膨胀

4. 金融工具一般具有的基本特征是（　　）。

A. 期限性　　B. 流动性

C. 风险性　　D. 收益性

5. 公司制企业的主要优点是（　　）。

A. 产权明晰，便于转让　　B. 存续期受限

C. 承担有限责任　　D. 与业主企业相比筹资较容易

三、判断题

1. 旅游企业价值最大化目标强调的是企业预计创造的未来现金流量现值最大。 ( )

2. 旅游企业财务管理的技术环境是指财务管理得以实现的技术手段和技术条件，它决定着财务管理的效率和效果。 ( )

※ 应会考核 ※

背景材料

有一天，财务管理人员与市场营销人员在讨论企业的目标，财务管理人员认为企业的目标是企业价值最大化，而市场营销人员则认为企业的目标是最大限度地满足顾客要求。

考核要求

1. 财务管理人员与市场营销人员对企业目标的认识有何异同点？
2. 企业目标与财务管理目标是否一致？

项目二

旅游企业财务管理基础

【知识目标】

（1）理解货币时间价值的含义、货币时间价值的表现形式；
（2）熟知风险的含义及种类；
（3）掌握资金时间价值的计算、风险的衡量和风险与收益的关系。

【技能目标】

能够正确计算资金时间价值，尤其是复利和年金，正确计算风险报酬率。

【素质目标】

能够理解货币时间价值观，树立风险意识、培养财务素养。

【引入案例】

某景区该租用还是购买汽车？

某景区需要一辆汽车，购买总价为 310 000 元，可使用 8 年，如果租用，则每年年初需支付租金 45 000 元（不包含修理费）。假定年资金成本率为 6%。那么是租用划算还是购买划算？（假设该汽车 8 年后无残值，且不考虑税费的影响。）

【问题】

请你运用所学的知识帮助该景区做出是租用还是购买的决策。

任务一

货币时间价值

一、货币时间价值的概念

货币时间价值是指在没有风险和没有通货膨胀的情况下，货币经历一定时间的投资和再投资所增加的价值，也称为资金的时间价值。比如，现在将 100 元存入银行，假定银行存款利率为 10%，则 1 年后可得 110 元，增值的 10 元即为资金的时间价值。

货币时间价值是资金在周转使用中产生的，是资金所有者让渡资金使用权而参与社会财富分配的一种形式，通常相当于没有风险和没有通货膨胀条件下的社会平均利润率，也是资金利润率最低限度或资金使用最低成本率。因此，货币时间价值在旅游企业资金筹集和经营决策中具有重要作用，成为旅游企业财务管理中必不可少的计量手段。

二、货币时间价值的表现方式

货币时间价值的表现方式有两种：

一种是绝对数（时间价值额），即利息。表示在一定时间内，资金所有者将其资金的使用权转让给借款人后获得的报酬，这种报酬就是利息。

另一种是相对数（增加的价值占投入货币的百分数），即利率。表示一定时间内利息与借贷资金量的比率。

三、货币时间价值的计算

由于货币具有时间价值，一定量的资金必须赋予相应的时间，才能表达其确切的量的概念。两笔金额相同的资金，由于发生在不同时间，其价值是不相等的。为了便于分析和比较，需要把不同时点发生的金额换算成同一时点的金额。把将来某一时点的金额换算成与现在时点相等值的金额，这一换算过程叫“折现”，折现到现在时点的资金的价值称为“现值”。与现值等价的未来某时点的资金的价值称为“终值”。

资金时间价值从计算方法上分单利计算和复利计算；从计算目的上分为现值计算和终值计算；从计算的资金类型上分为一次性资金投放与产出和年金投放与产出。由于单利计算比较简单，这里只概括介绍，而重点是将终值与现值计算以及一次性资金与年金分别组合起来进行阐述。

（一）单利终值与现值的计算

单利计息即只对本金计算利息，当期利息不再计入下期本金。

1. 单利终值的计算

单利终值就是单利计息方式下的本利和。其计算公式如下：

$$\begin{aligned} F &= P + I \\ &= P + P \times i \times n \\ &= P \times (1 + i \times n) \end{aligned}$$

式中，F 表示终值，即本利和；P 表示现值，即本金；i 表示计息期利率；n 表示计息期数。

【例题 2－1】某旅行社存入银行周转金 10 万元，假设年利率为 5%，该社在 2 年后能够取得多少钱？

解：$F = P \times (1 + i \times n) = 10 \times (1 + 5\% \times 2) = 11$（万元）

即该旅行社2年后可取出11万元。

2. 单利现值的计算

单利现值是单利计息方式下的本金，也就是单利终值的逆运算。其计算公式如下：

$$P=\frac{F}{(1+i\times n)}$$

【例题2-2】 某酒店准备5年后得100万元，假设银行年利率5%，该酒店现在应存入银行多少钱?

解: $P=\frac{F}{(1+i\times n)}=\frac{100}{(1+5\%\times 5)}=80$(万元)

即该酒店现在应存入银行80万元。

(二) 复利终值与现值的计算

复利俗称利滚利，是对本金和前期利息合并计算利息。这种计息方法下，每一期的本金都是前一期的本利和。财务管理实务中所用的时间价值指标通常应按复利方式计算。

1. 复利终值的计算

复利终值是指现在的特定资金，按复利计算方法折算到将来某一时点的价值，或者说是现在的本金在将来一定时间，按复利计算的本金与利息之和，简称本利和。其计算公式如下：

$$F=P\times(1+i)^n$$

式中：“$(1+i)$”称为复利终值系数，用符号$(F/P,i,n)$表示，其数值可以通过查阅复利终值系数表获得。

【例题2-3】 某旅行社计划把闲置的资金20万元存入银行做一项基金，3年后动用。假设银行存款年利率5%，3年后，该旅行社可以取出多少钱?

解: $F=P\times(1+i)^n=20\times(1+5\%)^3=23.152$(万元)

该旅行社3年后可以取出23.152万元。

2. 复利现值的计算

复利现值是指未来某一时点的特定资金，按复利计算方法，折算到现在的价值，或者说是为取得将来一定本利和，现在所需要的本金。所以计算现值的过程就是求终值过程的逆运算，复利现值系数$(P/F,i,n)$与复利终值系数$(F/P,i,n)$互为倒数。其计算公式如下：

$$P=F\times\frac{1}{(1+i)^n}$$

式中:$\frac{1}{(1+i)^n}$称为复利现值系数，用符号$(P/F,i,n)$表示，其数值可以通过查阅复利现值系数表获得。

【例题2-4】 某旅业集团计划5年后投资一个快艇项目，需要资金500万元，如果银行存款年利率为8%，现在应存入银行多少万元?

解: $P=F\times\frac{1}{(1+i)^n}=\frac{500}{(1+8\%)^5}=340.3$(万元)

该集团现在应存入银行340.3万元。

(三) 年金终值与现值的计算

年金是指间隔期相等的系列等额收付款项，通常用A表示。例如：间隔期固定、金额相等的分期付款赊购、分期偿还贷款、发放养老金、分期支付工程款以及每年相同的销售收入等都属于年金。

年金按收付发生的时点和延续的时间长短的不同可分为普通年金、预付年金、递延年金、永续年金等形式。其中，普通年金是年金的最基本形式，其他类型年金计算可在普通年金的基础上调整得出。

1. 普通年金终值和现值的计算

普通年金是年金的最基本形式，它是指从第 1 期起，在一定时期内每期期末等额收付的系列款项，又称为后付年金，是现实经济生活中最常见的。等额收付 3 次的普通年金如图 2-1 所示。图中横线代表时间的延续，序号代表的时间点是期末，如“2”代表的时点是第 2 期期末。需要说明的是，上期期末和下期期初是同一个时点，所以，“2”代表的时点也可以表述为第 3 期期初，通常称“0”代表的时点是第 1 期期初。竖线下端数字 A 表示每次等额收付的金额。

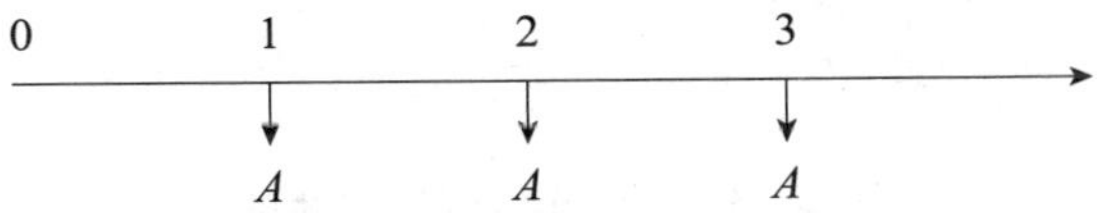

图 2-1 普通年金的收付形式

(1) 普通年金终值。

普通年金终值是各期等额收付金额在第 n 期期末的复利终值之和。犹如零存整取的本利和。等额收付 3 次的普通年金终值的计算如图 2-2 所示。

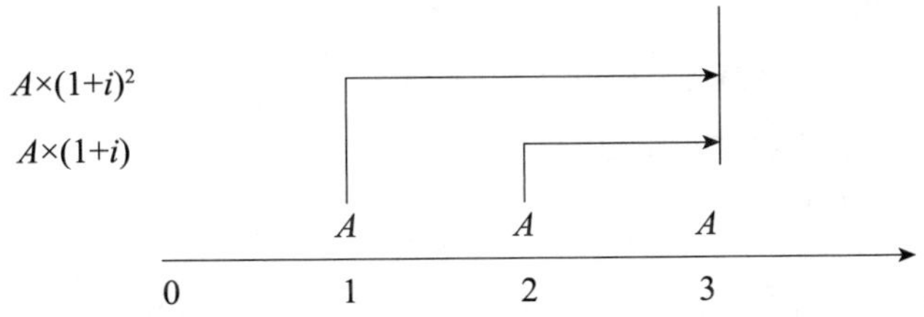

图 2-2 普通年金终值的计算

计算普通年金终值的一般公式为：

$$F=A+A(1+i)+A(1+i)^2+\cdots+A(1+i)^{n-1} \tag{1}$$

等式两边同时乘以 $(1+i)$ 得：

$$F(1+i)=A(1+i)^1+A\times(1+i)^2A\times(1+i)^3+\cdots+A\times(1+i)^{n-1}+A\times(1+i)^n \tag{2}$$

将式 (2) 减去式 (1) 得：

$$F=A\times\frac{(1+i)^n-1}{i}$$

式中：$\frac{(1+i)^n-1}{i}$ 称为“年金终值系数”，记 $(F/A,i,n)$，即：普通年金终值 $F=A\times(F/A,i,n)$，$(F/A,i,n)$ 直接查阅“年金终值系数表”得到。$(F/A,i,n)$ 中的“n”指的是等额收付的次数（即 A 的个数）。

【例题 2-5】 某景区准备在今后 6 年内，每年年末从利润留成中提取 50 000 元存入银行，计划 6 年后将这笔存款用于建造某一福利设施。若年利率为 6%，则 6 年后共可以积累多少资金?

解:$F = A\times(F/A,i,n) = 50\ 000\times(F/A,6\%,6) = 50\ 000\times 6.975 = 348\ 750$(元)

(2) 普通年金现值。

普通年金现值是指普通年金中各期等额收付金额在第 1 期期初(0 时点)的复利现值之和,如图 2-3 所示。

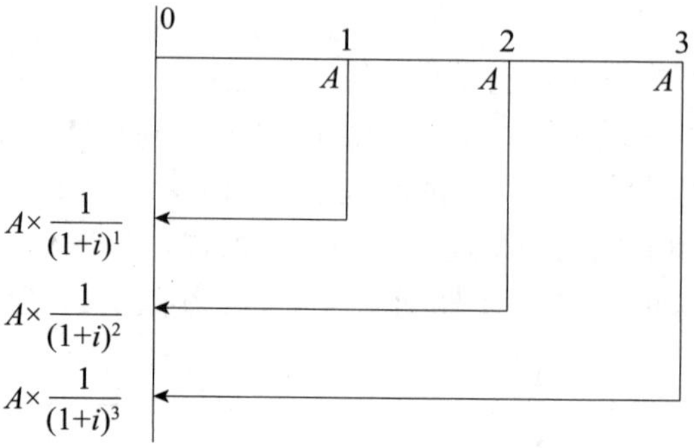

图 2-3 普通年金现值的计算

计算普通年金现值的一般公式:

$$P = A(1+i)^{-1} + A(1+i)^{-2} + \cdots + A(1+i)^{-n} \quad (1)$$

等式两边同时乘以 $(1+i)$:

$$P(1+i) = A + A(1+i)^{-1} + A(1+i)^{-2} + \cdots + A(1+i)^{-(n-1)} \quad (2)$$

式(2)减式(1)得:

$$P(1+i) - P = A - A(1+i)^{-n}$$

$$P\times i = A\times[1-(1+i)^{-n}]$$

$$P = A\times\frac{1-(1+i)^{-n}}{i}$$

式中:$\frac{1-(1+i)^{-n}}{i}$ 称为"年金现值系数",记 $(P/A,i,n)$,即:普通年金现值 $P = A\times(P/A,i,n)$,$(P/A,i,n)$ 的数值可以直接查阅"年金现值系数表"得到。$(P/A,i,n)$ 中的"n"指的是等额收付的次数(即 A 的个数)。

【例题 2-6】某旅行社准备在今后的 8 年内,每年年末发放奖金 100 000 元。若年利率为 10%,问该企业现在需向银行一次存入多少钱?

解:$P = A\times(P/A,i,n) = 100\ 000\times(P/A,10\%,8)$

$= 100\ 000\times 5.334\ 9 = 533\ 490$(元)

2. 预付年金终值和现值的计算

预付年金是指从第 1 期起,在一定时期内每期期初等额收付的系列款项,又称即付年金或先付年金。预付年金与普通年金的区别仅在于收付款时点,普通年金发生在期末,而预付年金发生在期初。等额收付 3 次的预付年金如图 2-4 所示。对于等额收付 3 次的预付年金而言,等额收付发生的时点为第 1 期期初(0 时点)、第 2 期期初(1 时点)、第 3 期期初(2 时点)。

(1) 预付年金终值。

对于等额收付 n 次的预付年金而言,其终值指的是各期等额收付金额在第 n 期期末的复利终值之和。等额收付 3 次的预付年金终值的计算如图 2-5 所示。

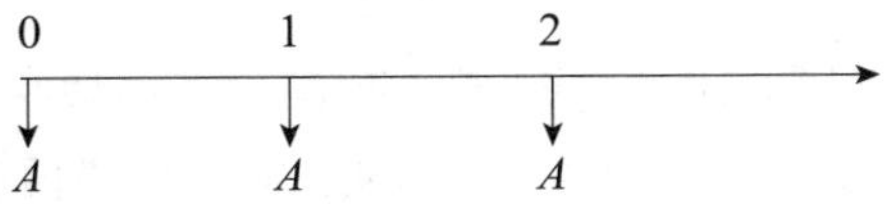

图 2-4　预付年金的收付形式

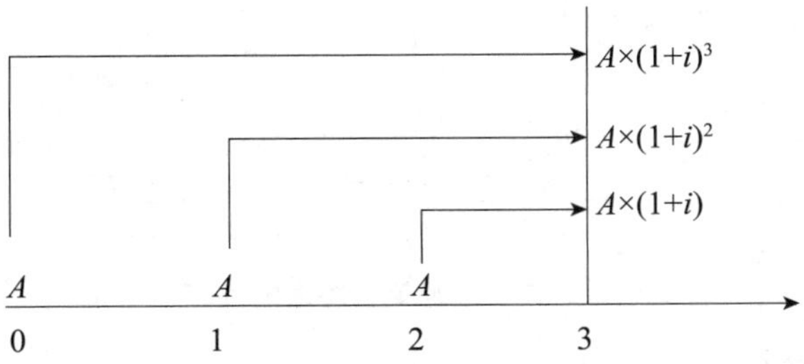

图 2-5　预付年金终值的计算

从图 2-5 可以看出预付年金与普通年金的付款次数相同，但由于付款时点不同，预付年金终值比普通年金终值多计算一期利息。因此，在普通年金终值基础上乘以（$1+i$）就是预付年金的终值，计算预付年金终值的一般公式：

$$F = A\times\frac{(1+i)^n-1}{i}\times(1+i)=A\times(F/A,i,n)\times(1+i)$$

【例题 2-7】某游船公司决定连续 10 年于每年年初存 20 万元，银行存款利率为 8%，则该公司在第 10 年年末的本利和应为多少？

解:$F = A\times(F/A,i,n)\times(1+i)= 20\times(F/A,8\%,10)\times(1+8\%)$

$= 20\times14.487\times1.08 = 312.9$(万元)

（2）预付年金现值。

预付年金现值是指预付年金中各期等额收付金额在第 1 期期初（0 时点）的复利现值之和。同理，预付年金现值比普通年金现值多计算一期利息。预付年金现值的计算公式如下：

$$P = A\times\frac{1-(1+i)^{-n}}{i}\times(1+i)= A\times(P/A,i,n)\times(1+i)$$

【例题 2-8】某景区需租用一套设备，在 10 年中每年年初支付租金 10 万元，年利息率为 7%，则这些租金的现值为多少？

解:$P = A\times(P/A,i,n)\times(1+i)= 10\times(P/A,7\%,10)\times(1+7\%)$

$= 10\times7.023\,6\times1.07 = 75.152\,52$(万元)

3. 递延年金终值和现值的计算

递延年金由普通年金递延形成，递延的期数称为递延期，一般用 m 表示递延期。递延年金的第一次收付发生在第（$m+1$）期期末（m 为大于 0 的整数）。递延年金的收付形式如图 2-6 所示。

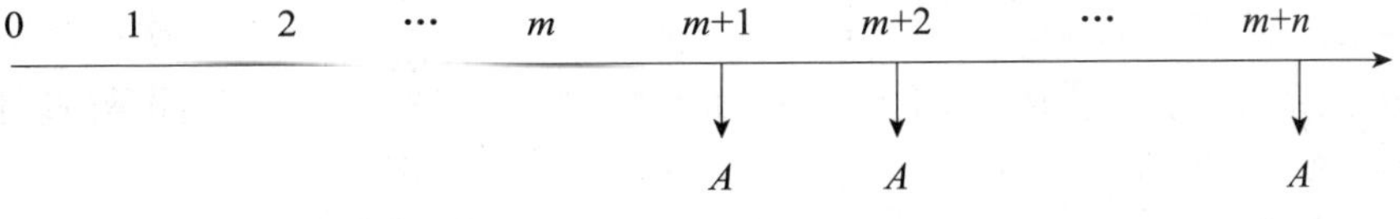

图 2-6　递延年金的收付形式

（1）递延年金终值。

对于递延期为 m、等额收付 n 次的递延年金而言，其终值指的是各期等额收付金额在第（$m+n$）期期末的复利终值之和。等额收付 3 次的递延年金终值的计算如图 2－7 所示。

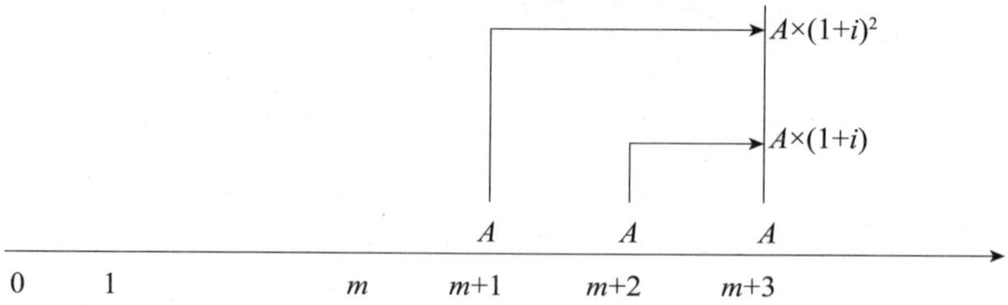

图 2－7　递延年金终值的计算

计算递延年金终值的一般公式为：

$$F=A+A(1+i)+A(1+i)^2+\cdots+A(1+i)^{n-1}=A\times(F/A,i,n)$$

经过比较可知，递延年金终值的一般公式与计算普通年金终值的一般公式完全相同。也就是说，对于递延期为 m、等额收付 n 次的递延年金而言，其终值大小与递延期无关。

（2）递延年金现值。

递延年金现值是指递延年金中各期等额收付金额在第 1 期期初（0 时点）的复利现值之和。计算过程可以用图 2－8 表示。

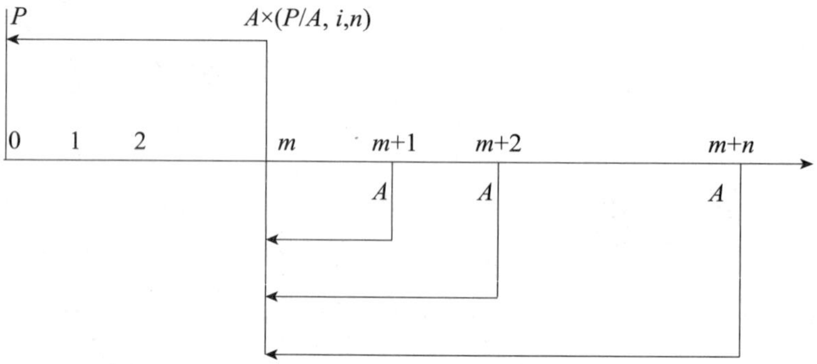

图 2－8　递延年金现值的计算

递延年金现值的计算方法有三种。

计算方法一：把递延年金视为 n 期的普通年金，求出年金在递延期期末 m 点的现值，再将 m 点的现值作为终值折现到 m 期的第一期期初，即第 0 期价值。

$$P=A\times(P/A,i,n)(P/F,i,m)$$

式中，m 为递延期，n 为连续收支期数，即年金期。

计算方法二：先求出 $m+n$ 期普通年金现值，再减去未发生年金收付的前 m 期普通年金现值，即计算出延期 m 期的递延年金现值。

$$P=A\times[(P/A,i,m+n)-(P/A,i,m)]$$

计算方法三：先算出 n 期期末递延年金的终值，再将递延年金终值折现为现值。

$$P=A\times(F/A,i,n)\times(P/F,i,m+n)$$

【例题 2－9】某酒店集团年初投资一项目，第 5 年进入盈利期，预计从第 5 年开始每年年末取得 100 万元收益，投资期限为 10 年。假定年利率为 6%，则该集团年初至少要投资多少资金才可行?

解:

方法1:

$$P=A\times(P/A,i,n)(P/F,i,m)=100\times(P/A,6\%,6)\times(P/F,6\%,4)$$
$$=100\times4.9173\times0.7921=389.499333(\text{万元})$$

方法2:

$$P=A\times[(P/A,i,m+n)-(P/A,i,m)]=100\times[(P/A,6\%,10)-(P/A,6\%,4)]=100\times(7.3601-3.4651)=389.5(\text{万元})$$

方法3:

$$P=A\times(F/A,i,n)\times(P/F,i,m+n)=100\times(F/A,6\%,6)\times(P/F,6\%,10)$$
$$=389.500752(\text{万元})$$(因涉及小数,计算结果存在微小值差)

从计算可知,该集团年初至少投入约389.5万元才能从第5年开始每年年末取得100万元的收益。

4. 永续年金现值的计算

永续年金是普通年金的极限形式,当普通年金的收付次数为无穷大时即为永续年金。永续年金的第一次等额收付发生在第1期期末。

永续年金的现值可以看成是一个 n 无穷大时普通年金的现值,永续年金的现值可以通过对普通年金现值的计算公式导出:

$$P=A\times\frac{1-(1+i)^{-n}}{i}$$

当 $n\to\infty$ 时,由于 $(1+i)$ 大于1,所以 $(1+i)^n$ 为无穷大,$(1+i)^{-n}\approx0$。

永续年金现值计算公式如下:

$$P(n\to\infty)=A\times\frac{1-(1+i)^{-n}}{i}=\frac{A}{i}$$

由于永续年金的期限趋于无限,没有终止时间,因此没有终值,只有现值。

【例题2-10】 某五星级酒店拟建立一项永久性“微笑大师”奖励基金,每年计划分发20 000元奖金,如果利率为8%,现在应一次性存入多少钱?

解: $P=\frac{A}{i}=\frac{20\ 000}{8\%}=250\ 000(\text{元})$

即现在应一次性存入250 000元。

任务二

风险与收益

风险是一个非常重要的财务概念。风险广泛存在于企业的财务活动中,并对旅游企业实现财务管理目标有着重要影响,有人说:“时间价值是理财的第一原则,风险收益是理财的第二原则。”因此，旅游企业进行财务管理时必须认识和研究风险与收益，以求以最小的风险获得最大的收益。

一、资产的风险及其衡量

（一）风险的概念

风险是指收益的不确定性。从财务管理的角度看，风险是企业在各项财务活动过程中，由于各种难以预料或无法控制的因素作用，使企业的实际收益与预计收益发生背离，从而蒙受经济损失的可能性。

（二）风险的种类

1. 从个别投资主体的角度划分

从个别投资主体的角度划分，可分为市场风险和企业特有风险。

（1）市场风险是指对所有企业产生影响的因素引起的风险，如战争、经济衰退、通货膨胀、高利率等，又称不可分散风险或系统风险。

（2）企业特有风险是指发生在个别企业的特有事件，如罢工、新产品开发失败、订单被取消、诉讼失败等，造成投资者发生损失的风险，又称可分散风险或非系统风险。

2. 从企业自身的角度划分

从企业自身的角度划分，可分为经营风险和财务风险。

（1）经营风险是指由于经营上的原因给企业的利润额或利润率带来的不确定性。经营风险源于两个方面：企业外部条件的变动，如经济形势、市场供求、价格、税收等的变动；企业内部条件的变动，如产品服务结构、工人劳动生产率、设备及原材料利用率等的变动。

（2）财务风险是指企业由于负债融资导致的净资产收益率或每股收益的不确定性，也指企业到期不能还本付息的可能性。财务风险也称筹资风险。

（三）风险衡量

风险是客观存在的，不同的风险对企业财务活动产生不同的影响，我们要正视并衡量风险。风险主要用收益率的离散程度来衡量，其指标主要有收益率的方差、标准差和标准差率等。本书重点介绍标准差和标准差率。

1. 确定概率分布

概率是用来表示随机事件发生可能性大小的数值。随机事件是某一事件在相同的条件下可能发生也可能不发生的现象。通常，把必然发生的事件的概率定为 1，把不可能发生的事件的概率定为 0，而一般随机事件的概率是介于 0 与 1 之间的一个数。若将某一随机事件所有可能发生的结果列示在一起，就构成了概率分布。任何概率分布都有以下特点：

第一，所有的概率都在 0 与 1 之间；

第二，某一随机事件发生所有可能出现结果的概率之和等于 1。

2. 计算期望值

期望值是一个概率分布中的所有可能结果，以各自相应的概率为权数计算的加权平均值，期望值通常用符号 $\bar{E}$ 表示。计算公式如下：

$$\bar{E}=\sum_{i=1}^{n}(X_iP_i)$$

式中，X_i 表示第 i 种情况可能出现的结果，P_i 表示第 i 种情况可能出现的概率。

期望值体现的是预期收益的平均化，在各种不确定性因素的影响下，代表投资者的合理预期。

3. 计算方差和标准差

（1）方差。

方差是用来表示随机变量与期望值之间的离散程度的一个数值。在概率已知的情况下，其计算公式为：

$$\sigma^2=\sum_{i=1}^{n}(X_i-\bar{E})^2\times P_i$$

式中，$(X_i-\bar{E})$ 表示第 i 种情况可能出现的结果与期望值的离差，P_i 表示第 i 种情况可能出现的概率。方差的计算公式可以表述为：离差的平方的加权平均数。

（2）标准差。

标准差也叫标准离差或均方差，是方差的平方根。在实际工作中，一般用标准差而不使用方差来衡量风险大小。在概率已知的情况下，其计算公式为：

$$\sigma=\sqrt{\sum_{i=1}^{n}(X_i-\bar{E})^2\times P_i}$$

标准差以绝对数衡量决策方案的风险，在期望值相同的情况下，标准差越大，风险越大；反之，标准差越小，则风险越小。

由于无风险资产没有风险，因此无风险资产的标准差等于零。

【例题 2-11】某度假村有 A、B 两个投资项目，两个投资项目的收益率及其概率分布情况如表 2-1 所示，试计算两个项目的期望投资收益率。

表 2-1　某度假村 A、B 两个投资项目的收益率及概率分布情况

项目实施情况	该种情况出现的概率		投资收益率（%）	
	项目 A	项目 B	项目 A	项目 B
好	0.2	0.3	15	20
一般	0.6	0.4	10	15
差	0.2	0.3	0	−10

解：根据公式计算项目 A 和项目 B 的期望投资收益率分别为：

项目 A 的期望投资收益率 $=15\%\times0.2+10\%\times0.6+0\times0.2=9\%$

项目 B 的期望投资收益率 $=20\%\times0.3+15\%\times0.4+(-10\%)\times0.3=9\%$

项目 A 投资收益率标准差

$=\sqrt{(15\%-9\%)^2\times0.2+(10\%-9\%)^2\times0.6+(0-9\%)^2\times0.2}$

$=\sqrt{0.0024}=0.049$

项目 B 投资收益率标准差

$=\sqrt{(20\%-9\%)^2\times0.3+(15\%-9\%)^2\times0.4+(-10\%-9\%)^2\times0.3}$

$= \sqrt{0.0159} = 0.1261$

由于项目A和项目B投资收益率的期望值相同（均为9%），因此标准差大的风险大，计算结果表明项目B的风险高于项目A。

4. 计算标准差率

标准差率是标准差同期望值之比，通常用符号V表示，其计算公式为：

$$V = \frac{\sigma}{E} \times 100\%$$

标准差率是一个相对指标，它以相对数衡量决策方案的风险程度。方差和标准差作为绝对数，只适用于期望值相同的决策方案风险程度的比较。对于期望值不同的决策方案，评价和比较其各自的风险程度只能借助标准差率这一相对数值。在期望值不同的情况下，标准差率越大，风险越大；标准差率越小，风险越小。

（四）风险控制对策

1. 规避风险

当某项业务或资产所造成的损失不能由该项业务或资产可能获得的收益予以抵销时，应当放弃该项业务或资产以规避风险。例如：拒绝与不守信用的厂商进行业务往来；放弃可能明显导致亏损的投资项目；新产品在试制阶段发现诸多问题应果断停止试制。

2. 减少风险

减少风险主要有两个方面意思：一是控制风险因素，减少风险的发生；二是控制风险发生的频率和降低风险损害程度。减少风险的常用方法有：进行准确的预测；对决策进行多方案优选和替代；及时与政府部门沟通获取政策信息；在开发新产品前，充分进行市场调研；实行设备预防检修制度以减少设备事故；选择有弹性的、抗风险能力强的技术方案，进行预先的技术模拟试验，采用可靠的保护和安全措施；采用多领域、多地域、多项目、多品种的经营或投资以分散风险。

3. 转移风险

对可能给企业带来灾难性损失的业务或资产，旅游企业应以一定的代价，采取某种方式将风险损失转嫁给他人承担。如向专业性保险公司投保；采取合资、联营、增发新股、发行债券、联合开发等措施实现风险共担；通过技术转让、特许经营、战略联盟、租赁经营和业务外包等实现风险转移。

4. 接受风险

接受风险包括风险自担和风险自保两种。风险自担是指风险损失发生时，直接将损失摊入成本或费用，或冲减利润；风险自保是指企业预留一笔风险金，或随着生产经营的进行有计划地计提资产减值准备等。

二、资产的收益与收益率

（一）资产收益的含义

与风险密切相关的另外一个概念是收益，主要是指资产收益。资产收益是指资产的价值在一定时期的增值。一般情况下表述资产收益的方式有两种。

1. 收益额

以绝对数表示的资产价值的增值量，称为资产的收益额。该增值量来源于两部分：一是期限内资产的现金净收入；二是期末资产的价值（或市场价格）相对于期初价值（价格）的升值。前者多为利息、红利或股息收益，后者称为资本利得。

2. 报酬率

以相对数表示的资产价值的增值率称为资产的收益率或报酬率，是资产增值量与期初资产价值（价格）的比值。该收益率也包括两部分：一是利息（股息）的收益率；二是资本利得的收益率。

显然，以绝对数表示的收益与期初资产的价值（价格）相关，不利于不同规模资产之间收益的比较，而以相对数表示的收益则是一个相对指标，便于不同规模下资产收益的比较和分析。所以，通常情况下，我们都是用收益率的方式来表示资产的收益。也就是说，如果不做特殊说明的话，资产的收益指的就是资产的年收益率，又称资产的报酬率。

（二）资产收益率的类型

在实际的财务管理工作中，由于工作角度和出发点不同，资产收益率可以有不同类型：

1. 实际收益率

实际收益率表示已经实现或者确定可以实现的资产收益率，表述为已实现或确定可以实现的利息（股息）率与资本利得收益率之和。当然，当存在通货膨胀时，还应当扣除通货膨胀率的影响，剩余的才是真实的收益率。

2. 预期收益率

预期收益率也称为期望收益率，是指在不确定的条件下，预测的某资产未来可能实现的收益率。

3. 必要收益率

必要收益率也称最低报酬率或最低要求的收益率，表示投资者对某资产合理要求的最低收益率。必要收益率由两部分构成：

（1）无风险收益率。

无风险收益率也称无风险利率，它是指无风险资产的收益率，它的大小由纯粹利率（资金的时间价值）和通货膨胀补偿率两部分组成。用公式表示如下：

无风险收益率＝纯粹利率（资金的时间价值）＋通货膨胀补偿率

（2）风险收益率。

风险收益率是指某资产持有者因承担该资产的风险而要求的超过无风险收益率的额外收益。风险收益率衡量了投资者将资金从无风险资产转移到风险资产而要求得到的“额外补偿”，它的大小取决于以下两个因素：一是风险的大小；二是投资者对风险的偏好。

综上所述：

必要收益率＝无风险收益率＋风险收益率

＝纯粹利率（资金的时间价值）＋通货膨胀补偿率＋风险收益率

必要收益率是指投资者愿意进行投资所必须达到的最低报酬率。期望收益率是指投资者如果进行投资，估计所能实现的报酬率。实际收益率是在特定时期投资实际产生的报酬率，它可能高于或低于期望报酬率。虽然这三种报酬率存在一定差异，但是在有效的资本市场中，价格能够及时充分反映与资产有关的信息，理性的投资者能够合理对资产进行投资，在市场竞争的作用下，这三个报酬率是趋于一致的。

三、风险与收益的关系

风险与收益的关系是一对孪生兄弟，在有效的资本市场上，风险与收益是匹配的、成正比的，高风险需要高回报，高回报伴随高风险，换句话说，也就是额外的风险需要额外的收益。投资者可以根据自己的风险承受能力选择适度风险的项目进行投资，以获得预期的报酬。

【思政园地】

跟习近平学底线思维——“黑天鹅”和“灰犀牛”是什么梗?

部级主要领导干部坚持底线思维着力防范化解重大风险专题研讨班于1月21日上午在中央党校开班。中共中央总书记、国家主席、中央军委主席习近平在开班仪式上发表重要讲话。习近平强调，面对波谲云诡的国际形势、复杂敏感的周边环境、艰巨繁重的改革发展稳定任务，我们必须始终保持高度警惕，既要高度警惕“黑天鹅”事件，也要防范“灰犀牛”事件；既要有防范风险的先手，也要有应对和化解风险挑战的高招；既要打好防范和抵御风险的有准备之战，也要打好化险为夷、转危为机的战略主动战。

那么，问题来了，什么是“黑天鹅”事件呢?

图2-9 “黑天鹅”与“灰犀牛”

“黑天鹅”事件是指那些出乎意料发生的小概率高风险事件，一旦发生足以颠覆以往任何经验，具有不可预测性。比如1997年的亚洲金融危机即为“黑天鹅”事件。“灰犀牛”比喻大概率且影响巨大的潜在危机，这个危机有发生变化或者改变的可能，是可预测的。比如美国次贷危机就是典型的“灰犀牛”事件。

过去的这些历史教训警示着我们，未雨绸缪、防患于未然是多么重要。因此，坚持底线思维，增强忧患意识，提高防控能力，着力防范化解重大风险，绝不是一句空话。

资料来源：http://china.chinadaily.com.cn/a/201901/23/WS5c47bd33a31010568bdc5f16.html.

【项目小结】

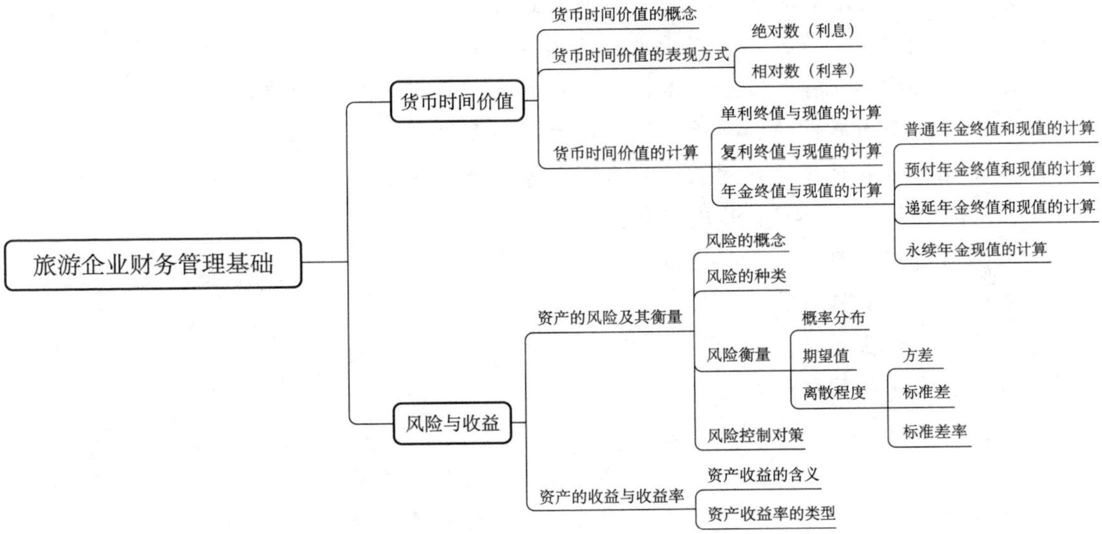

※ 应知考核 ※

一、单选题

1. 货币的时间价值是在没有风险和没有通货膨胀条件下的（ ）。

A. 利息率　　B. 额外收益

C. 社会平均资金利润率　　D. 收益率

2. 无风险收益率为6%，风险收益率为4%，资金时间价值为5%，通货膨胀补偿率为1%，那么必要收益率为（ ）。

A. 5%　　B. 6%

C. 10%　　D. 11%

3. 凯达酒店从银行取得借款1 000万元，借款年利率为5%，该公司打算在未来10年内每年年末等额偿还该笔借款，则每年年末的还款额为（ ）万元。

A. 263.8　　B. 256.3

C. 265　　D. 129.51

4. 有一项爱心基金，前3年无现金流入，后5年每年年初流入500万元，假设年利率为

10%，其终值和递延期分别为（　　）。

A. 3 052.55 万元和 2 年
B. 3 693.59 万元和 3 年
C. 3 693.59 万元和 2 年
D. 3 052.55 万元和 3 年

5. 下列年金中，只有现值没有终值的年金是（　　）。

A. 普通年金
B. 即时年金
C. 预付年金
D. 永续年金

二、多选题

1. 关于资产的收益率，下列说法中不正确的有（　　）。

A. 对于某项确定的资产，其必要收益率是确定的
B. 无风险收益率也称无风险利率，即纯粹利率（资金的时间价值）
C. 通常用短期国库券的利率近似地代替无风险收益率
D. 必要收益率表示投资者对某资产合理要求的最低收益率

2. 下列各项中，属于年金形式的有（　　）。

A. 在租赁期内每期支付的等额租金
B. 零存整取的整取额
C. 等额分期付款
D. 每年年末等额收取的养老金

3. 在财务管理中，衡量风险程度的指标是（　　）。

A. 方差
B. 预期收益率
C. 标准离差
D. 标准离差率

4. 下列风险控制对策中，属于减少风险的有（　　）。

A. 拒绝与不守信用的厂商进行业务往来
B. 在发展新产品前，充分进行市场调研
C. 对决策进行多方案优选和替代
D. 采用合资、联营、联合开发等措施实现风险共担

5. 下列关于递延年金的说法中，正确的有（　　）。

A. 第一期没有收付额
B. 其终值大小与递延期长短有关
C. 计算终值的方法与普通年金相同
D. 计算现值的方法与普通年金相同

三、判断题

1. 复利终值系数×复利现值系数=1。（　　）

2. 递延年金现值的大小与递延期无关，故计算方法和普通年金现值是一样的。（　　）

※ 应会考核 ※

背景材料（一）

某旅游集团拟在青岛投资建设一座五星级酒店，该酒店预计使用时间为8年，第8年年末将该酒店转让，预计转让价为1 000万元。行业基准年折现率为10%，该集团财务负责人提供两个备选方案，方案中相关的年净现金流量数据如表2-2所示。（假定每年现金净流量以期末数为准，且不考虑税费影响）

表2-2　净现金流量　　单位：万元

方案	0	1	2	3	4	5	6	7	8
甲	−2 500	−500	800	730	660	590	540	460	1 420
乙	−3 000	0	600	600	600	600	600	600	1 600

考核要求

1. 计算甲方案的现值；
2. 计算乙方案的现值。

背景材料（二）

某酒店有甲、乙两个投资项目，计划投资额均为1 000万元，其收益率的概率分布如表2-3所示。

表2-3　甲、乙两个投资项目的收益率概率分布情况

市场状况	概率	投资收益率（%）	
		甲项目	乙项目
好	0.3	20	30
一般	0.5	10	10
差	0.2	5	−5

考核要求

1. 分别计算甲、乙两个投资项目收益率的期望值；
2. 分别计算甲、乙两个投资项目收益率的标准差；
3. 比较甲、乙两个投资项目风险的大小；
4. 如果无风险收益率为6%，甲项目的风险价值系数为10%，计算甲项目的总收益率。

项目三

旅游企业筹资管理

【知识目标】

（1）理解旅游企业筹资动机，掌握旅游企业筹资管理的内容，了解旅游企业筹资方式和分类，理解旅游企业筹资管理的原则。

（2）掌握因素分析法和销售百分比法预测资金需要量，理解资本成本的含义和作用，掌握各种个别资本成本和平均资本成本的计算方法。

（3）了解股权筹资的基本形式，理解不同的股权筹资形式的特点，掌握股权筹资的优缺点。

（4）了解债务筹资的基本形式，理解不同债务筹资方式的特点，掌握债务筹资的优缺点，理解筹资结构及筹资风险。

【技能目标】

能够运用筹资基本原则指导旅游企业做出适当的筹资决策，能够对不同投资方式进行比较分析，以做出正确的筹资结构决策，能够对投资风险进行判断分析。

【素质目标】

有较好的协作能力、分析能力和决策能力。

【引入案例】

2021 年旅游市场回暖：1—4 月融资事件 25 起，披露金额超 33 亿元

近日多家在线旅游平台发布报告显示，今年五一或迎来爆发式出游，当前各平台上旅游产品预订火爆，五一长假有望达到 2 亿人次出游的新高，是近年来“最热五一黄金周”。日前，企查查大数据研究院推出《近十年旅游行业投融资数据报告》，从资本层面通览近十年来我国旅游行业的“吸金”能力以及 2021 年五一假期前的旅游行业现状。

一、1—4 月旅游企业注册量达 27.61 万家，同比增长 273%

企查查数据显示，2021 年 1—4 月，全国旅游企业注册量为 27.61 万家（含个体工商户），其中 1 月注册量为 5.91 万家，2 月为 4.40 万家，3 月为 8.64 万家，4 月注册量达 8.66 万家。

值得注意的是，企查查数据显示，2021 年前 4 个月旅游企业注册量增长显著，同比增长 273%。其中，今年 1 月同比增长 220%，2 月注册量是去年同期的 9 倍，3 月同比增长 300%，4 月同比增长 198%。旅游企业注册量强势增长，国内旅游市场“回血”在望。

二、1—4 月融资事件 25 起，披露金额超 33 亿元

企查查数据显示，近十年旅游行业投融资事件共 2 734 起，披露融资金额近 5 000 亿元。从融资事件数量来看，近十年的融资笔数呈正态分布，2011—2016 年，缓慢爬升，2016 年

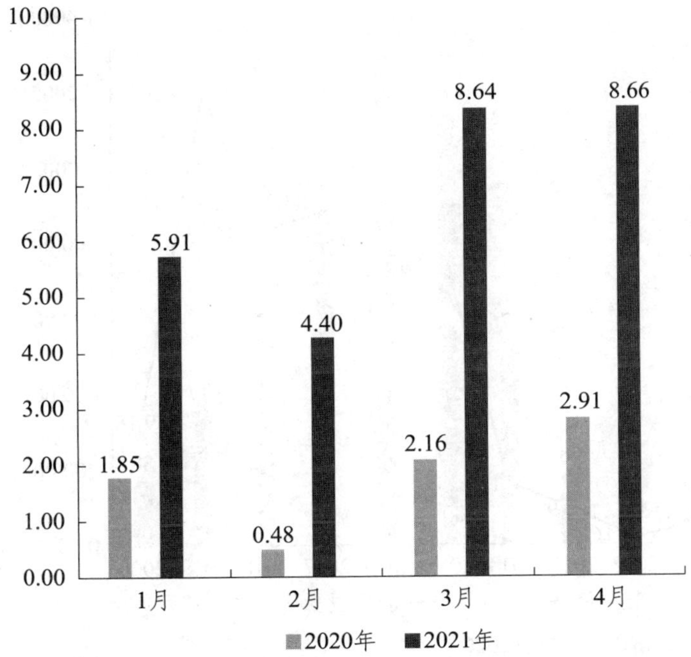

Source：企查查，2020年1—4月、2021年1—4月 单位：万家
统计口径：不包括债券融资；项目所在地为内地，不包含港澳台及海外

图 3-1　2020 年 1—4 月、2021 年 1—4 月旅游相关企业注册量

之后逐年下降，2016 年融资事件达 649 起，为历年第一高。

从融资金额来看，2011—2019 年，旅游行业披露的融资金额从 54 亿元增长至近 1 200 亿元，增长了 20 多倍。时间进入 2020 年，旅游行业全年仅拿到 360 亿元融资，同比下降率高达 70%，像是被踩了“急刹车”。

2021 年旅游市场逐渐回暖，1—4 月旅游行业投融资事件共 25 起，披露融资金额超 33 亿元。1 月发生的投融资事件数量为目前最多，共 9 起，披露的融资金额超 18 亿元；2 月、3 月发生的旅游投融资事件数量减少，分别为 4 起和 5 起。4 月市场再次升温，共发生 7 起旅游投融资事件，披露的投融资金额超 12 亿元。

三、1—4 月亿级融资旅游项目 9 个，酒店民宿备受资本青睐

企查查数据显示，2021 年融资金额在百万级的旅游项目有 2 个，千万级旅游项目 7 个，过亿的旅游项目 9 个。其中，境外目的地旅游资源整合 OTA“Klook 客路旅行”在 1 月获得 2 亿美元的 E 轮及以后融资，融资成绩较为亮眼。

值得注意的是，同程艺龙和美团今年不约而同地将注意力放在了酒店板块上，在 2021 年 1 月 5 日当天，同程艺龙投资了珀林酒店，投资金额超亿元，而美团投资了东呈酒店，金额未披露。

四、2021 年融资金额 TOP10：“Klook 客路旅行”摘得魁首

从旅游项目融资总金额来看，企查查数据显示，“Klook 客路旅行”酒店以超 13 亿元摘得魁首，“开元酒店”以 9 亿元位居第二，“崇山景区”以 2.55 亿元排名第三。

总的来看，对于被疫情影响了一年多的旅游市场来说，五一假期可谓久旱逢甘霖。随着疫苗的逐渐普及以及国内对于疫情防控形成的良好局面，国内旅游市场从春节后就进入爆发

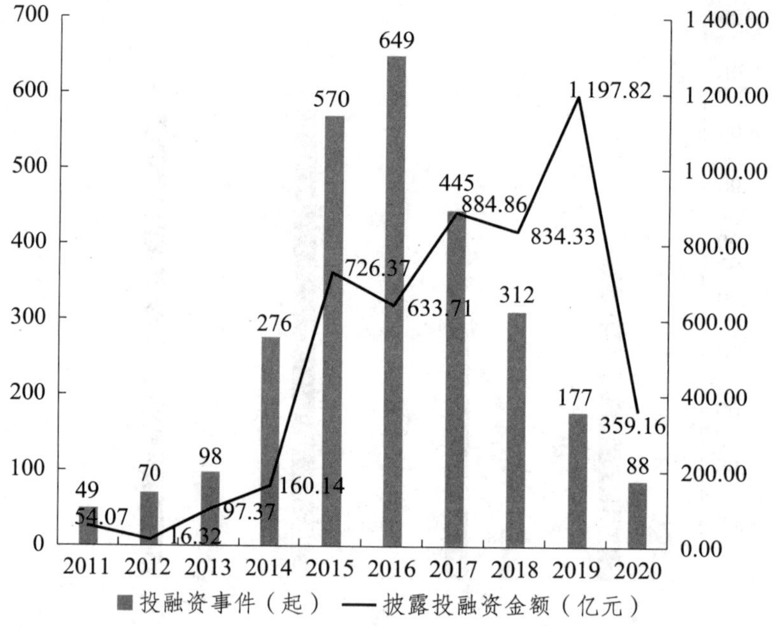

Source：企查查，2011—2020年
统计口径：不包括债券融资；项目所在地为内地，不包含港澳台及海外

图 3-2　2011—2020 年旅游产品投融资情况

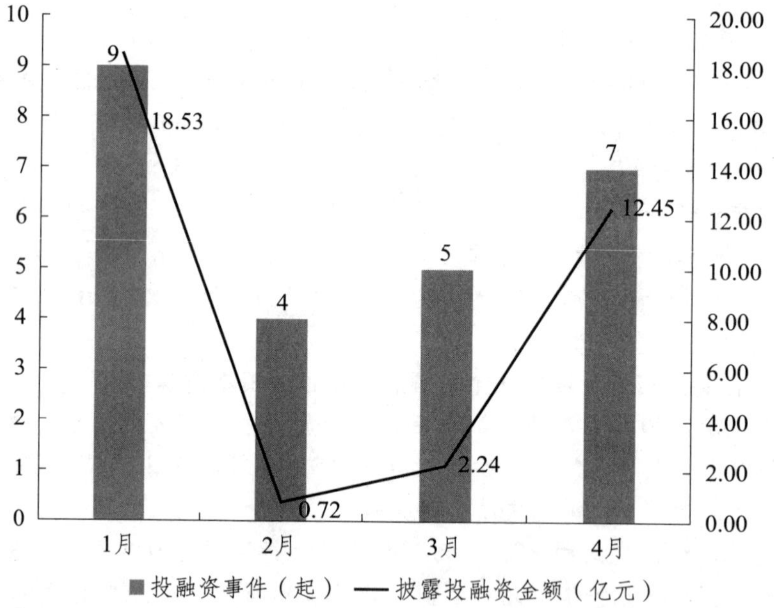

Source：企查查，2021年1—4月
统计口径：不包括债券融资；项目所在地为内地，不包含港澳台及海外

图 3-3　2021 年 1—4 月旅游产品投融资情况

式反弹的增长快车道。据中国旅游研究院发布的《2021 年第一季度旅游经济运行分析与上半年趋势预测》，预计 2021 年上半年国内旅游人数将达 17.22 亿人次，同比增长 85%；国内旅游收入将达 1.28 万亿元，同比增长 102%。

金额	产品/项目	定位	投融资时间	投融资金额	投融资轮次
百万元级	吉宏农牧	乡村休闲旅游	2021/3/15	980万元	并购
	沂水花朝旅游	旅游服务商	2021/2/28	225.2万元	并购
千万元级	三亚辉途	旅游资源，景区开发运营	2021/3/19	826 5.67万元	股权融资
	向蜜鸟科技	目的地旅游、酒店营销	2021/3/19	数千万元	战略投资
	江湖旅游	高定旅游品牌运营商	2021/3/17	320.3万美元	A轮
	高唐花朝园旅游	旅游服务商	2021/2/28	252 0.73万元	并购
	无锡花朝旅游	旅游服务商	2021/2/28	242 0.32万元	并购
	果栖民宿	民宿	2021/2/6	2 000万元	A轮
	订单来了	旅游目的地营销管理云开	2021/1/20	近7 000万元	A+轮
过亿元	Klook客路旅行	境外目的地旅游资源整合	2021/1/26	2亿美元	E轮及以后
	开元酒店	度假村，酒店经营	2021/4/17	超9亿港元	并购
	嵩山景区	文化旅游景区	2021/1/25	2.55亿元	股权融资
	云际置业	黄山旅游城市综合体项目	2021/4/8	1.45亿元	战略投资
	弘愿旅游	旅游服务	2021/1/7	1.05亿元	并购
	在途商旅	差旅、商旅服务	2021/4/16	逾亿元	战略投资
	道旅	酒店B2B	2021/4/6	数亿元	B轮
	泊心云舍	文化旅游项目开发	2021/3/13	亿元级	Pre-A轮
	珀林酒店	酒店品牌服务商、旅游资源运营商	2021/1/5	超亿元	战略投资

以上由企查查整理所得，排名不分先后

图 3 - 4　2021 年 1—4 月亿级/千万级/百万级旅游项目融资列表（部分）

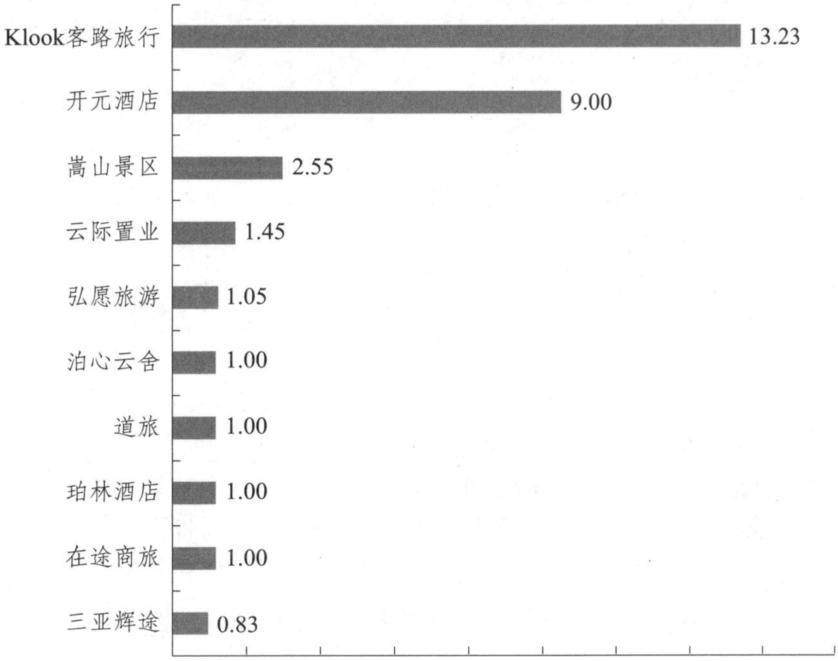

Source：企查查，2021年1—4月 单位：亿元

统计口径：不包括债券融资；项目所在地为内地，不包含港澳台及海外

图 3 - 5　2021 年 1—4 月披露金额 TOP10 旅游产品

五一小长假是今年上半年最被看好的假期，目前呈现的出游热度，无疑给旅游业者们吃下一颗“定心丸”，市场对2021年的旅游行情也充满期待。

资料来源：https://mp.weixin.qq.com/s/sBK6S32ZV7kuBVdrgMqr-w.

【问题】

1. 旅游企业为什么需要融资（筹资）?
2. 你知道几种融资（筹资）方式?

任务一

旅游企业筹资概述

一、旅游企业筹资动机

旅游企业筹资是指企业为了满足经营活动、投资活动、资本结构管理和其他需要，运用一定的筹资方式，通过一定的筹资渠道，筹措和获取所需资金的一种财务行为。

旅游企业筹资最基本的目的是企业持续经营和发展，但每次具体的筹资行为往往受特定动机的驱动，如为开发新的旅游项目而筹资、为支付旅游旺季额外需要的资金而筹资等。总的来说，主要有五种筹资动机：创立性筹资动机、支付性筹资动机、扩张性筹资动机、调整性筹资动机、混合性筹资动机。

（一）创立性筹资动机

创立性筹资动机是指企业设立时，为取得资本金并形成开展经营活动的基本条件而产生的筹资动机。《旅行社管理条例》规定，国际旅行社注册资本不得少于150万元，国内旅行社注册资本不得少于30万元。对于旅游饭店来说，由于星级不同，需要的投资额差别很大。不过目前存在的一种趋势是，投资的饭店档次越高，相对应的投资额越大，从而所需的资金也越多。

（二）支付性筹资动机

支付性筹资动机是指为了满足旅游企业经营业务活动的正常波动所形成的支付需要而产生的筹资动机。旅游企业在经营活动过程中会出现季节性、临时性的支付需要，如员工工资的集中发放、旅游旺季资金提前垫付、银行借款的提前偿还、股东股利的发放等。在这些情况下，还需临时性筹资来满足经营活动的正常波动需求，维持企业的支付能力。

（三）扩张性筹资动机

扩张性筹资动机是指旅游企业因扩大经营规模或满足对外投资需要而产生的筹资动机。企业维持简单再生产所需要的资金是稳定的，通常不需要或很少追加筹资。但是当企业扩大再生产，经营规模扩张、开展对外投资，就需要大量追加筹资。当旅游企业具有良好发展前景、处于成长期时，往往会产生扩张性的筹资动机。

案例 3-1

德国空中出租车公司 Volocopter 获得 2 亿欧元 D 轮融资

德国航空初创公司 Volocopter 宣布签署其 D 轮融资，筹得 2 亿欧元的额外资金。Volocopter 已累计筹资 3.22 亿欧元。这笔资金将用于让 VeloCity 城市电动空中的士获得认证，并加速开通其第一条商业航线。该公司未来的服务范围广泛，包括可将乘客直接、安全地运送到目的地的电动自动空中的士，以及使用公司的 VoloDrone 进行的货物运输。

资料来源：环球旅讯公众号。

此案例中，德国空中出租车公司 Volocopter 获得融资用来加速开通第一条商业航线，属于扩张性筹资。

（四）调整性筹资动机

调整性筹资动机是指旅游企业因调整资本结构而产生的筹资动机。资本结构调整的目的在于降低资本成本，控制财务风险，提升企业价值。企业产生调整性筹资动机的具体原因，一是优化资本结构，二是偿还到期债务。调整性筹资的目的是调整资本结构，而不是为企业经营活动追加资金，这类筹资通常不会增加企业的资本总额。

案例 3-2

2.3 亿人出游，10 万亿大市场，涨 3 300%的这家公司，如何真正称霸？

携程素有“OTA 之王”的美誉。而全球在线旅游市场中，携程 GMV（网站成交金额）虽连续称雄，论收入、净利润、市值规模，同行却远胜于携程。当去哪儿、艺龙归属携程，阿里巴巴在布局，美团悄然崛起，国内 OTA 再度形成三大阵营。

研读携程财务数据，发现其中藏有很多不易察觉的“秘密”。多年豪购后，携程形成巨额商誉和无形资产，拉低了资产回报率。携程研发费用和收入比明显超过头部互联网企业和同行，在这背后是公司金融服务收入或超过商旅，成为第四大收入来源。

全球化是携程的重要战略，百亿买天巡、持股 MakeMyTrip 近五成，是其重要布局。超 11 亿人口的印度，或是携程海外战略的突破点。Expedia 重金投资艺龙最终铩羽而归，携程出海和老对手正面硬刚，能否逆袭，短期内难见分晓。

最近 5 年（2016—2020 年），携程经营活动现金流净额总计约 230 亿元，筹资活动现金流净额总计约 290 亿元，而投资活动现金流净额总计约 554 亿元，大于经营和融资活动现金流，呈现“入不敷出”的状态（见表 3-1）。

表 3-1 携程现金流净额度变化 单位：亿元

项目	2016 年	2017 年	2018 年	2019 年	2020 年	总计
经营活动	52.7	70.7	71.2	73.3	−38.2	229.67
投资活动	−198.3	−152.3	−140.8	−24.1	−38.2	−553.69
筹资活动	122.9	80.2	119.3	−92.6	60.3	290.04

资料来源：Wind，新财富整理。

这就使得携程不断在市场找钱，用新债还旧债，最近两年现金处于紧绷状态。2019 年、2020 年年底，携程流动资产总计分别为 680 亿元和 580 亿元，勉强超过同期流动负债 692 亿元和 584 亿元（见表 3-2）。

表 3-2 携程部分资产和债务数据 单位：亿元

项目	2016 年	2017 年	2018 年	2019 年	2020 年
现金及现金等价物	184.35	182.43	215.3	199.23	180.96
短期投资	141.13	281.3	367.53	230.58	248.2
短期借贷及长期借贷到期部分	68.87	163.16	360.11	305.16	336.65
长期借贷	346.51	292.2	241.46	195.37	227.18

资料来源：Wind，新财富整理。

携程有息负债高企，每年利息支出不菲，不过因为有大量现金和短期投资带来利息收入，因而“大存大贷”现象明显。

2016—2020 年这 5 年，携程利息收入总计 77.35 亿元，同期利息支出 69.19 亿元，两相比较，还略有盈余 8.16 亿元（见图 3-6）。

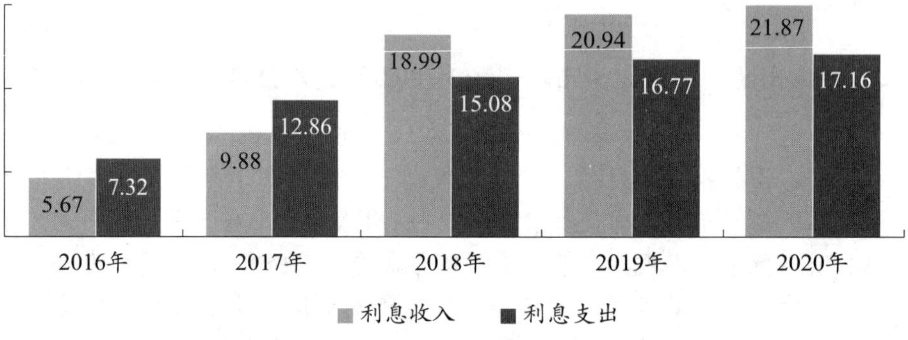

图 3-6 携程利息收入、利息支出对比（亿元）

资料来源：Wind，新财富整理。

2020 年携程利息收入 21.87 亿元，对应流动性（现金+短期投资）共 429 亿元，测算其平均收益率为 5.09%；去年利息支出 17.16 亿元，对应有息负债（短贷、短贷到期和长贷）共 564 亿元，则平均借贷利率为 3.04%。

实际上，携程债务中有大量可转债，其利率较低。Wind 数据显示，携程存续可转债还有 5 笔，总金额 31.75 亿美元，利率从 1.25%至 2%不等。31.75 亿美元（折合人民币

208亿元）和携程长期借贷（227亿元）基本吻合。上述5笔可转债，根据各自利率计算，携程去年需要支付利息4 694万美元（折合人民币3.1亿元），加权平均利率则为1.48%。

如此，携程短贷等利息支出为14亿元，对应短贷337亿元规模，就需要付出较高的平均利率，大约4.15%，但即便如此，依旧低于携程短期流动性的平均利率，大约1个百分点。

携程现金类投资收益率5%，比投资者买携程股票的收益率还高2个百分点。

资料来源：公众号“新财富”，作者鲍有斌。

可以看到，最近五年携程不断筹资，其筹资动机主要是调整性筹资动机，是为了偿还到期债务，属于债务结构内部调整。

（五）混合性筹资动机

在实务中，旅游企业筹资的目的可能不是单纯和唯一的，通过追加筹资，既满足了经营活动、投资活动的资金需要，又达到了调整资本结构的目的，可以称之为混合性筹资动机。如旅游企业开发新的旅游项目需要大额资金，其资金来源通过增加长期贷款或发行公司债券解决，这种情况既扩张了企业规模，又使得企业的资本结构有较大的变化。混合性筹资动机一般是基于企业规模扩张和调整资本结构两种目的，兼具扩张性筹资动机和调整性筹资动机的特性，同时增加了企业的资产总额和资本总额，也导致旅游企业的资产结构和资本结构同时变化。

知识拓展

开设一家旅行社需要多少注册资金？

开旅行社应具备以下条件：

1. 有规定的经营场所。

2. 有必要的营业设施：

（1）应具有足够的营业用房和传真机直线电话、电子计算机等办公设备；

（2）具有持国家旅游局颁发《旅行社经理任职资格证书》总经理或副总经理一名，部门经理或业务主管一名，取得助理会计师以上职称的专职财会人员一名；

（3）注册资本不小于30万元；

（4）需缴纳20万元质量保证金。

3. 有经培训并持有省、自治区、直辖市以上人民政府旅游行政管理部门颁发的资格证书的经营人员。

4. 有符合《旅行社管理条例》规定的注册资本和质量保证金。

目前国内的旅行社，刚开始注册的时候，只有入境旅游和国内旅游的经营许可资质，满2年后没有任何处罚，可以申请国际旅行社，包含出境旅游业务。

2014年3月1日，根据《公司法》规定，注册公司从将注册资本实缴登记制改为认缴登记制，并放宽工商登记其他条件。但是这不意味着注册资本可以随意写金额，因为一旦公司破产，按照《公司法》规定，公司以注册资本为限承担责任。股东出资不到位的，需要补足出资。也就是注册资本写了多少，公司就要赔多少钱，股东之前承诺占多少股份，就要按比例还债。另外，《公司法》规定，之前已经出资给公司的，后来又以种种非法手段（偷、抢、骗、拿）拿回自己家里的，属于抽逃出资，严重的要负刑事责任。

资料来源：https://www.zhihu.com/question/20600038/answer/204070012.

二、旅游企业筹资管理的内容

筹资活动是旅游企业资金流转运动的起点，包括科学预计资金需要量，合理安排筹资渠道、选择筹资方式，降低资本成本、控制财务风险三部分内容。

（一）科学预计资金需要量

资金是旅游企业开展生产经营业务活动的基本前提。任何一个企业，为了形成生产经营能力、保证生产经营正常运行，必须持有一定数量的资金。在正常情况下，企业资金的需求来源于两个基本目的：满足经营运转的资金需要，满足投资发展的资金需要。旅游企业创立时，要按照规划的经营规模，预计长期资本需要量和流动资金需要量；旅游企业正常营运时，要根据年度经营计划和资金周转水平，核定维持营业活动的日常资金需求量；旅游企业扩张发展时，要根据扩张规模或对外投资对大额资金的需求，安排专项的资金。

（二）合理安排筹资渠道、选择筹资方式

科学预计旅游企业资金需求后，旅游企业要解决的问题是筹资渠道的安排和筹资方式的选择问题，也就是资金从哪里来、以什么方式取得。

筹资渠道是指企业筹集资金的来源方向与通道。一般来说，旅游企业筹资渠道为直接筹资和间接筹资。直接筹资是旅游企业通过与投资者签订协议或发行股票、债券等方式直接从社会取得资金；间接筹资是旅游企业通过银行等金融机构以信贷关系间接从社会取得资金。具体来说，旅游企业的筹资渠道主要有：国家财政投资和财政补贴、银行与非银行金融机构信贷、资本市场筹集、其他法人单位与自然人投入、企业自身积累等。

对于不同渠道的资金，旅游企业可以通过不同的筹资方式来取得。筹资方式是旅游企业筹集资金所采取的具体方式，总体来说旅游企业筹资方式包括外部筹资和内部筹资。外部筹资是指从旅游企业外部筹措资金，主要有两种方式：股权筹资和债务筹资。股权筹资是旅游企业通过吸收直接投资、发行股票等方式从股东投资者那里取得资金；债务筹资是旅游企业通过向银行借款、发行债券、利用商业信用、融资租赁等方式从债权人那里取得资金，而内部筹资主要依靠旅游企业的利润留存积累。

（三）降低资本成本、控制财务风险

资本成本是旅游企业筹集和使用资金所付出的代价，包括筹资费用和占用费用。在资金筹集过程中发生的费用，如股票发行费、借款手续费、证券印刷费、公证费、律师费等，这些属于筹资费用。在旅游企业生产经营和对外投资活动中，要发生利息支出、股利支出、融

资租赁的资金利息等费用，这些属于占用费用。

按不同方式取得的资金，其资本成本是不同的。一般来说，债务资金比股权资金的资本成本要低。即使同是债务资金，由于借款、债券和租赁的性质不同，其资本成本也有差异。旅游企业筹资的资本成本需要通过资金使用所取得的收益与报酬来补偿，资本成本的高低决定了企业资金使用的最低投资收益率要求。因此，旅游企业在筹资管理中要权衡债务清偿的财务风险，合理利用资本成本较低的资金种类，努力降低企业的资本成本率。

尽管债务资金的资本成本较低，但由于债务资金有固定合同还款期限，到期必须偿还，因此旅游企业承担的财务风险比股权资金要大一些，因为无力清偿债权人的债务，可能会导致旅游企业破产。旅游企业筹集资金在降低资本成本的同时，要充分考虑财务风险，防范企业破产的财务危机。

三、旅游企业筹资方式

筹资方式是指旅游企业筹集资金所采取的具体形式，它受到法律环境、经济体制、融资市场等筹资环境的制约，特别是受国家对金融市场和融资行为方面的法律法规制约。

一般来说，旅游企业最基本的筹资方式有两种：股权筹资和债务筹资。股权筹资形成旅游企业的股权资金，通过吸收直接投资、公开发行股票等方式取得；债务筹资形成旅游企业的债务资金，通过向银行借款、发行公司债券、利用商业信用等方式取得。此外，混合筹资方式，比如发行可转换债券，是兼有股权筹资和债务筹资性质的。

（一）吸收直接投资

吸收直接投资是指旅游企业以投资合同、协议等形式定向地吸收国家、法人单位、自然人等投资主体资金的股权筹资方式。这种筹资方式通过签订投资合同或投资协议规定双方的权利和义务，主要适用于非股份制旅游公司筹集股权资本。

（二）发行股票

发行股票是指旅游企业以发售股票的方式取得资金的股权筹资方式，只适用于股份有限公司。股票是股份有限公司发行的，表明股东按其持有的股份享有权益和承担义务的可转让的书面投资凭证。股票的发售对象可以是社会公众，也可以是定向的特定投资主体。

（三）发行债券

发行债券是指旅游企业以发售公司债券的方式取得资金的筹资方式。公司债券是公司依照法定程序发行、约定还本付息期限、标明债权债务关系的有价证券。发行公司债券适用于向法人单位和自然人两种渠道筹资。发行债券是一种债务筹资方式。

（四）向金融机构借款

向金融机构借款是指旅游企业根据借款合同从银行或非银行金融机构取得资金的筹资方式。这种筹资方式既可以筹集长期资金，也可以用于短期融通资金，具有灵活、方便的特点，因此广泛适用于不同行业的企业。向金融机构借款是一种债务筹资方式。

（五）融资租赁

融资租赁是指旅游企业与租赁公司签订租赁合同，从租赁公司取得租赁物资产，通过对租赁物的占有、使用取得资金的筹资方式。融资租赁方式不直接取得货币性资金，通过租赁信用关系，直接取得实物资产，快速形成生产经营能力，然后通过向出租人分期交付租金方式偿还资产的价款。融资租赁是一种债务筹资方式。

（六）商业信用

商业信用是指企业之间在商品或劳务交易中，由于延期付款或延期交货所形成的借贷信用关系。商业信用是由于业务供销活动而形成的，它是企业短期资金的一种重要的和经常性的来源。如旅行社在酒店订房间、订餐，不是立即结账，而是一月一结，那么旅行社的赊购就是商业信用。商业信用是一种债务筹资方式。

（七）留存收益

留存收益是指旅游企业从税后净利润中提取的盈余公积金以及从企业可供分配利润中留存的未分配利润。留存收益是企业将当年利润转化为股东对企业追加投资的过程，是一种股权筹资方式。

案例 3－3

携住科技获得 1.5 亿元融资

2020 年 1 月，携住科技宣布获得 1.5 亿元 A＋轮股权融资，此轮融资由顺融资本、苏高新创投集团、齐家网联合投资，除此之外，携住科技还同时获得招商银行、江苏银行合计 1.08 亿元债权融资。

资料来源：https://www.huxiu.com/moment/78482.html.

从本案例中可以发现，旅游企业筹资不一定只使用一种筹资方式，大多时候是使用多种筹资方式使资本结构最优，成本最低。此案例中，携住科技使用吸收直接投资和向金融机构借款两种筹资方式融资。

四、旅游企业筹资的分类

旅游企业采用不同方式所筹集的资金，按照不同的分类标准可分为不同的筹资类别。

（一）按旅游企业所取得的资金的权益特性不同分类

按旅游企业所取得资金的权益特性不同，筹资分为股权筹资、债务筹资及衍生工具筹资三类。

股权资本是股东投入的、企业依法长期拥有的、能够自主调配运用的资本。股权资本在企业持续经营期间，投资者不得抽回，因而也称为企业的自有资本、主权资本或权益资本。股权资本是企业从事生产经营活动和偿还债务的基本保证，是代表企业基本资信状况的一个主要指标。企业的股权资本通过吸收直接投资、发行股票、内部积累等方式取得。股权资本一般不用偿还本金，形成了企业的永久性资本，因而财务风险小，但付出的资本成本相对较高。

债务资本是企业按合同向债权人取得的，在规定期限内需要清偿的债务。企业通过债务筹资形成债务资金，债务资金通过向金融机构借款、发行债券、融资租赁等方式取得。由于债务资金到期要归还本金和支付利息，债权人对企业的经营状况不承担责任，因而债务资金具有较大的财务风险，但付出的资本成本相对较低。

衍生工具筹资，包括兼具股权与债务筹资性质的混合融资和其他衍生工具融资。我国上市公司目前最常见的混合融资方式是可转换债券融资，最常见的其他衍生工具融资方式是认股权证融资。

（二）按是否借助金融机构为媒介来获取社会资金分类

按是否借助金融机构为媒介来获取社会资金，筹资分为直接筹资和间接筹资两种类型。

直接筹资是企业直接与资金供应者协商融通资金的筹资活动。直接筹资不需要通过金融机构来筹措资金，是企业直接从社会取得资金的方式。直接筹资方式主要有发行股票、发行债券、吸收直接投资等。直接筹资方式既可以筹集股权资金，也可以筹集债务资金。相对来说，直接筹资的筹资手续比较复杂，筹资费用较高；但筹资领域广阔，能够直接利用社会资金，有利于提高企业的知名度和资信度。

间接筹资是企业借助银行和非银行金融机构而筹集资金。在间接筹资的方式下，银行等金融机构发挥中介作用，预先集聚资金，然后提供给企业。间接筹资的基本方式是银行借款，此外还有融资租赁等方式。间接筹资形成的主要是债务资金，用于满足企业资金周转的需要。间接筹资手续相对比较简便，筹资效率高、筹资费用较低，但容易受金融政策的制约和影响。

（三）按资金的来源范围不同分类

按资金的来源范围不同，筹资分为内部筹资和外部筹资两种类型。

内部筹资是指企业通过利润留存而形成的筹资来源。内部筹资数额大小主要取决于企业可分配利润的多少和利润分配政策，一般无须花费筹资费用。

外部筹资是指企业向外部筹措资金而形成的筹资来源。处于初创期的企业，内部筹资的数量是有限的；处于成长期的企业，内部筹资的数量往往难以满足需要，这就需要企业广泛地开展外部筹资，如发行股票、债券，取得商业信用、银行借款等。企业向外部筹资大多需要花费一定的筹资费用。

（四）按所筹集资金的使用期限不同分类

按所筹集资金的使用期限不同，筹资分为长期筹资和短期筹资两种类型。

长期筹资是指企业筹集使用期限在 1 年以上的资金。长期筹资的目的主要在于形成和更新企业的生产和经营能力，或扩大企业生产经营规模，或为对外投资筹集资金。长期筹资通常采取吸收直接投资、发行股票、发行债券、长期借款、融资租赁等方式，所形成的长期资金主要用于购建固定资产、形成无形资产、进行对外长期投资、垫支铺底流动资金、产品和技术研发等，如景区建设新项目、旅游企业对外投资其他企业等。从资金权益性质来看，长期资金可以是股权资金，也可以是债务资金。

短期筹资是指企业筹集使用期限在 1 年以内的资金。短期资金主要用于企业的流动资产和资金日常周转，如旅游饭店用于购买原材料等，一般需要在短期内偿还。短期筹资经常利用商业信用、短期借款、保理业务等方式来筹集。

五、旅游企业筹资管理的原则

企业筹资管理的基本要求是在严格遵守国家法律法规的基础上，分析影响筹资的各种因素，权衡资金的性质、数量、成本和风险，合理选择筹资方式，提高筹资效果。

（一）筹措合法

筹措合法原则是指企业筹资要遵循国家法律法规，合法筹措资金。企业必须遵循国家的相关法律法规，依法履行法律法规和投资合同约定的责任，合法合规筹资，依法披露信息，维护各方的合法权益。

（二）规模适当

规模适当原则是指要根据生产经营及其发展的需要，合理安排资金需求。旅游企业筹集资金，要合理预计资金需要量。筹资规模与资金需要量应当匹配一致，既要避免因筹资不足而影响旅游企业正常生产经营，又要防止筹资过多而造成资金闲置。

（三）取得及时

取得及时原则是指要合理安排筹资时间，适时取得资金。旅游企业筹集资金，要根据资金需求的具体情况合理安排资金的筹集到位时间，使筹资与用资在时间上相衔接。

（四）来源经济

来源经济原则是指要充分利用各种筹资渠道，选择经济、可行的资金来源。企业所筹集的资金都要付出资本成本的代价，进而对企业的资金使用提出了最低收益要求。企业应当在考虑筹资难易程度的基础上，针对不同来源资金的成本认真选择筹资渠道，并选择经济、可行的筹资方式，力求降低筹资成本。

（五）结构合理

结构合理原则是指筹资管理要综合考虑各种筹资方式，优化资本结构。旅游企业筹资要综合考虑股权资本与债务资本的关系、长期资本与短期资本的关系、内部筹资与外部筹资的关系，合理安排资本结构，保持适当偿债能力，防范企业财务危机。

任务二

资金需要量与资本成本

资金需要量是旅游企业筹资的数量依据，应当科学合理地进行预测。筹资数量预测的基本目的是保证旅游企业筹集的资金既能满足生产经营的需要，又不会有多余资金闲置。

一、资金需要量预测

（一）因素分析法

因素分析法又称分析调整法，是以有关项目基期年度的平均资金需要量为基础，根据预测年度的生产经营任务和资金周转加速的要求进行分析调整，来预测资金需要量的一种方法。这种方法计算简便，容易掌握，但预测结果不太精确。它通常用于品种繁多、规格复杂、资金用量较小的项目，如旅游饭店。因素分析法的计算公式如下：

资金需要量＝(基期资金平均占用额－不合理资金占用额)
×（1＋预测期销售增长率）÷（1＋预测期资金周转速度增长率）

【例题 3－1】某旅游饭店上年度资金平均占用额为 3 200 万元，经分析，其中不合理部分 200 万元，预计本年度销售增长 4%，资金周转加速 2%。则：

预测本年度资金需要量＝（3 200－200）×（1＋4%）÷（1＋2%）
＝3 058.82（万元）

（二）销售百分比法

1. 基本原理

销售百分比法是假设某些资产和负债与销售额存在稳定的百分比关系，根据这个假设预计外部资金需要量的方法。销售百分比法首先假设某些资产与销售额存在稳定的百分比关系，根据销售与资产的比例关系预计资产额，根据资产额预计相应的负债和所有者权益，进而确定筹资需求量。

2. 基本步骤

（1）分别确定随销售收入变动而变动的资产合计 A 和负债合计 B（变动资产和变动负债）。

（2）确定有关项目与销售额的稳定比例关系。

用基期资料分别计算 A 和 B 占基期销售收入（S_1）的百分比，并以此为依据计算在预测期销售收入（S_2）水平下资产和负债的增加数。

（3）确定预测期收益留存数。

预测期收益留存数＝预测期销售收入×销售净利率×收益留存比例

(4) 确定对外界资金需求量。

预计由于销售增长而需要的资金需求增长额，扣除利润留存后，即为所需要的外部筹资额。即有：

$$外部融资需求量=\frac{A}{S_1}\times\Delta S-\frac{B}{S_1}\times\Delta S-P\times E\times S_2$$

式中，A 表示随销售而变化的敏感性资产；B 表示随销售而变化的敏感性负债；S_1 表示基期销售额；S_2 表示预测期销售额；ΔS 表示销售变动额；P 表示销售净利率；E 表示利润留存率；$\frac{A}{S_1}$ 表示敏感性资产与销售额的关系百分比；$\frac{B}{S_1}$ 表示敏感性负债与销售额的关系百分比。

需要说明的是，如果非敏感性资产增加，则外部筹资需要量也应相应增加。

【例题 3-2】某饭店 2020 年 12 月 31 日的简要资产负债及相关信息如表 3-3 所示。

假定该饭店 2020 年销售额为 10 000 万元，销售净利率为 10%，利润留存率 40%。2021 年销售额预计增长 20%，公司有足够的生产能力，无须追加固定资产投资。

表 3-3 某饭店资产负债及相关信息表（2020 年 12 月 31 日）

资产	金额（万元）	与销售关系（%）	负债与权益	金额（万元）	与销售关系（%）
现金	500	5	短期借款	2 500	N
应收账款	1 500	15	应付账款	1 000	10
存货	3 000	30	预提费用	500	5
固定资产	3 000	N	公司债券	1 000	N
			实收资本	2 000	N
			留存收益	1 000	N
合计	8 000	50	合计	8 000	15

(1) 确定有关项目及其与销售额的关系百分比。在表 3-3 中，N 表示不变动，是指该项目不随销售额的变化而变化。

(2) 确定需要增加的资金量。从表 3-3 中可以看出，销售收入每增加 100 元，必须增加 50 元的资金占用，但同时自动增加 15 元的资金来源，两者差额的 35 元产生了资金需求。因此，每增加 100 元的销售收入，公司必须取得 35 元的资金来源，销售额从 10 000万元增加到 12 000 万元，增加了 2 000 万元，按照 35%的比率可预测将增加 700 万元的资金需求。

(3) 确定外部融资需求的数量。2021 年的净利润为 1 200 万元（=12 000×10%），利润留存率为 40%，则将有 480 万元（=1 200×40%）的利润被留存下来，还有 220 万元的资金必须从外部筹集。

根据该饭店的资料，可求得：

$$外部融资需求量=50\%\times2\,000-15\%\times2\,000-10\%\times40\%\times12\,000=220（万元）$$

销售百分比法的优点是能为筹资管理提供短期预计的财务报表，以适应外部筹资的需要，且易于使用。但在有关因素发生变动的情况下，必须相应地调整原有的销售百分比。

二、资本成本

资本成本是衡量资本结构优化程度的标准，也是对投资获得经济效益的最低要求，通常用资本成本率表示。当旅游企业将所筹得的资本付诸使用以后，只有项目的投资收益率高于资本成本率，才能表明所筹集的资本取得了较好的经济效益。

（一）资本成本概述

1. 资本成本的含义

资本成本是指企业为筹集和使用资本而付出的代价，包括筹资费用和占用费用。资本成本是资本所有权与资本使用权分离的结果。对出资者而言，由于让渡了资本使用权，必须要求取得一定的补偿，资本成本表现为让渡资本使用权所带来的投资收益。对筹资者而言，由于取得了资本使用权，必须支付一定代价，资本成本表现为取得资本使用权所付出的代价。资本成本可以用绝对数表示，也可以用相对数表示。

2. 资本成本的作用

（1）资本成本是比较筹资方式、选择筹资方案的依据。

不同资本的资本成本率是比较、评价各种筹资方式的依据。在评价不同筹资方式时，一般会考虑的因素包括对企业控制权的影响、对投资者吸引力的大小、融资的难易和风险、资本成本的高低等，而资本成本是其中的重要因素。在其他条件相同时，企业筹资应选择资本成本率最低的方式。

（2）平均资本成本是衡量资本结构是否合理的重要依据。

计算企业价值时，经常采用企业的平均资本成本作为贴现率，当平均资本成本最小时，企业价值最大，此时的资本结构是企业理想的资本结构。

（3）资本成本是评价投资项目可行性的主要标准。

任何投资项目，如果它预期的投资收益率超过该项目使用资金的资本成本率，则该项目在经济上就是可行的。资本成本率是企业用以确定项目要求达到的投资收益率的最低标准。

（4）资本成本是评价企业整体业绩的重要依据。

一定时期企业资本成本率的高低，不仅反映企业筹资管理的水平，还可作为评价企业整体经营业绩的标准。企业的生产经营活动实际上就是所筹集资本经过投放后形成资产的营运，企业的总资产税后收益率应高于其平均资本成本率，这样才能带来剩余收益。

3. 影响资本成本的因素

（1）总体经济环境。

一个国家或地区的总体经济环境状况，表现在国民经济发展水平、预期的通货膨胀等方面，这些都会对企业筹资的资本成本产生影响。如果国民经济保持健康、稳定、持续增长，整个社会经济的资金供给和需求相对均衡且通货膨胀水平低，资金所有者投资的风险小，预期收益率低，筹资的资本成本率相应就比较低。相反，如果经济过热，通货膨胀率持续居高不下，投资者投资的风险大，预期收益率高，筹资的资本成本率就高。

（2）资本市场条件。

资本市场条件包括资本市场的效率和风险。如果资本市场缺乏效率，证券的市场流动性低，投资者投资风险大，要求的预期收益率高，那么通过资本市场融通的资本，其成本水平就比较高。

（3）企业经营状况和融资状况。

企业的经营风险和财务风险共同构成企业的总体风险，如果企业经营风险高，财务风险大，则企业总体风险水平高，投资者要求的预期收益率高，企业筹资的资本成本相应就大。

（4）企业对筹资规模和时限的需求。

在一定时期内，国民经济体系中资金供给总量是一定的，资本是一种稀缺资源。因此企业一次性需要筹集的资金规模大、占用资金时限长，资本成本就高。当然，融资规模、时限与资本成本的正向相关性并不是线性关系。一般来说，融资规模在一定限度内并不会引起资本成本的明显变化，只有当融资规模突破一定限度时才会引起资本成本的明显变化。

（二）资本成本计算

1. 个别资本成本计算

个别资本成本是指单一融资方式本身的资本成本，包括银行借款资本成本、公司债券资本成本、普通股资本成本和留存收益成本等，其中前两类是债务资本成本，后两类是权益资本成本。

（1）一般模式。

为了便于分析比较，资本成本通常用不考虑货币时间价值的一般通用模型计算。计算时，将初期的筹资费用作为筹资额的一项扣除，扣除筹资费用后的筹资额称为筹资净额，一般模式通用的计算公式为：

$$资本成本率=\frac{年资金占用费}{筹资总额-筹资费用}\times100\%=\frac{年资金占用费}{筹资总额\times（1-筹资费用率）}\times100\%$$

（2）银行借款资本成本。

银行借款资本成本包括借款利息和借款手续费用，手续费用是筹资费用的具体表现。利息费用在税前支付，可以起抵税作用，一般计算税后资本成本率，以便与权益资本成本率有可比性。银行借款的资本成本率按一般模式计算为：

$$K_b=\frac{年利率\times(1-所得税税率)}{1-手续费率}=\frac{i\times(1-T)}{1-f}$$

式中，K_b 表示银行借款资本成本率；i 表示银行借款年利率；f 表示筹资费用率；T 表示所得税税率。

【例题 3-3】某旅游企业取得 10 年期长期借款 1 000 万元，年利率 5%，每年付息一次，到期一次还本，借款费用率 0.2%，企业所得税税率 25%，该项借款的资本成本率为：

$$K_b=\frac{5\%\times(1-25\%)}{1-0.2\%}=3.76\%$$

（3）公司债券资本成本。

公司债券资本成本包括债券利息和借款发行费用。债券可以溢价发行，也可以折价发行，其资本成本率按一般模式计算为：

$$K_b=\frac{年利息\times(1-所得税税率)}{债券筹资总额\times(1-手续费率)}=\frac{I\times(1-T)}{L\times(1-f)}$$

式中，L 表示公司债券筹资总额；I 表示公司债券年利息。

【例题 3-4】 某旅游企业以 1 200 元的价格，溢价发行面值为 1 000 元、期限 10 年、票面利率为 7% 的公司债券。每年付息一次，到期一次还本，发行费用率 3%，所得税税率 25%，该批债券的资本成本率为：

$$K_b = \frac{1\ 000 \times 7\% \times (1-25\%)}{1\ 200 \times (1-3\%)} = 4.51\%$$

（4）普通股资本成本（股利增长模型/资本资产定价模型）。

普通股资本成本主要是向股东支付的各期股利。由于各期股利并不一定固定，随企业各期收益波动，因此只能按贴现模式计算普通股的资本成本，并假定各期股利的变化呈一定规律性，这是股利增长模型。如果是上市公司普通股，其资本成本可以按资本资产定价模型法估计。

①股利增长模型法。

假定资本市场有效，股票市场价格与价值相等。假定某股票本期支付的股利为 D_0，未来各期股利按 g 速度永续增长。目前股票市场价格为 P_0，则普通股资本成本率为：

$$K_s = \frac{本期支付股利 \times (1+预期股利增长率)}{目前股票市场价格 \times (1-筹资费用率)} + 预期股利增长率$$

$$= \frac{D_0(1+g)}{P_0(1-f)} + g = \frac{D_1}{P_0(1+f)} + g$$

【例题 3-5】 某旅游上市公司普通股市价 35 元，筹资费用率为 3%，本年发放现金股利每股 0.6 元，预期股利年增长率为 10%。则资本成本率为：

$$K_s = \frac{0.6 \times (1+10\%)}{35 \times (1-3\%)} + 10\% = 11.94\%$$

②资本资产定价模型法。

假定资本市场有效，股票市场价格与价值相等。假定无风险收益率为 R_f，市场平均收益率为 R_m，某股票贝塔系数为 β，则普通股资本成本率为：

$$K_s = R_f + \beta(R_m - R_f)$$

【例题 3-6】 某旅游公司普通股 β 系数为 1.6，此时无风险收益率是 5%，市场平均收益率为 12%，则该普通股资本成本率为：

$$K_s = 5\% + 1.6 \times (12\% - 5\%) = 16.2\%$$

（5）留存收益资本成本。

留存收益是由企业税后净利润形成的，是一种所有者权益，是所有者向企业的追加投资。企业使用留存收益筹资不发生筹资费用。留存收益的资本成本率表现为股东追加投资要求的收益率，计算与普通股成本相同，也分为股利增长模型法和资本资产定价模型法，不同点在于不考虑筹资费用。

2. 平均资本成本计算

平均资本成本是指多元化融资方式下的综合资本成本，反映企业资本成本整体水平的高低。企业的平均资本成本可以用于衡量和评价企业筹资总体的经济性，从而确立企业理想的资本结构。

企业平均资本成本，是以各项个别资本在企业总资本中的比重为权数，对各项个别资本成本率进行加权平均而得到的总资本成本率。计算公式为：

$$K_w=\sum_{j=1}^{n}K_jW_j$$

式中，K_w 表示平均资本成本，K_j 表示第 j 种个别资本成本率，W_j 表示第 j 种个别资本在全部资本中的比重。

平均资本成本的计算，存在着权数价值的选择问题，即各项个别资本按什么权数来确定资本比重。通常，可供选择的价值形式有账面价值、市场价值、目标价值等。

【例题 3-7】 某旅行社 2020 年年末长期资本账面总额为 1 000 万元，其中：银行长期贷款 400 万元，占 40%；长期债券 150 万元，占 15%；股东权益 450 万元（共 200 万股，每股面值 1 元，市价 6 元），占 45%。个别资本成本分别为：5%、6%、9%。则该公司 2020 年的平均资本成本为：

按账面价值计算：

$$K_w=5\%\times40\%+6\%\times15\%+9\%\times45\%=6.95\%$$

按市场价值计算：

$$K_w=(5\%\times400+6\%\times150+9\%\times1\,200)\div(400+150+1\,200)=7.83\%$$

任务三

股权筹资

股权筹资形成旅游企业的股权资金，是旅游企业最基本的筹资方式。股权筹资有三种基本形式，吸收直接投资、发行普通股股票和利用留存收益。

一、吸收直接投资

吸收直接投资，是指旅游企业按照“共同投资、共同经营、共担风险、共享收益”的原则，直接吸收国家、法人、个人和外商投入资金的一种筹资方式。吸收直接投资是非股份制企业筹集权益资本的基本方式。吸收直接投资的实际出资额中，注册资本部分形成实收资本；超过注册资本的部分属于资本溢价，形成资本公积。

（一）吸收直接投资的种类

1. 吸收国家投资

国家投资是指有权代表国家投资的政府部门或机构，以国有资产投入公司，这种情况下形成的资本叫国有资本。吸收国家投资一般具有以下特点：产权归属国家；资金的运用和处置受国家约束较大；在国有公司中采用比较广泛。

2. 吸收法人投资

法人投资是指法人单位以其依法可支配的资产投入公司，这种情况下形成的资本叫法人资本。吸收法人投资一般具有以下特点：发生在法人单位之间；以参与公司利润分配或控制为目的；出资方式灵活多样。

3. 吸收外商投资

外商投资是指外国的自然人、企业或者其他组织（以下称外国投资者）直接或间接在中国境内进行的投资。外商投资企业是指全部或者部分由外国投资者投资，依照中国法律在中国境内登记注册设立的企业。

4. 吸收社会公众投资

社会公众投资是指社会个人或本公司职工以个人合法财产投入公司，这种情况下形成的资本称为个人资本。吸收社会公众投资一般具有以下特点：参加投资的人员较多；每人投资的数额相对较少；以参与公司利润分配为目的。

（二）吸收直接投资的出资方式

1. 以货币资产出资

以货币资产出资是吸收直接投资中最重要的出资方式。企业有了货币资产，便可以获取其他物质资源，支付各种费用，满足企业创建开支和随后的日常周转需要。

2. 以实物资产出资

实物出资是指投资者以房屋、建筑物、设备等固定资产和材料、燃料、商品产品等流动资产所进行的投资。实物投资应符合以下条件：适合企业生产、经营、研发等活动的需要；技术性能良好；作价公平合理。

实物出资中实物的作价应当评估作价、核实财产，不得高估或者低估作价。法律、行政法规对评估作价有规定的从其规定。国有及国有控股企业接受其他企业的非货币资产出资，必须委托有资格的资产评估机构进行资产评估。

3. 以土地使用权出资

土地使用权是指土地经营者对依法取得的土地在一定期限内有进行建筑、生产经营或其他活动的权利。土地使用权具有相对的独立性，在土地使用权存续期间，包括土地所有者在内的其他任何人和单位，不能任意收回土地和非法干预使用权人的经营活动。企业吸收土地使用权投资应符合以下条件：适合企业生产、经营、研发等活动的需要；地理、交通条件适宜；作价公平合理。

4. 以知识产权出资

知识产权通常是指专有技术、商标权、专利权、非专利技术等无形资产。吸收知识产权等无形资产出资的风险较大，因为以知识产权投资，是把技术的价值固定化了，而技术具有强烈的时效性，会因其不断老化落后而导致实际价值不断减少甚至完全丧失。

此外，《中华人民共和国市场主体登记管理条例》第十三条规定，出资方式应当符合法律、行政法规的规定。公司股东、非公司企业法人出资人、农民专业合作社（联合社）成员不得以劳务、信用、自然人姓名、商誉、特许经营权或者设定担保的财产等作价出资。

5. 以特定债权出资

特定债权指企业依法发行的可转换债券以及按照国家有关规定可以转作股权的债权。在实践中，企业可以将特定债权转为股权的情形主要有：上市公司依法发行的可转换债券；金融资产管理公司持有的国有及国有控股企业债权等。企业实行公司制改建时，经银行以外的其他债权人协商同意，可以按照有关协议和企业章程的规定，将其债权转为股权；根据《利用外资改组国有企业暂行规定》，国有企业的境内债权人将持有的债权转给外国投资者，企业通过债转股改组为外商投资企业；按照《企业公司制改建有关国有资本管理与财务处理的暂行规定》，国有企业改制时，账面原有应付工资余额中欠发职工工资部分，在符合国家政策、职工自愿的条件下，依法扣除个人所得税后可转为个人投资；未退还职工的集资款也可转为个人投资。

（三）吸收直接投资的程序

1. 确定筹资数量

企业在新建或扩大经营时，要先确定资金的需要量。资金的需要量根据企业的生产经营规模和供销条件等来核定，筹资数量与资金需要量应当相适应。

2. 寻找投资单位

企业既要广泛了解有关投资者的资信、财力和投资意向，并通过宣传使出资方了解企业的经营能力、财务状况以及未来预期，以便公司从中寻找最合适的合作伙伴。

3. 协商和签署投资协议

找到合适的投资伙伴后，双方进行具体协商，确定出资数额和出资方式及出资时间。企业应尽可能吸收货币投资。对实物投资、知识产权投资、土地使用权投资等非货币资产投资，双方应按公平合理的原则协商定价。当出资数额、资产作价确定后，双方签署投资协议或合同，以明确双方的权利和责任。

4. 取得所筹集的资金

签署投资协议后，企业应按规定或计划取得资金。如果采取现金投资方式，通常还要编制拨款计划，确定拨款期限、每期数额及划拨方式等。如为实物、知识产权、非专利技术、土地使用权投资，则需要核实财产。必要时可聘请资产评估机构来评定，然后办理产权的转移手续取得资产。

（四）吸收直接投资的筹资特点

1. 能够尽快形成生产能力

吸收直接投资不仅可以取得一部分货币资金，而且能够直接获得所需的先进设备和技术，尽快形成生产经营能力。

2. 容易进行信息沟通

吸收直接投资的投资者比较单一，股权没有社会化、分散化，投资者甚至直接担任公司管理层职务，公司与投资者易于沟通。

3. 资本成本较高

相对于股票筹资方式来说，吸收直接投资的资本成本较高。当企业经营较好、盈利较多时，投资者往往要求将大部分盈余作为红利分配，因为向投资者支付的报酬是按其出资数额和企业实现利润的比率来计算的。不过，吸收直接投资的手续相对比较简便，筹资费用较低。

4. 公司控制权集中，不利于公司治理

采用吸收直接投资方式筹资，投资者一般都要求获得与投资数额相适应的经营管理权。如果某个投资者的投资额比例较大，则该投资者对企业的经营管理就会有相当大的控制权，容易损害其他投资者的利益。

5. 不易进行产权交易

吸收投入资本由于没有证券为媒介，不利于产权交易，难以进行产权转让。

二、发行普通股股票

股票是股份有限公司为筹措股权资本而发行的有价证券，是公司签发的证明股东持有公司股份的凭证。股票作为一种所有权凭证，代表着对发行公司净资产的所有权。股票只能由股份有限公司发行。

（一）股票的特征与种类

1. 股票的特征

股票有永久性、流通性、风险性和参与性四个特征。

第一，旅游公司发行股票所筹集的资金属于公司的长期自有资金，没有期限，亦无须归还。换言之，股东一般情况下不能要求发行企业退还股金。

第二，股票作为一种有价证券，在资本市场上可以自由流通，因此股票特别是上市公司发行的股票具有很强的变现能力，流通性很强。

第三，由于股票没有期限，因此股东是企业风险的主要承担者。企业风险包括股票价格波动、红利不确定、破产清算时股东处于剩余财产分配的最后顺序等。

第四，股东作为股份公司的所有者，拥有参与企业管理的权利，包括重大决策权、经营者选择权、财务监控权、公司经营的建议和质询权等。

2. 股票的种类

（1）按股东权利和义务分为普通股股票和优先股股票。

普通股股票简称普通股，是公司发行的代表着股东享有平等的权利、义务，不加特别限制的，股利不固定的股票。普通股是最基本的股票，股份有限公司通常情况下只发行普通股。

优先股股票简称优先股，是公司发行的相对于普通股具有一定优先权的股票。其优先权主要表现在股利分配优先权和分配剩余财产优先权上。优先股股东在股东大会上无表决权，在参与公司经营管理上受到一定限制，仅对涉及优先股权利的问题有表决权。

（2）按票面是否记名分为记名股票和无记名股票。

记名股票是在股票票面上记载有股东姓名或将名称记入公司股东名册的股票，无记名股票不登记股东名称，公司只记载股票数量、编号及发行日期。

我国《公司法》规定，公司向发起人、法人发行的股票，应当为记名股票，并应当记载该发起人、法人的名称或者姓名，不得另立户名或者以代表人姓名记名；向社会公众发行的股票可以为记名股票，也可以为无记名股票。

（二）股份有限公司的设立、股票的发行与上市

1. 股份有限公司的设立

设立股份有限公司，应当有 2 人以上 200 人以下为发起人，其中须有半数以上的发起人在中国境内有住所。股份有限公司的设立，可以采取发起设立或者募集设立的方式。发起设立是指由发起人认购公司应发行的全部股份而设立公司。募集设立是指由发起人认购公司应发行股份的一部分，其余股份向社会公开募集或者向特定对象募集而设立公司。

以募集设立方式设立股份有限公司的，发起人认购的股份不得少于公司股份总数的 35%；法律、行政法规另有规定的从其规定。

股份有限公司的发起人应当承担下列责任：公司不能成立时，对设立行为所产生的债务和费用负连带责任；公司不能成立时，对认股人已缴纳的股款，负返还股款并加算银行同期存款利息的连带责任；在公司设立过程中，由于发起人的过失致使公司利益受到损害的，应当对公司承担赔偿责任。

2. 股份有限公司首次发行股票的一般程序

（1）发起人认足股份、交付股资。发起设立方式的发起人认购公司全部股份；募集设立方式的公司发起人认购的股份不得少于公司股份总数的 35%。发起人可以用货币出资，也可以用非货币资产作价出资。发起设立方式下，发起人交付全部股资后，应选举董事会、监事会，由董事会办理公司设立的登记事项；募集设立方式下，发起人认足其应认购的股份并交付股资后，其余部分向社会公开募集或者向特定对象募集。

（2）提出公开募集股份的申请。募集方式设立的公司，发起人向社会公开募集股份时，必须向国务院证券监督管理部门递交募股申请，并报送批准设立公司的相关文件，包括公司章程、招股说明书等。

（3）公告招股说明书，签订承销协议。公开募集股份申请经国家批准后，应公告招股说明书。招股说明书应包括公司章程、发起人认购的股份数、本次每股票面价值和发行价格、募集资金的用途等。同时，与证券公司等证券承销机构签订承销协议。

（4）招认股份，缴纳股款。发行股票的公司或其承销机构一般用广告或书面通知的办法招募股份。认股者一旦填写了认股书，就要承担认股书中约定缴纳股款的义务。如果认股者总股数超过发起人拟招募总股数，可以采取抽签的方式确定哪些认股者有权认股。认股者应在规定的期限内向代收股款的银行缴纳股款，同时交付认股书。股款收足后，发起人应委托法定的机构验资，出具验资证明。

（5）召开创立大会，选举董事会、监事会。发行股份的股款募足后，发起人应在规定期限（法定 30 天）主持召开创立大会。创立大会由发起人、认股人组成，应有代表股份总数半数以上的认股人出席方可举行。创立大会通过公司章程，选举董事会和监事会成员，并有权对公司的设立费用进行审核，对发起人用于抵作股款的财产的作价进行审核。

（6）办理公司设立登记，交割股票。经创立大会选举的董事会，应在创立大会结束后 30 天内办理申请公司设立的登记事项。登记成立后，即向股东正式交付股票。

3. 股票的发行方式

（1）公开间接发行。公开间接发行股票，是指股份公司通过中介机构向社会公众公开发行股票。采用募集设立方式成立的股份有限公司，向社会公开发行股票时，必须由有资格的证券经营中介机构，如证券公司、信托投资公司等承销。这种发行方式的发行范围广，发行对象多，易于足额筹集资本。公开发行股票，同时还有利于提高公司的知名度，扩大其影响力，但公开发行方式审批手续复杂严格，发行成本高。

（2）非公开直接发行。非公开直接发行股票，是指股份公司只向少数特定对象直接发行股票，不需要中介机构承销。用发起设立方式成立和向特定对象募集方式发行新股的股份有限公司，向发起人和特定对象发行股票，采用直接将股票销售给认购者的自销方式。这种发行方式弹性较大，企业能控制股票的发行过程，节省发行费用。但发行范围小，不易及时足额筹集资本，发行后股票的变现性差。

4. 股票的上市交易

（1）股票上市的目的。公司股票上市的目的是多方面的，主要包括：①便于筹措新资金。证券市场是一个资本商品的买卖市场，证券市场上有众多的资金供应者。同时，股票上市经过了政府机构的审查批准并接受严格的管理，执行股票上市和信息披露的规定，容易吸引社会资本投资者。另外，公司上市后，还可以通过增发、配股、发行可转换债券等方式进行再融资。②促进股权流通和转让。股票上市后便于投资者购买，提高了股权的流动性和股票的变现力，便于投资者认购和交易。③便于确定公司价值。股票上市后，公司股价有市价可循，便于确定公司的价值。对于上市公司来说，即时的股票交易行情，就是对公司价值的市场评价。同时，市场行情也能够为公司收购兼并等资本运作提供询价基础。

但股票上市对公司也有不利影响，主要有：上市成本较高，手续复杂严格；公司将负担较高的信息披露成本；信息公开的要求可能会暴露公司的商业机密；股价有时会歪曲公司的实际情况，影响公司声誉；可能会分散公司的控制权，造成管理上的困难。

（2）股票上市的条件。公司公开发行的股票进入证券交易所交易，必须受到严格的条件限制。我国《证券法》规定，申请证券上市交易，应当符合证券交易所上市规则规定的上市条件。证券交易所上市规则规定的上市条件，应当对发行人的经营年限、财务状况、最低公开发行比例和公司治理、诚信记录等提出要求。公司首次公开发行新股，应当符合下列条件：①具备健全且运行良好的组织机构；②具有持续经营能力；③最近 3 年财务会计报告被出具无保留意见审计报告；④发行人及其控股股东、实际控制人最近 3 年不存在贪污、贿赂、侵占财产、挪用财产或者破坏社会主义市场经济秩序的刑事犯罪；⑤经国务院批准的国务院证券监督管理机构规定的其他条件。上市公司发行新股，应当符合经国务院批准的国务院证券监督管理机构规定的条件，具体管理办法由国务院证券监督管理机构规定。

（三）上市公司的股票发行

上市的股份有限公司在证券市场上发行股票包括公开发行和非公开发行两种类型。公开发行股票又分为首次上市公开发行股票和上市公开发行股票，非公开发行即向特定投资者发行，也叫定向发行。

1. 首次上市公开发行股票

首次上市公开发行股票（Initial Public Offering，IPO），是指股份有限公司对社会公开发行股票并上市流通和交易。实施 IPO 的公司，自股份有限公司成立后，持续经营时间应当在 3 年以上（经国务院特别批准的除外），应当符合中国证监会《首次公开发行股票并上市管理办法》规定的相关条件，并经中国证监会核准。

实施 IPO 发行的基本程序是：（1）公司董事会应当依法就本次股票发行的具体方案、本次募集资金使用的可行性及其他事项做出决议，并提请股东大会批准；（2）公司股东大会就本次发行股票做出决议；（3）由保荐人保荐并向证监会申报；（4）证监会受理，并审批核准；（5）自证监会核准发行之日起，公司应在 6 个月内公开发行股票，超过 6 个月未发行的，核准失效，须经证监会重新核准后方可发行。

2. 上市公开发行股票

上市公开发行股票，是指股份有限公司已经上市后，通过证券交易所在证券市场上对社会公开发行股票。上市公开发行股票，包括增发和配股两种方式。增发是指上市公司向社会公众发售股票的再融资方式；配股是指上市公司向原有股东配售股票的再融资方式。

3. 非公开发行股票

上市公司非公开发行股票，是指上市公司采用非公开方式，向特定对象发行股票的行为，也叫定向募集增发。定向增发的对象可以是老股东，也可以是新投资者，但发行对象不超过 10 名，发行对象为境外战略投资者的，应当经国务院相关部门事先批准。

（四）引入战略投资者

我国在新股发行中引入战略投资者，允许战略投资者在公司发行新股中参与配售。战略投资者是指与发行人具有合作关系或有合作意向和潜力、与发行公司业务联系紧密且欲长期持有发行公司股票的法人。一般认为，战略投资者是指能够通过帮助公司融资，提供营销与销售支持的业务或通过个人关系增加投资价值的公司或个人投资者。

（五）发行普通股股票的筹资特点

1. 两权分离，有利于公司自主经营管理

公司通过对外发行股票筹资，公司的所有权与经营权相分离，分散了公司控制权，有利于公司自主管理、自主经营。普通股筹资的股东众多，公司日常经营管理事务主要由公司的董事会和经理层负责。但公司的控制权分散，公司也容易被经理人控制。

2. 资本成本较高

由于股票投资的风险较大，收益具有不确定性，投资者就会要求较高的风险补偿。因此，股票筹资的资本成本较高。

3. 能增强公司的社会声誉，促进股权流通和转让

普通股筹资，股东的大众化为公司带来了广泛的社会影响。特别是上市公司，其股票的流通性强，有利于市场确认公司的价值。普通股筹资以股票作为媒介，便于股权的流通和转让，吸收新的投资者。但是，流通性强的股票，也容易在资本市场上被恶意收购。

4. 不易于及时形成生产能力

普通股筹资吸收的一般都是货币资金，还需要通过购置和建造形成生产经营能力。相对吸收直接投资方式来说，不易于及时形成生产能力。

三、利用留存收益

（一）留存收益的性质

企业通过合法有效的经营所实现的税后净利润，都属于企业的所有者。因此，分配给所有者的利润和尚未分配留存于企业的利润都属于所有者。企业将本年度的利润部分甚至全部留存下来主要有三个原因：第一，利润的核算建立在权责发生制基础上，企业利润为正，但不一定有相应的现金净流量增加，因此企业不一定有足够的现金将利润全部或部分派给所有者。第二，法律法规从保护债权人利益和要求企业可持续发展等角度出发，限制企业将利润全部分配出去。我国《公司法》规定，企业每年的税后利润，必须提取10%的法定公积金。第三，企业会将一部分利润留存下来用于自身扩大再生产和筹资需求。

（二）留存收益的筹资途径

1. 提取盈余公积金

盈余公积金是指有指定用途的留存净利润，其提取基数是抵减年初累计亏损后的本年度净利润。盈余公积金主要用于企业未来的经营发展，经投资者审议后也可以用于转增股本（实收资本）和弥补公司经营亏损。

2. 未分配利润

未分配利润是指未限定用途的留存净利润。未限定用途意味着这部分净利润本年没有分配给公司的股东投资者，并且这部分净利润未指定用途。未分配利润可以用于企业未来经营发展、转增股本（实收资本）、弥补公司经营亏损、以后年度利润分配等。

（三）留存收益的筹资特点

1. 不用发生筹资费用

与普通股筹资相比较，留存收益筹资不需要发生筹资费用，资本成本较低。

2. 维持公司的控制权分布

利用留存收益筹资，不用对外发行新股或吸收新投资者，由此增加的权益资本不会改变公司的股权结构，不会稀释原有股东的控制权。

3. 筹资数额有限

当期留存收益的最大数额是当期的净利润，筹资数量有限。相反，外部筹资一次性可以筹集大量资金。如果企业发生亏损，当年就没有利润留存。另外，股东和投资者从自身期望出发，往往希望企业每年发放一定股利，保持一定的利润分配比例。

四、股权筹资的优缺点

（一）股权筹资的优点

1. 股权资本是旅游企业稳定的资本基础

股权资本没有固定的到期日，无须偿还，是企业的永久性资本，除非企业清算时才有可能予以偿还。这对于保障企业对资本的最低需求、促进企业长期持续稳定经营具有重要意义。

2. 股权资本是旅游企业良好的信誉基础

股权资本作为旅游企业最基本的资本，代表了企业的资本实力，是企业与其他单位组织开展经营业务、进行业务活动的信誉基础。同时，股权资本也是其他方式筹资的基础，尤其可为债务筹资（包括银行借款、发行公司债券等）提供信用保障。

3. 股权资本的财务风险较小

股权资本不用在旅游企业正常营运期内偿还，没有还本付息的财务压力。相对于债务资金而言，股权资本筹资限制少，资本使用上也无特别限制。另外，企业可以根据其经营状况和业绩的好坏决定向投资者支付多少报酬。

（二）股权筹资的缺点

1. 资本成本负担较重

一般而言，股权筹资的资本成本要高于债务筹资。这主要是由于投资者投资于股权特别是投资于股票的风险较高，投资者或股东相应要求得到较高的收益率。从企业成本开支的角度来看，股利、红利从税后利润中支付，而使用债务资金的资本成本允许税前扣除。此外，普通股在发行、上市等方面的费用也十分庞大。

2. 控制权变更可能影响企业长期稳定发展

利用股权筹资，由于引进了新的投资者或出售了新的股票，必然会导致公司控制权结构的改变，而控制权变更过于频繁又势必影响公司管理层的人事变动和决策效率，影响公司的正常经营。

3. 信息沟通与披露成本较大

投资者或股东作为企业的所有者，有了解企业经营业务、财务状况、经营成果等的权利。企业需要通过各种渠道和方式加强与投资者的关系管理，保障投资者的权益。特别是上市公司，其股东众多而分散，只能通过公司的公开信息披露了解公司状况，这就需要公司花更多的精力，有些公司还需要设置专门的部门进行公司的信息披露和投资者关系管理。

任务四

债务筹资

债务筹资形成旅游企业的债务资金，债务资金是旅游企业通过银行借款、向社会发行公司债券、融资租赁等方式筹集和取得的资金。银行借款、发行债券和融资租赁是债务筹资的三种基本形式。商业信用也是一种债务资金，但它是由旅游企业间的商品或劳务的交易形成的，故在旅游企业营运资金管理中予以介绍。

一、银行借款

银行借款是指旅游企业向银行或其他非银行金融机构借入的、需要还本付息的款项，包括偿还期限超过 1 年的长期借款和不足 1 年的短期借款，主要用于旅游企业构建固定资产和满足流动资金周转的需要。

（一）银行借款的种类

1. 按提供贷款的机构分类

按提供贷款的机构分为政策性银行贷款、商业银行贷款和其他金融机构贷款。

政策银行贷款是指执行国家政策性贷款业务的银行向企业发放的贷款，通常为长期贷款。如国家开发银行贷款，主要满足企业承建国家重点建设项目的资金需要；中国进出口信贷银行贷款，主要为大型设备的进出口提供买方信贷或卖方信贷；中国农业发展银行贷款，主要用于确保国家对粮、棉、油等政策性收购资金的供应。

商业银行贷款是指由各商业银行，如中国工商银行、中国建设银行、中国农业银行、中国银行等，向企业提供的贷款，用以满足企业生产经营的资金需要，包括短期贷款和长期贷款。

其他金融机构贷款，如从信托投资公司取得实物或货币形式的信托投资贷款，从财务公司取得的各种中长期贷款，从保险公司取得的贷款等。其他金融机构贷款一般较商业银行贷款的期限要长，要求的利率较高，对借款企业的信用要求和担保的选择比较严格。

2. 按机构对贷款有无担保要求分类

按机构对贷款有无担保要求分为信用贷款和担保贷款。

信用贷款是指以借款人的信誉或保证人的信用为依据而获得的贷款。企业取得这种贷款，无须以财产做抵押。对于这种贷款，由于风险较高，银行通常要收取较高的利息，往往还附加一定的限制条件。

担保贷款是指由借款人或第三方依法提供担保而获得的贷款。担保包括保证责任、财产抵押、财产质押，由此，担保贷款包括保证贷款、抵押贷款和质押贷款三种类型。

保证贷款是指以第三方作为保证人承诺在借款人不能偿还借款时，按约定承担一定保证责任或连带责任而取得的贷款。

抵押贷款是指以借款人或第三方的财产作为抵押物而取得的贷款。抵押是指债务人或第三方并不转移对财产的占有，只将该财产作为对债权人的担保。债务人不能履行债务时，债权人有权将该财产折价或者以拍卖、变卖的价款优先受偿。作为贷款担保的抵押品，可以是不动产、机器设备、交通运输工具等实物资产，可以是依法有权处分的土地使用权，也可以是股票、债券等有价证券等，它们必须是能够变现的资产。如果贷款到期，借款企业不能或不愿偿还贷款，银行可取消企业对抵押品的赎回权。抵押贷款有利于降低银行贷款的风险，提高贷款的安全性。

质押贷款是指以借款人或第三方的动产或财产权利作为质押物而取得的贷款。质押是指债务人或第三方将其动产或财产权利移交给债权人占有，将该动产或财产权利作为债权的担保。债务人不履行债务时，债权人有权将该动产或财产权利折价或者以拍卖、变卖的价款优先受偿。作为贷款担保的质押品，可以是汇票、支票、债券、存款单、提单等信用凭证，可以是依法转让的股份、股票等有价证券，也可以是依法转让的商标专用权、专利权、著作权中的财产权等。

【案例 3-4】

阿拉斯加航空抵押 61 架客机，融资超 11 亿美元

阿拉斯加航空通过发行设备债券（Equipment Notes）筹集超 11 亿美元资金，并以 61 架客机做抵押，该航司将利用这笔资金度过此次危机，这也是该航司为保持竞争力和保证资金流动性的方法。

1. 以客机做抵押进行融资

阿拉斯加航空宣布已融资 11.739 19 亿美元，并以 61 架客机做抵押，其中包括该航司在 2007 年到 2010 年收购的 26 架波音 737-800、2016 年到 2019 年收购的 16 架波音 737-900ER，以及 2017 年和 2018 年收购的 19 架 Embraer E175LR。

客机只是航司在筹集资金用来做抵押的一类资产，这也是在客机属于非租用资产或者有财务留置权的情况下进行的。航司的其他可抵押选择包括航班时刻表、登机口和各国之间的航权。所有这些昂贵资产都可以作为航司融资的抵押品，以防航司违约。但航司不太可能出现违约，因为失去飞机或时刻表会给企业带来巨大打击。

波音 737 客机是阿拉斯加航空机队的主要力量，未来一段时间都将如此。关于空客 A320，该航司正在评估其未来机队战略。使用波音 737 和 Embraer E175 LR 担保这些债券的安全性表明，该航司认真考虑筹集现金并提供额外的担保。

2. 保证资金流动性

1932 年，一架载有 3 名乘客的客机从安克雷奇启航，这就是所谓的 MCGee 航空，同年，Star Air Service 成立，这家航司在 1933 年进行首次商业运营。不久后 MCGee 与 Star Air Service 合并，成为阿拉斯加当时最大的航司。合并后的 Star Air Service 在接下来又进行了多次收购和多次更名，并在 1944 年更名为如今的阿拉斯加航空。1971 年，阿拉斯加航空遭遇史上最严重的空难，同时又面临市场激烈竞争以及高昂的运营成本和燃油费用，公司几近崩溃，直到 1973 年才实现危机后的首次盈利。20 世纪 80 年代，该航司开始进行业务扩张，1985 年成为控股企业。在成立近 90 年的时间里，阿拉斯加航空经历了各种挑战，但疫情危机是任何航司都无法预料的，虽然阿拉斯加航空更可能从危机中恢复过来并变得更强大，但其也需要确保拥有全年所需的足够的流动资金。

在可预见的未来，航司票价也会降低。阿拉斯加航空将需要确保其能够维持有竞争力的成本结构，并增加资金流入。但是，说起来容易做起来难。

今年年初，阿拉斯加航空利用政府分配给航司的资金支付员工工资，但这笔钱无法覆盖航司的一般行政和日常开支，这就是进行融资的原因。

3. 保持竞争力

虽然乘客需求开始恢复，但对于阿拉斯加航空来说仍然不够，该航司已采取近100种不同的健康措施，比如要求佩戴口罩并向违反者提出警告。它在迫切等待着返回夏威夷市场，希望夏威夷州重新开放时吸引更多的休闲旅客。

此外，阿拉斯加航空CEO正推动oneworld会员制的发展。作为联盟的一部分，阿拉斯加航空将能够利用更多的合作伙伴关系来帮助保持客机的满载状态。

资料来源：公众号“品橙旅游”。

（二）银行借款的程序

1. 提出申请，银行审批

企业根据筹资需求向银行提出书面申请，按银行要求的条件和内容填报借款申请书。银行按照有关政策和贷款条件对借款企业进行信用审查，核准公司申请的借款金额和用款计划。

2. 签订合同，取得借款

借款申请获批准后，银行与企业进一步协商贷款的具体条件，签订正式的借款合同，规定贷款的数额、利率、期限和一些约束性条款。借款合同签订后，企业在核定的贷款指标范围内，根据用款计划和实际需要，一次或分次将贷款转入公司的存款结算户，以便使用。

（三）长期借款的保护性条款

长期借款的金额高、期限长、风险大，除借款合同的基本条款之外，债权人通常还在借款合同中附加各种保护性条款，以确保企业按要求使用借款和按时足额偿还借款。保护性条款一般有以下三类：

（1）例行性保护条款。这类条款作为例行常规，在大多数借款合同中都会出现。

（2）一般性保护条款。这类条款是对企业资产的流动性及偿债能力等方面的要求条款，应用于大多数借款合同。

（3）特殊性保护条款。这类条款是针对某些特殊情况而出现在部分借款合同中的条款，只有在特殊情况下才能生效。

上述各项条款结合使用，将有利于全面保护银行等债权人的权益。但借款合同是经双方充分协商后决定的，其最终结果取决于双方谈判能力的大小，而不是完全取决于银行等债权人的主观愿望。

（四）银行借款的筹资特点

1. 筹资速度快

与发行公司债券、融资租赁等其他债务筹资方式相比，银行借款的程序相对简单，所花时间较短，公司可以迅速获得所需资金。

2. 资本成本较低

利用银行借款筹资，一般都比发行债券和融资租赁的利息负担要低，而且无须支付证券发行费用、租赁手续费用等筹资费用。

3. 筹资弹性较大

在借款之前，公司根据当时的资本需求与银行等贷款机构直接商定贷款的时间、数量和条件。在借款期间，若公司的财务状况发生某些变化，也可与债权人再协商，变更借款数量、时间和条件，或提前偿还本息。因此，借款筹资对公司具有较大的灵活性，短期借款更是如此。

4. 限制条款多

与发行公司债券相比较，银行借款合同对借款用途有明确的规定，通过借款的保护性条款，对公司资本支出额度、再筹资、股利支付等行为有严格的约束，以后公司的生产经营活动和财务政策会受到一定程度的影响。

5. 筹资数额有限

银行借款的数额往往受到贷款机构资本实力的制约，难以像发行公司债券、股票那样一次筹集到大笔资金，无法满足公司大规模筹资的需要。

二、发行公司债券

公司债券是公司依照法定程序发行、约定在一定期限还本付息的有价证券。债券是持券人拥有公司债权的书面证书，它代表债券持券人与发债公司之间的债权债务关系。公司债券可以公开发行，也可以非公开发行。

（一）发行债券的条件

根据我国《公司法》的规定，股份有限公司和有限责任公司具有发行债券的资格。

根据我国《证券法》规定，公开发行公司债券，应当符合下列条件：（1）具备健全且运行良好的组织机构；（2）最近三年平均可分配利润足以支付公司债券一年的利息；（3）国务院规定的其他条件。

公开发行公司债券筹集的资金，必须按照公司债券募集办法所列资金用途使用；改变资金用途，必须经债券持有人会议做出决议。公开发行债券筹措的资金，不得用于弥补亏损和非生产性支出。

（二）公司债券的种类

1. 按是否能够转换成公司股权，分为可转换债券与不可转换债券

可转换债券，是指债券持有者可以在规定的时间内按规定的价格转换为股票的一种债券。这种债券在发行时对债券转换为股票的价格和比率等都做了详细规定。《公司法》规定，可转换债券的发行主体是股份有限公司中的上市公司。

不可转换债券，是指不能转换为股票的债券，大多数公司债券属于这种类型。

2. 按有无特定财产担保，分为担保债券和信用债券

担保债券是指以抵押方式担保发行人按期还本付息的债券，主要是指抵押债券。抵押债券按其抵押品的不同，又分为不动产抵押债券、动产抵押债券和证券信托抵押债券。

信用债券是无担保债券，是仅凭公司自身的信用发行的、没有抵押品做抵押担保的债券。在公司清算时，信用债券的持有人因无特定的资产做担保品，只能作为一般债权人参与剩余财产的分配。

3. 按是否公开发行，分为公开发行债券和非公开发行债券

资信状况符合规定标准的公司债券可以向公众投资者公开发行，也可以自主选择仅向合格投资者公开发行。未达到规定标准的公司债券公开发行应当向合格投资者发行。非公开发行的公司债券应当向合格投资者发行。

（三）公司债券发行的程序

1. 做出发债决议

拟发行公司债券的公司，需要由公司董事会制定公司债券发行的方案，并由公司股东大会批准，做出决议。

2. 提出发债申请

根据《证券法》规定，申请公开发行公司债券，应当向国务院授权的部门或者国务院证券监督管理机构报送公司营业执照、公司章程、公司债券募集办法等正式文件及国务院授权的部门或者国务院证券监督管理机构规定的其他文件。按照《证券法》聘请保荐人的，还应当报送保荐人出具的发行保荐书。

3. 公告募集办法

公司发行债券的申请经批准后，要向社会公告公司债券的募集办法。公司债券募集分为私募发行和公募发行。私募发行是以特定的少数投资者为指定对象发行债券，公募发行是在证券市场上以非特定的广大投资者为对象公开发行债券。

4. 委托证券经营机构发售

按照我国公司债券发行的相关法律规定，公司债券的公募发行采取间接发行方式。在这种发行方式下，发行公司与承销团签订承销协议。承销团由数家证券公司或投资银行组成，承销方式有代销和包销两种。代销是指承销机构代为推销债券，在约定期限内未售出的余额可退还发行公司，承销机构不承担发行风险。包销是由承销团先购入发行公司拟发行的全部债券，然后再售给社会上的投资者，如果约定期限内未能全部售出，剩余债券由承销团负责认购。

5. 交付债券，收缴债券款

债券购买人向债券承销机构付款购买债券，承销机构向购买人交付债券。然后债券发行公司向承销机构收缴债券款，登记债券存根簿，并结算发行代理费。

（四）债券的偿还

债券偿还时间按其实际发生与规定的到期日之间的关系，分为提前偿还与到期偿还两类，其中后者又包括分批偿还和一次偿还两种。

1. 提前偿还

提前偿还又称提前赎回或收回，是指在债券尚未到期之前就予以偿还。只有在公司发行债券的契约中明确规定了有关允许提前偿还的条款，公司才可以进行此项操作。

2. 到期分批偿还

如果一个公司在发行同一种债券的当时就为不同编号或不同发行对象的债券规定了不同的到期日，这种债券就是分批偿还债券。

3. 到期一次偿还

多数情况下，发行债券的公司在债券到期日一次性归还债券本金并结算债券利息。

【案例 3-5】

汉莎航空：发行价值 19 亿美元债券进行融资

2 月 4 日，德国汉莎航空宣布发行总额为 16 亿欧元（约合 19.6 亿美元）的债券。为了在航空业困难时期提高现金流动性并保持偿付能力，汉莎航空与世界上许多其他航司一样，通过使用各种金融工具进行融资。其他航司的现金筹集策略还包括获得政府贷款以及飞机的售后回租。

债券是一种借款形式，给定价值的债券由公司“发行”并由其他公司“购买”，但前提是发行公司在固定日期偿还利息。

根据汉莎航空公司的说法，每只债券以 10 万欧元的价格出售，债券分为两部分，分别为期四年和七年：

四年期的债券将于 2025 年 2 月 11 日到期，发行量为 7.5 亿欧元，年利率为 2.875%；

七年期的债券将于 2028 年 2 月 11 日到期，发行量为 8.5 亿欧元，年利率为 3.75%。

汉莎航空筹集额外资金是为了偿还德国国有开发银行德国复兴信贷银行（KfW）的贷款，去年 6 月，汉莎航空与德国政府达成 90 亿欧元救助协议，这是其业务稳定措施的一部分。实际上，汉莎航空从德国复兴信贷银行（KfW）获得的 10 亿欧元贷款将提前偿还，从而可以赎回最初用作贷款抵押品的飞机。

根据 2020 年下半年筹集的长期资金和 21 亿欧元的借入现金，汉莎航空现已为 2021 年到期的约 26 亿欧元的所有金融负债提供了再融资。

汉莎航空 CEO RemcoSteenberge 对德国政府的支持表示了感谢，并称债券发行使汉莎能够偿还全部德国复兴信贷银行的贷款，再融资也降低了融资成本。

汉莎表示，截至 2020 年 9 月 30 日，集团的现金和现金等价物为 101 亿欧元，其中包括来自德国、瑞士、奥地利和比利时的稳定计划的未拨付资金。去年 8 月，根据瑞士、奥地利和布鲁塞尔三国政府商定的措施，汉莎集团共获得了 118 亿欧元的国家援助资金。

汉莎集团已从其可用的 90 亿欧元政府稳定措施中提取了将近 30 亿欧元，称其还有更多可用资金，并指出它尚未从德国联邦政府经济稳定基金（WSF）Silent Participation I（45 亿欧元）中提取资金。

2020 年前三季度，汉莎航空净亏损 56 亿欧元。去年 12 月 6 日有报道称，为了应对疫情危机，汉莎航空宣布将在 2020 年年底前裁员 2.9 万人，2021 年将在德国业务部门再裁员 1 万人。

汉莎航空在去年10月27日起恢复了北京—法兰克福航线，但2月5日，民航局对德国汉莎航空公司LH728航班（法兰克福—上海）实施了熔断措施。

资料来源：https://www.sohu.com/a/449417894_425901.

（五）发行公司债券的筹资特点

1. 一次筹资数额大

利用发行公司债券筹资，能够筹集大额的资金，满足公司大规模筹资的需要。这是企业选择发行公司债券筹资的主要原因，大额筹资能够适应大型公司经营规模的需要。

2. 筹资使用限制少

与银行借款相比，发行债券募集的资金在使用上具有相对的灵活性和自主性。特别是发行债券所筹集的大额资金，能够用于流动性较差的公司长期资产上。从资金使用的性质来看，银行借款一般期限短、额度小，主要用途为增加适量存货或增加小型设备等。发行债券期限较长、额度较大，用于公司扩展、增加大型固定资产和基本建设投资的需求多采用发行债券方式筹资。

3. 资本成本负担较高

相对于银行借款筹资，发行债券的利息负担和筹资费用都比较高，而且债券不能像银行借款一样进行债务展期，加上大额的本金和较高的利息，在固定的到期日，将会对公司现金流量产生巨大的财务压力。不过，尽管公司债券的利息比银行借款高，但公司债券的期限长、利率相对固定。在预计市场利率持续上升的金融市场环境下，发行公司债券筹资，能够锁定资本成本。

4. 提高公司社会声誉

公司债券的发行主体有严格的资格限制。发行公司债券，往往是股份有限公司和有实力的有限责任公司所为。通过发行公司债券，一方面筹集了大量资金，另一方面也扩大了公司的社会影响。

三、债务筹资的优缺点

（一）债务筹资的优点

1. 筹资速度较快

与股权筹资相比，债务筹资不需要经过复杂的审批手续和证券发行程序，如银行借款、融资租赁等，可以迅速地获得资金。

2. 筹资弹性较大

发行股票等股权筹资，一方面需要经过严格的政府审批；另一方面从企业的角度出发，由于股权不能退还，股权资本在未来永久性地给企业带来了资本成本的负担。利用债务筹资可以根据企业的经营情况和财务状况灵活地商定债务条件，控制筹资数量，安排取得资金的时间。

3. 资本成本负担较轻

一般来说，债务筹资的资本成本要低于股权筹资。一是取得资金的手续费用等筹资费用较低；二是利息、租金等用资费用比股权资本要低；三是利息等资本成本可以在税前支付。

4. 可以利用财务杠杆

债务筹资不改变公司的控制权，因而股东不会出于控制权稀释的原因而反对公司举债。债权人从企业那里只能获得固定的利息或租金，不能参加公司剩余收益的分配。当企业的资本收益率（息税前利润率）高于债务利率时，会增加普通股股东的每股收益，提高净资产收益率，提升企业价值。

5. 稳定公司的控制权

债权人无权参加企业的经营管理，利用债务筹资不会改变和分散股东对公司的控制权。在信息沟通与披露等公司治理方面，债务筹资的代理成本也较低。

（二）债务筹资的缺点

1. 不能形成企业稳定的资本基础

债务资本有固定的到期日，到期需要偿还，只能作为企业的补充性资本来源。再加上取得债务往往需要进行信用评级，没有信用基础的企业和新创企业往往难以取得足额的债务资本。现有债务资本在企业的资本结构中达到一定比例后，往往由于财务风险而不容易再取得新的债务资金。

2. 财务风险较大

债务资本有固定的到期日、固定的债息负担，抵押、质押等担保方式取得的债务，资本使用上可能会有特别的限制。这些都要求企业必须保证有一定的偿债能力，要保持资产流动性及其资产收益水平作为债务清偿的保障，对企业的财务状况提出了更高的要求，否则会给企业带来财务危机，甚至导致企业破产。

3. 筹资数额有限

债务筹资的数额往往受到贷款机构资本实力的制约，除发行债券方式外，一般难以像发行股票一样一次筹集到大笔资金，无法满足公司大规模筹资的需求。

任务五

筹资结构与筹资风险

一、筹资结构

筹资结构包括短期负债结构和资本结构。短期负债结构是指短期负债额占资产总额的比重。一般来说，短期负债是用来满足企业临时性和季节性流动资产的需要，长期负债是用来满足永久性流动资产和固定资产的需要。由于短期负债资本成本率较低，因而从降低资本成本的角度讲，可以采用“短款长用”的办法决策短期负债结构，但是要注意控制短期债务比例，因为短期负债到期日较短，需要旅游企业资本变现速度快，否则不能按期还款，会增大旅游企业风险。

资本结构是指旅游企业各种长期资本筹集来源的构成和比例关系。一般来说，资本结构是由长期债务资本和权益资本构成的，因而可以说资本结构决策要解决的问题是长期债务资本所占比重的问题。在财务决策上，可以通过比较资本成本法和每股利润分析法来确定最佳资本机构，即加权平均资本成本最低而企业价值最大的资本结构。

二、筹资风险

旅游企业通过利用一定比例的负债资本可以获得财务上的利益，如资本成本的降低和财务杠杆利益的实现等。但如果管理得不好也会产生很大的风险，如不能按期偿还债务本息的债务风险、利率波动的成本风险以及银根紧缩的政策风险等。因此，旅游企业必须在追求财务利益与避免财务风险的两难境地中做出选择，力求实现一种最优的筹资结构，即加权平均资本成本最低而企业价值最大的资本结构。

财务杠杆利益是指当债务资本成本率低于息税前利润率时，利用债务资本提高自有资本收益率所获取的利益。反映财务杠杆作用大小程度的指标称为财务杠杆系数，计算公式如下：

$$DFL=\frac{\Delta EPS/EPS}{\Delta EBIT/EBIT}$$

式中：DFL 为财务杠杆系数；EPS 为普通股每股利润；$\Delta EPS/EPS$ 为普通股每股利润变动率；$EBIT$ 为息税前利润；$\Delta EBIT/EBIT$ 为息税前利润变动率。

$$DFL=\frac{M-F}{M-F-I-PD/(1-T)}$$

式中，M 为边际贡献，F 为固定成本，I 为利息，PD 为优先股股利，T 为所得税税率。注意，使用此公式需代入基期数。

除了筹资导致的财务风险，企业在经营上也会遇到风险，企业的经营风险可以用经营杠杆系数表示。经营杠杆系数反映了经营杠杆的作用程度、经营杠杆利益的大小以及经营风险的高低。一般而言，经营杠杆系数越大，对经营杠杆利益的影响越强，经营风险也越大。

经营杠杆系数的计算公式如下：

$$DOL=\frac{\Delta EBIT/EBIT}{\Delta Q/Q}$$

式中，DOL 为经营杠杆系数；$EBIT$ 为息税前利润；$\Delta EBIT/EBIT$ 为息税前利润变动率；Q 为销量；$\Delta Q/Q$ 为销量变动百分比。

$$DOL=\frac{M}{M-F}$$

式中，M 为边际贡献，F 为固定成本，$M-F$ 为息税前利润。其具体含义及计算方法见本书项目七任务二。注意，使用此公式需代入基期数。

总杠杆系数是企业财务杠杆系数和经营杠杆系数的乘积，直接反映了营业收入的变化对每股收益的影响程度，是衡量公司每股获利能力的尺度。总杠杆系数计算公式如下：

$$DTL=\frac{\Delta EPS/EPS}{\Delta Q/Q}$$

$$DTL=DOL\times DFL$$

$$DTL=\frac{M}{M-F-I-PD/(1-T)}$$

注意，使用最后一个公式需代入基期数。

【例题 3-8】 某旅游饭店有 500 间房间，去年平均客房出租率为 60%，一年按 360 天计算，单位售价为 200 元，变动成本率为 60%，固定经营成本总额为 150 万元，利息费用为 50 万元。该旅游饭店今年预计产品的单位售价、单位变动成本、固定经营成本总额和利息费用不变，所得税税率为 25%（与去年一致），预计销售量将增加 40%，股利支付率为 90%。

要求：

(1) 计算该企业今年息税前利润、净利润以及经营杠杆系数、财务杠杆系数、总杠杆系数；

(2) 计算今年的息税前利润变动率。

解：(1) 今年销售量＝500×60%×360×（1＋40%）/10 000＝15.12（万间）

单位变动成本＝200×60%＝120（元）

今年息税前利润＝15.12×（200－120）－150＝1 059.6（万元）

净利润＝（1 059.6－50）×（1－25%）＝757.2（万元）

经营杠杆系数＝500×60%×360×（200－120）/10 000/［500×60%×360×（200－120）/10 000－150］＝1.210 0

财务杠杆系数＝［500×60%×360×（200－120）/10 000－150］/［500×60%×360×（200－120）/10 000－150－50］＝1.075 3

总杠杆系数＝1.210 0×1.075 3＝1.30

或

总杠杆系数＝［500×60%×360×（200－120）/10 000］/［500×60%×360×（200－120）/10 000）－150－50］＝1.30

(2) 去年息税前利润＝500×60%×360×（200－120）/10 000－150＝714（万元）

息税前利润变动率＝（1 059.6－714）/714×100%＝48.40%

或

息税前利润变动率＝40%×l.210 0×100%＝48.40%

即今年息税前利润变动率为 48.40%。

一般来说，确定最佳资本结构的方法主要有比较资本成本法和每股利润分析法。比较资本成本法是通过计算不同资本结构的加权平均资本成本，并以此为标准相互比较进行筹资结构决策的方法。由于加权平均资本成本计算在前面已有所介绍，这里不再赘述。每股利润分析法是通过利用每股利润无差别点来进行筹资结构决策的方法。每股利润无差别点是指两种筹资方式下普通股每股利润相等时的经营利润及销售收入点。在没有优先股，不考虑所得税的前提下，其计算公式如下：

筹资无差别点经营利润＝借入资本成本率×（自有资本＋借入资本）

由以上公式可以看出，当旅游企业经营资金利润率等于借入资本利润率时，两种筹资方式的筹资效益相等。因此，筹资无差别点就成为筹资结构决策的一个取舍标准：当经营利润超过筹资无差别点时，可增加负债资本；反之，则不宜采用负债筹资方式。

筹资风险的防范是负债经营管理的一项重要内容。虽然降低筹资成本是防范筹资风险的有效途径，但它仅是影响筹资风险的一个因素，因为一般来说，影响旅游企业筹资风险的因素有许多，但归纳起来主要有三个：一是负债比的大小；二是利息率的高低；三是经营利润率的多少。负债比是旅游企业负债资本占全部资本的比重，如果这一比重过大，超过旅游企业盈利能力和偿还能力，将会由于债务负担过重，无力按期偿还而加大负债风险。利息率作为负债成本的表现形式，其高低将直接影响资本使用效益的大小和债务偿付能力的高低。经营利润率的大小是旅游企业筹集资本的出发点和落脚点，是偿还债务的基础。经营利润率过低会使负债资本的风险加大，如果低于利息率还要使用负债资本，那无异于饮鸩止渴，因此，经营利润率的高低也是能否举借外债的分界线。

为此，旅游企业在筹集资本时，为控制筹资风险，一定要结合其具体情况及当时的市场环境和自身的管理风格，进行认真的分析研究，慎重选择负债比率和负债结构，降低负债成本，当然更重要的是提高旅游企业经营管理水平，努力提高经营效益，从根本上增加抗风险能力，获取最佳财务杠杆利益。

【案例 3－6】

海航的高杠杆之殇

陷入流动性危机的海航集团迎来重新起飞的希望。

2020 年 2 月 29 日，海航集团发布公告称，应本集团请求，近日，海南省人民政府牵头会同相关部门派出专业人员共同成立了“海南省海航集团联合工作组”。联合工作组将全面协助、全力推进本集团风险处置工作。

海航集团陷入危机已接近三年，罪魁祸首是疯狂的高杠杆并购。从“买买买”到“卖卖卖”，海航集团逐渐陷入一场难以自拔的困局当中，突如其来的疫情使其陷入更加危险的境地。如今，地方政府的介入能让这家万亿元资产民企巨头再次起航吗?

海南政府出手“救援”

实际上，早就有工作组介入海航集团。据腾讯新闻报道，早在 2018 年就有第一批工作组开始进驻海航，成员主要包括人民银行、银保监会、海南省政府以及国家开发银行等监管与机构方代表。

对比而言，此次的联合工作组中，海南省政府的话语权上升。根据海航集团前述公告，此次联合工作组组长由海南省发展控股有限公司董事长顾刚担任，常务副组长由海南洋浦经济开发区管理委员会主任任清华担任，副组长分别由中国民用航空中南地区管理局副局长李双臣、国家开发银行信贷管理局副局长程功担任。

同时，海航集团还宣布改组董事会，改选后的7名董事分别为：陈峰、顾刚、李先华、谭向东、任清华、陈晓峰、何家福。其中，选举陈峰担任董事长、顾刚担任执行董事长、李先华担任副董事长。同时，董事会决定分别聘任谭向东担任公司CEO、任清华担任公司联席CEO。

从联合工作组成员和海航集团改选后的董事会成员背景来看，顾刚和任清华是由海南省政府选派，意味着海南省政府在海航集团风险处置事件中将会发挥更大的主导作用。不过，海航管理层依然位列董事会成员，这意味着海航集团后续重组事宜，包括资产处置、债务偿还、信贷流向、航空安全事务等诸多经营事宜，应由双方协同推进处理。

政府积极介入海航集团重组，凸显海航重组事件意义重大，问题也较为复杂。航业内专家綦琦在接受新京报采访时称，海航集团体量巨大，债务复杂，只有政府有能力解决，但资产处置路径也要兼顾非公有制资产的投资权益，短期应该不会有实质性的资产处置方案出台。

昔日疯狂并购埋风险

海航集团今日的艰难处境与昔日频繁的高杠杆收购关系重大。

成立于1993年的海航集团，起家时仅有1 000万元身家，曾先后两次获得索罗斯2 500万美元的投资，成为国内首家引入外资的航空公司，并不断发展壮大，逐渐成为覆盖航空、物流、实业、金融、旅游等多元化业务布局的海南省龙头企业。

海航集团迎来高光时刻是在2016年，这一年国内资本大肆在海外疯狂扫货，海航也发挥出资本高手的本色，频频在全球发起资产收购。包括60亿美元收购美国科技公司英迈，以及65亿美元收购希尔顿集团约25%的股份。截至2016年年末，海航集团总资产首次破万亿元。

随后的2017年上半年，海航集团依旧买个不停，包括22亿美元收购曼哈顿公园大道245号大楼、近8亿美元收购嘉能可石油存储和物流业务51%的股权，以及分批收购德银股份成为其最大股东等。海航集团资产规模也急剧膨胀，截至2017年年底，总资产规模达到12 319亿元。

然而在包括海航集团等多家国内资本狂奔背后，风险已经降临。2017年6月，银监会下发风险排查通知，以“买买买”闻名全球的海航、万达、复星等企业遭遇严监管。海航集团开始急刹车，随后发起的对GEE近35%股权收购失败，海航扩张战略开始转向收缩。

海航集团前期扩张中的高杠杆收购所带来的债务等问题也开始浮出水面。数据显示，海航集团在2015年至2017年的三年时间里，累计新增带息债务约3 668亿元；截至2017年期末，负债总额已高达7 365亿元，同比增长22%。其中有息负债5 701亿元，短期借款达到1 261亿元。

当时有媒体报道称，海航的负债规模已经在亚洲的非金融公司中排名第一。前述数据也意味着在过去数年里疯狂举债大手笔收购的海航集团，将会面临越来越多即将到期的债务，资金流动性将出现巨大的缺口。

疫情加剧流动性危机

海航集团在2月29日的公告中称，自2017年年末爆发流动性风险以来，在各方支持下，海航集团积极开展“自救”，但未能彻底化解风险。

与此前疯狂“买买买”不同的是，在最近三年左右的时间里，海航集团开始“卖卖卖”，试图自救。自2017年下半年以来，海航集团便计划出售多家旗下公司股权，涉及航空、租赁、印刷、酒店、物业、地产等多处资产。2018年海航强调“去地产化、去杠杆、聚焦主业”，加速变卖资产，甚至有包括伦敦瑞信大楼等在内的不少资产都被亏本甩卖。

媒体统计数据显示，2018年海航集团出售了3 000多亿元规模的资产，清理了300多家公司，主要瞄准金融、地产等非航空资产和业务。同时海航集团还在融资端发力，寻求多家银行的流动性支持，但效果甚微，负债不降反升，截至2018年年底海航负债总额继续增加至7 553亿元，资产负债率也从上年的近60%升至近71%。

值得注意的是，在海航集团因流动性危机而焦头烂额之时，管理层却出现重大变动。2018年7月，海航联合创始人、时任董事长王健在法国意外去世。随后，海航创始人陈峰开始重新掌舵海航，并进行大刀阔斧的改革，包括重组董事会、持续减持资产、回归航空主业等。

虽然依靠变卖资产和银行资金支持，海航集团在2019年偿还了部分债务，但仍旧频频爆出债务违约，流动性危机始终没有完全解除，资金链仍然十分紧绷，公司员工工资都开始延迟发放。

在债务方面，海航集团总体仍未有较大改善。数据显示，截至2019年上半年底，海航集团总资产9 806亿元，跌破万亿元大关；但总负债仍高达7 067亿元，负债率达72%，同比上升2个百分点；有息负债为5 548亿元，其中短期借款951亿元，远高于819亿元的货币资金。偿债能力方面，流动比率为1.1，与2018年年底持平，速动比率为0.84，偿债压力依然巨大。

业务方面，海航集团盈利加剧恶化。2019年上半年，海航集团实现收入营收2 665亿元，同比下降7%；净利润约−35亿元，归母净利润接近−11亿元，均同比下降超180%，系处置资产产生亏损所致，这也在一定程度上影响了海航集团的现金流。

2019年上半年，海航集团经营活动、投资活动、筹资活动现金流净额分别约为196亿元、81亿元、−285亿元。从现金流表数据看，海航集团显然处于经营性现金流不足，外部融资渠道枯竭，被迫变卖资产回笼资金以偿还债务的困境，海航多年自救之举显得力不从心。

2020年新年伊始，海航集团董事长陈峰在新年献词中表示，“2020年是海航化解流动性风险的决胜之年”。陈峰计划到2020年年底将海航集团负债率降至70%以下，总资产不超过7 000亿元。可见，资产出售仍将是海航今年的重要工作。

然而，突如其来的疫情重创民航业，也将自身流动性紧张的海航集团推向更加凶险的境地。承载着海航集团回归主业的海航控股今年1月的经营数据显示，客运的核心指标收入客公里和收入吨公里同比均出现了接近30%的下降，环比亦分别出现4%、7%的下降。

这意味着海航集团自身核心的业务输血渠道面临冲击。海航集团在前述公告中坦言，受2020年年初新冠肺炎疫情叠加影响，流动性风险有加剧趋势。腾讯新闻报道还称，受制于疫情影响，海航集团债务风险化解方案细节至今暂未完全敲定。

如今海南省政府的介入，给这家万亿元资产民企巨头带来重新起航的希望，但何时能起飞，飞向何方，一切都还未知。

资料来源：https://baijiahao.baidu.com/s?id=1660127481590005518&wfr=spider&for=pc.

【思政园地】

苏轼“财之不丰存亡之所从出”

（一）原文出处

该句出自苏轼的《思治论》。苏轼说：“财之不丰，兵之不强，吏之不择，此三者，存亡之所从出，而天下之大事也。夫以天下之大事，而有一人焉，独擅而兼言之，则其所以治此三者之术，其得失固未可知也。虽不可知，而此三者决不可不治者可知也。”

（二）译文

该段文字翻译过来是：资产匮乏、军力羸弱、官员不良，这三者是国家生死存亡的大事。国家兴亡之大事要有这样的人，既有治国理政的本事，又能听进他人谏言，掌管财、兵、吏治理的有效方法，虽然治理好这三方面的利弊得失还不完全清楚，但深知这三者不强是万万不可的。

（三）引申

从会计文化的角度讲，苏轼所说的有四层要义。一是财、兵、吏三者财居首，可见财之重要，筹资才能有财，筹资管理责任重大、使命艰巨，财务会计人员在企业单位担负着重要的职责，通过自身的工作为企业单位的财富增长尽心尽力，确保企业单位的资金循环畅通、资金链安全；二是团队建设很重要，一个单位组织的财务会计工作水平和效率如何，与从事财务会计工作的团队的整体素质和专业能力有直接关系，所以财务会计人员不仅要融入团队、加强团队协作，更需要不断提升自己，不拖团队的后腿；三是干部队伍建设很重要，企业单位要想搞好财务管理工作，关键在于选择一个好的财务负责人，他不仅要有亲和力和凝聚力，还应具有职业引领性和表率力；四是要妥善处理好财、人、物三者的关系，相互协调、统筹管理、顶层设计，不能顾此失彼。

资料来源：郭传章．会计文化［M］．北京：高等教育出版社，2019.

【项目小结】

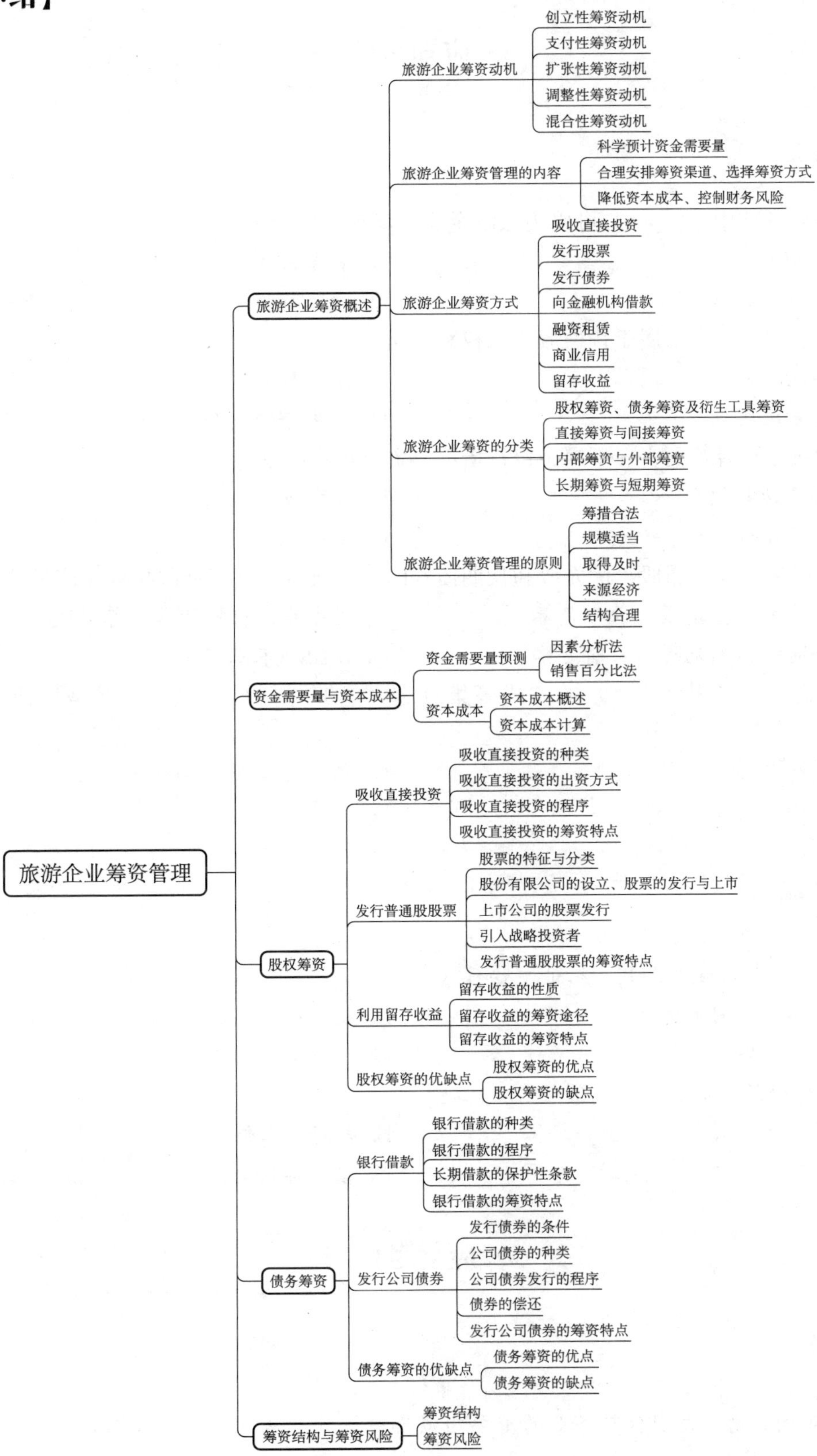
旅游企业筹资管理
旅游企业筹资概述
旅游企业筹资动机
创立性筹资动机
支付性筹资动机
扩张性筹资动机
调整性筹资动机
混合性筹资动机
旅游企业筹资管理的内容
科学预计资金需要量
合理安排筹资渠道、选择筹资方式
降低资本成本、控制财务风险
旅游企业筹资方式
吸收直接投资
发行股票
发行债券
向金融机构借款
融资租赁
商业信用
留存收益
旅游企业筹资的分类
股权筹资、债务筹资及衍生工具筹资
直接筹资与间接筹资
内部筹资与外部筹资
长期筹资与短期筹资
旅游企业筹资管理的原则
筹措合法
规模适当
取得及时
来源经济
结构合理
资金需要量与资本成本
资金需要量预测
因素分析法
销售百分比法
资本成本
资本成本概述
资本成本计算
股权筹资
吸收直接投资
吸收直接投资的种类
吸收直接投资的出资方式
吸收直接投资的程序
吸收直接投资的筹资特点
发行普通股股票
股票的特征与分类
股份有限公司的设立、股票的发行与上市
上市公司的股票发行
引入战略投资者
发行普通股股票的筹资特点
利用留存收益
留存收益的性质
留存收益的筹资途径
留存收益的筹资特点
股权筹资的优缺点
股权筹资的优点
股权筹资的缺点
债务筹资
银行借款
银行借款的种类
银行借款的程序
长期借款的保护性条款
银行借款的筹资特点
发行公司债券
发行债券的条件
公司债券的种类
公司债券发行的程序
债券的偿还
发行公司债券的筹资特点
债务筹资的优缺点
债务筹资的优点
债务筹资的缺点
筹资结构与筹资风险
筹资结构
筹资风险

※ 应知考核 ※

一、单选题

1. 下列各项中，（　　）可以为旅游企业筹集自有资金。

A. 内部积累　　B. 融资租赁

C. 发行债券　　D. 向银行借款

2. 下列权利中，不属于普通股股东权利的是（　　）。

A. 公司管权　　B. 分享盈余权

C. 优先认股权　　D. 优先分配剩余财产权

3. 相对股票筹资而言，不属于银行借款筹资的优点的是（　　）。

A. 筹资速度快　　B. 筹资成本低

C. 借款弹性好　　D. 财务风险小

4. 一般来说，普通股、优先股和长期债券的资金成本由高到低的排列顺序是（　　）。

A. 优先股、普通股、长期债券　　B. 优先股、长期债券、普通股

C. 普通股、优先股、长期债券　　D. 以上都不正确

5. 旅游企业采用（　　）的方式筹集资金，能够降低财务风险，但是往往资金成本较高。

A. 发行债券　　B. 发行股票

C. 银行借款　　D. 商业信用

二、多选题

1. 普通股与优先股的共同特征主要有（　　）。

A. 需要支付固定股息　　B. 股息从净利润中支付

C. 同属于公司股本　　D. 可参与公司重大决策

2. 银行借款筹资的优点包括（　　）。

A. 筹资速度快　　B. 筹资成本低

C. 限制条款少　　D. 借款弹性好

※ 应会考核 ※

背景材料

目前我国旅游业是现代服务业的重要组成部分，处于高速发展的态势，对于扩大就业、

拉动内需消费、加速经济发展等具有很大的作用，充分挖掘旅游投资和旅游消费增长潜力，促进我国旅游业发展。

国家出台多项政策法规，通过逐步落实带薪休假制度、加快基础设施建设、多方资金支持等方面，全力推动旅游产业发展。

一、我国景区融资的主要困惑

影响旅游景区融资难，既有内部因素又有外部因素。内部因素主要是景区经营状况和体制等制约，外部环境主要有二级市场的情况、流动性的强弱、融资条件的限制、产业政策、货币政策的调整等。但是最根本的还是旅游景区自身价值和盈利能力决定其融资的难易程度。

1. 景区体制问题

我国绝大多数的旅游景区由政府成立的机构对景区进行经营管理，实行财政统收统支。大多数旅游景区都没有建立起所有权与经营权相分离的现代制度。

其中许多景区都存在以下问题：机构臃肿，条块分割严重，管理体制复杂；政企不分、政事不分，直接导致效率低下；景区管理理念陈旧，创新不足；组织制度不健全、经营管理不规范；景区管理法律法规不健全等。这导致各种资本不愿投资，也不敢投资。

2. 景区经营问题

旅游景区债务负担重、还债能力低是目前困扰旅游景区发展的重要问题之一。部分旅游景区虽然账面亏损数额较小，但景区实际亏损严重。

甚至相当一部分旅游景区已经处于资不抵债的境地。在市场激烈竞争面前部分旅游景区已由于债务负担沉重，资产增值缓慢，经营风险进一步加大。

3. 景区创新不足

景区创新主要体现在经营管理和产品创新上，景区大多经营管理不到位，产品研发水平不高。良好的经营管理是景区生存和发展的关键，景区产品的持续创新决定了景区的成败。

大部分景区由于资金短缺、管理不到位、服务跟不上和产品开发能力薄弱，无法迎合市场发展趋势，逐渐丧失其本身的特点和竞争优势，逐渐失去市场，导致竞争力下降，影响旅游企业的发展后劲。

4. 投资风险问题

旅游景区投资具有投资大、周期长、风险大等特点，存在大投资商看不上、中小投资商（倾向于大型自然资源开发和基础建设项目）不敢投的窘境，所以旅游景区开发商很难筹集到足够的资金，而且项目一旦经营不善，将会产生巨大的打击。

5. 融资渠道问题

旅游景区通过直接融资获取外源资金的渠道比较狭窄，通过间接融资获取外源资金的渠道非常困难。

二、主要融资模式及案例分析

主要融资模式对比分析如表 3 - 4 所示：

表 3-4 主要融资模式对比分析表

种类	优点	缺点
发行股票	单独融资规模大，解决短期流动资金问题，减轻财务风险	耗时长，手续繁杂，成本较高，面临信息披露和市场监管双重压力
债券融资	手续简单，融资成本低	发行条件严格，增加公司财务风险
投资信托	可提供全过程、全方位一站式服务，综合财务费用低	融资规模小，资金使用期短，融资门槛高
PFI 融资模式	改变风险由政府或者企业独家承担的局面	周期长、投资大、参与主体多、不确定因素多
银行信贷	种类和数量多，效率高，手续固定，融资弹性大，成本低，账务杠杆大	还贷压力大，审查条件严格，企业经营要求正规，需要优良企业资质和信用
预收账款	减少筹资环节，节约筹资费用，稳定销售市场，减少销售风险	程序复杂
典当融资	手续简单灵活，融资速度快	融资规模小，资金使用期短，融资成本高

旅游景区在融资的过程中，建议采用多种融资模式相结合，不同的发展时期采用相适应的融资模式。

1. 上市模式

国内景区板块 2015 年实现总体收入 124.47 亿元，同比增长 31.17%，国内板块旅游企业上市 97 家，旅游景区型上市公司 23 家。

2014 年数据显示，黄山旅游收入最高实现 14.9 亿元。宋城演艺收入同比增速最高 37.78%，实现净利润 2.65 亿元，位居景区类企业榜首。

资源型景区峨眉山 A、黄山旅游、桂林旅游、长白山收入增长率分别为 66%、37%、33%、28%，均呈现稳步增长。传统景区资源优势明显，经营性资产主要以门票和景区交通为主。

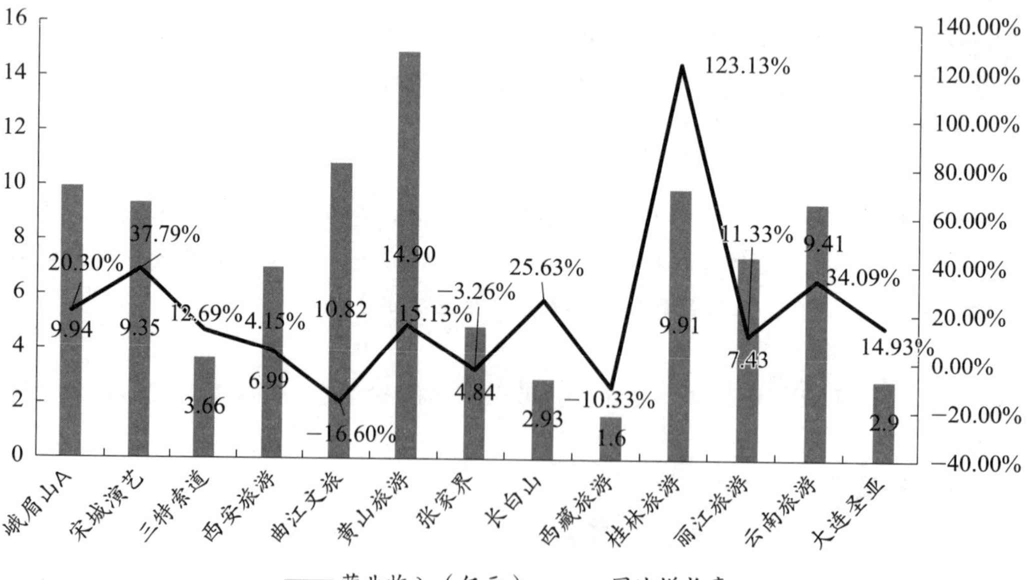

图 3-7 国内上市企业经营现状——景区类

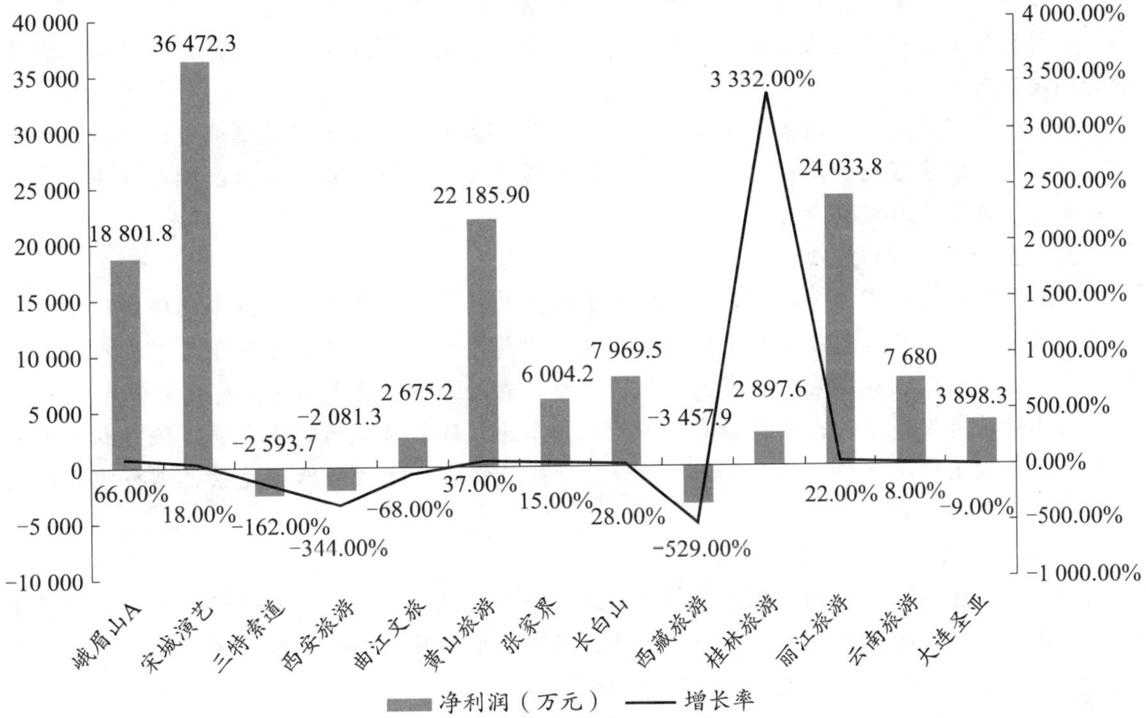

图 3-8　景区类企业净利润

2. 招商融资

张家界开发初期，由于资金有限，将天子山索道、黄石山索道、观光电梯等项目对外招商，利用投资商的资金开发建设，使景区的重大项目得以落地实施。

目前天子山索道成为中国索道里面最赚钱的项目之一，每年收入达到一两亿元，成为景区成功招商的案例之一。

3. 门票抵押

武夷山风景区在申报世界自然遗产时有达 1.2 亿元的资金缺口，国家仅给予 1 000 多万元的补贴，其他的需景区管委会筹集。无奈之下，景区用门票的经营权和收益权作为抵押，经过与多家银行磋商失败后，最后与中国农业银行达成合作，成功融资。后来，武夷山成功申遗，门票收入大幅增长，达到 1 亿元，旅游接待人数有 70 万。各家银行纷纷表示愿意放贷，支持景区建设。

但是，武夷山管委会不再使用门票抵押贷款，而是采用经营放贷，每家银行授信 1 亿元，充足的资金助推武夷山景区快速发展。

4. 私募资本

武夷山旅游景区在股份制改造前，负债 2 000 多万元，景区管委会经过慎重考虑，综合多方利益，决定引进投资，实行股份制改造。在保证国有风景资源收益的前提下，将门票收入一分为二，50%作为资源使用费，归属武夷山景区管委会，另外 50%作为公司的正常收入。

内部管理上，坚持以管委会为主、政府为辅的方式，在股份制改造时，管委会的国有股份占 51%，另外管委会还考虑到员工的利益，让景区每一个员工都持股，一股为 15 000 元，景区管理的高层、中层、一般员工都做分配，要求一般员工至少买一股。

这种股份制改造，把国有资本、民间资本和员工利益有机地结合起来，是景区内部解决融资问题的可行渠道。

旅游景区通过上市、招商、债券、信贷、私募、典当等多种方式募集资金，进行结构调整，加大对旅游资源的开发和利用，完善旅游发展产业链，提升旅游景区的综合竞争力，对于整个景区发展具有重要意义。

三、旅游景区融资解决方案

旅游景区项目融资，可以很好地化解投资风险，利用项目的未来收益来偿还建设景区的借款，项目债权人只能就项目公司资产和收益追索其债权，而不能追索到项目主办人的其他资产和投资。所以，旅游景区融资具有风险隔离、表外融资、资金来源多样化等优点。

对于景区开发商来说，项目融资并不能从根本上消除投资风险，而是将风险分担。充分利用和优化现有发展环境，“融到资、融好资、将融资风险降到最低”是景区需要重点解决的问题。

1. 综合评估，科学谋划

对旅游景区的经济效益、可行性研究和风险等方面做科学的分析和评估，对于设定整个景区开发项目融资的制度设计。融资前应充分考虑景区项目风险和责任的隔离程度、会计和税收计算问题以及机构的稳定性和运作便利性。

在景区融资中，注重充分发挥各种融资方式的优势，采取有限追索权贷款和产品支付、远期购买相结合的模式。

2. 优化融资环境，促进整体发展

国家及相关部门应该不断优化旅游景区外部融资环境，建立健全为景区服务的法律法规和政策体系，建立完善的景区信用担保体系，构建多层次的资本市场体系，设立发达的中小型景区专项基金体系，拓展其他融资方式和渠道，加快建立和完善景区征信系统等。

3. 创造条件，创新融资途径

旅游景区应当坚持以人为本，形成景区核心竞争力，加大技术创新和人才创新建设，提高景区综合创新能力。使景区的创新性领先于市场其他景区，快速进入自由发展阶段。增强景区的市场意识和强化现代管理，吸引投资者的兴趣。

所以，应当努力挖掘自身核心竞争力，打造景区主题，突出核心吸引物，形成自己的“景区 IP”，提高其他景区的复制成本。抓住发展机遇，与专业景区管理公司合作，研究如何将旅游资源的价值进行资本化，予以量化评估，从而使资源可以作为资本，发挥其撬动融资的功效。

4. 充分利用国家优惠政策和支持资金

第一，充分利用国家的鼓励政策，进行政策支持性的信贷融资；

第二，开发商可使用土地使用权、相关建筑物的所有权、开发经营权、未来门票或其他收费权等资产作为抵押或质押向商业银行、政策银行（国家开发银行、农业发展银行、中国农业银行、中国银行）、卖方信贷、担保公司、世界银行贷款、国家间支持性贷款等获取融资。

旅游景区及相关旅游管理部门应咨询相关专业机构，充分利用国家金融优惠政策，使用好国家的支持资金，最大化景区的经济效益和社会效益。

5. 适度采用新型的融资模式

众筹模式依托于互联网，利用“互联网+”平台可以减少信息的不对称性，面向广大网民，分担融资风险，是被限制的民间资本快速进入景区新的投资渠道，是一种创新的“金融脱媒”方式，是中小型景区和起步初期较好的融资模式，也是一种极好的营销模式。可以充分解决中、小型景区或休闲项目融资困难的问题。

PPP公私合营模式是一种新型融资模式，将部分政府责任以特许经营模式方转移给社会主体（企业），政府与社会主体建立起“利益共享、风险共担、全程合作”的关系，政府的财政负担减轻，社会主体的投资风险变小，适用于未来投资收益稳定且可预期的新建景区项目。

扩大PPP模式应用范围，将该模式创新应用于非政府的事业单位、国有企业和私营企业之间合作，最大限度地应用PPP融资模式促进景区融资发展。

资料来源：http://www.360doc.com/content/16/1007/23/2387161_596547743.shtml.

考核要求

1. 试分析武夷山旅游景区的筹资策略并提出你的建议。
2. 如果你打算建立一个旅游企业，你将采用何种筹资方式？

项目四

旅游企业投资管理

【知识目标】

(1) 了解证券投资的概念、意义及分类。

(2) 了解旅游企业对内投资的含义，掌握项目投资的程序方法，能运用项目投资评价方法帮助企业做出正确的投资决策。

(3) 了解旅游企业对外投资的含义和动因，掌握债券估价模型及债券到期收益率的计算，掌握股票估价模型及股票投资收益率的计算，理解股票投资和债券投资的优缺点。

【技能目标】

掌握投资决策评价指标的计算方法，并运用其做出正确的决策。

【素质目标】

培养学生较好的计算能力、较好的分析能力和较好的决策能力。能够运用投资管理原则和一些投资评价方法对旅游企业的投资行为进行分析，为做出正确的投资决策奠定基础。

【引入案例】

海航控股 20.48 亿元收购长安航旅 20%股权，拓展航空辅产业

2020 年 12 月 8 日，海南航空控股股份有限公司（以下简称“海航控股”）发布公告宣布，拟以 20.48 亿元购买陕西长安航空旅游有限公司（以下简称“长安航旅”）20 亿股股权，股权对应比例为 20%。

公告显示，长安航旅股权受让方为陕西中欧发展控股有限公司（以下简称“中欧发展”），中欧发展受海航集团控制，同时海航集团也是海航控股的重要股东，此次交易构成关联交易。

1. 本次收购前股东及股权结构

序号	股东名称	出资额（万元）	股权比例（%）
1	陕西中欧发展控股有限公司	650 000.00	65.00
2	陕西省空港民航产业投资有限公司	350 000.00	35.00
合计		1 000 000.00	100.00

2. 本次收购后股东及股权结构

序号	股东名称	出资额（万元）	股权比例（%）
1	陕西中欧发展控股有限公司	450 000.00	45.00
2	陕西省空港民航产业投资有限公司	350 000.00	35.00
3	海南航空控股股份有限公司	200 000.00	20.00
合计		1 000 000.00	100.00

长安航旅成立于2016年，主要经营范围包括旅游、酒店、景区、房地产项目的开发、投资（仅限自有资金）、建设及运营管理等。2019年和2020年前三季度，长安航旅营收均为0，净利润分别为−5 483.53万元、−2 716.49万元。截至2020年9月30日，长安航旅总资产为27.93亿元，总负债为608.67万元。

海航控股表示，长安航旅主营业务涉及产业为航空运输业周边配套辅产业，收购长安航旅股权，有利于公司拓展航空辅产业投资，实现公司资源的有效配置，提升风险抵御能力并进一步聚焦航空产业，进一步增强公司核心竞争力。

同日，海航控股还宣布拟购买海航航空地面服务有限公司（以下简称"海航地服"）拥有的民航特种车辆，交易金额共计1.71亿元。具体交易标的为643辆民航特种车辆和8个车辆配套使用的托盘，车辆类型包括摆渡车、传送带车、电源车、平台车等。

对于购买民航特种车辆，海航控股表示有利于公司优化资源配置，提升航班的地面保障能力并进一步聚焦航空产业。

资料来源：https://baijiahao.baidu.com/s?id=1685511924255581112&wfr=spider&for=pc.

【问题】

对于海航控股来说，收购长安航旅股份是投资，具体来说是对外投资，那么如何在众多投资项目中做出投资方向的选择，从而为企业创造更多价值呢？

任务一

旅游企业投资概述

投资是指特定经济主体（包括政府、企业和个人）以本金回收并获利为基本目的，将货币、实物资产等作为资本投放于某一个具体对象，以在未来期间内获取预期经济利益的经济行为。如旅游企业兴建旅游景点、购买其他公司的股票债券等。

一、旅游企业投资的意义

企业只有通过投资配置资产，才能形成生产能力，取得未来的经济利益。

（一）投资是旅游企业生产与发展的基本前提

旅游企业的生产经营就是旅游企业资产的运用和资产形态的转换过程。投资是一种资本性支出行为，通过投资支出，企业购建流动资产和长期资产，形成生产条件和生产能力。实际上，不论是新建一个旅游企业，还是建造新的旅游项目，都是一种投资行为。通过投资确立旅游企业的经营方向，配置旅游企业的各类资产，并将它们有机地结合起来，形成旅游企业的综合生产经营能力。如果旅游企业想要进军一个新兴行业，或者开发一种新产品，就需要先进行投资。因此，投资决策的正确与否直接关系到企业的兴衰成败。

（二）投资是旅游企业获取利润的基本前提

旅游企业投资的目的是通过支付一定数量的货币或实物形态的资本，构建和配置形成旅游企业的各类资产，从事旅游类经营活动，获取未来的经济利益。通过投资形成生产经营能力，企业能够开展具体的经营活动，获取经营利润。那些以购买股票、债券等有价证券方式对其他单位的投资，可以通过取得股利或债息来获取投资收益，也可以通过转让证券来获取资本利得。除购买股票债券外，旅游企业也可通过购买基金的方式获得基金收益。

（三）投资是旅游企业风险控制的重要手段

旅游企业经营面临着各种风险，有来自市场竞争的风险，有资金周转的风险，还有原材料涨价、费用居高不下等成本的风险。投资是旅游企业风险控制的重要手段。通过投资可以将资金投向旅游企业生产经营的薄弱环节，使旅游企业的生产经营能力配套、平衡、协调。通过投资可以实现多元化经营，将资金投放于经营相关程度较低的不同产品或不同行业，分散风险，稳定收益来源，降低资产的流动性风险、变现风险，增强资产的安全性。

二、旅游企业投资的分类

将企业投资进行科学分类，有利于分清投资的性质，按不同的特点和要求进行投资决策，加强投资管理。

（一）直接投资和间接投资

按投资活动与旅游企业本身生产经营活动的关系，旅游企业投资可以划分为直接投资和间接投资。

直接投资是指将资金直接投放于形成生产经营能力的实体性资产，直接谋取经营利润的企业投资。通过直接投资，购买并配置劳动力、劳动资料和劳动对象等具体生产要素，开展生产经营活动。

间接投资是指将资金投放于股票、债券等权益性资产上的企业投资。之所以称为间接投资，是因为股票、债券的发行方在筹集到资金后，再把这些资金投放于形成生产经营能力的实体性资产，获取经营利润。而间接投资方不直接介入具体的生产经营过程，通过股票、债券上所约定的收益分配权利，获取股利或利息收入，分享直接投资的经营利润。

（二）项目投资和证券投资

按投资对象的存在形态和性质，旅游企业投资可以划分为项目投资和证券投资。

企业可以通过投资购买具有实质内涵的经营资产，包括有形资产和无形资产，比如景区新建旅游项目等，形成具体的生产经营能力，开展实质性的生产经营活动，谋取经营利润。这类投资称为项目投资。项目投资的目的在于改善生产条件、扩大生产能力，以获取更多的经营利润。项目投资属于直接投资。

企业可以购买证券资产，通过证券资产上所赋予的权利，间接控制被投资企业的生产经营活动，获取投资收益。这类投资称为证券投资，即购买权益性资产的企业投资。

直接投资与间接投资、项目投资与证券投资，两种投资分类方式的内涵和范围是一致的，只是分类角度不同。直接投资与间接投资强调的是投资的方式性，项目投资与证券投资强调的是投资的对象性。

（三）发展性投资和维持性投资

按投资活动对旅游企业未来生产经营前景的影响，企业投资可以划分为发展性投资和维持性投资。

发展性投资是指对旅游企业未来的生产经营发展全局有重大影响的企业投资。发展性投资也可以称为战略性投资。发展性投资项目实施后，往往可以改变企业的经营方向和经营领域，或者明显地扩大企业的生产经营能力或者实现企业的战略重组。

维持性投资是为了维持旅游企业现有的生产经营正常顺利进行，不会改变企业未来生产经营发展全局的企业投资。维持性投资也可以称为战术性投资，如酒店更新替换旧洗衣房设备的投资、季节性景区配套流动资金投资等。维持性投资所需要的资金不多，对企业生产经营的前景影响不大，投资风险相对也较小。

（四）对内投资和对外投资

按投资活动资金投出的方向，企业投资可以划分为对内投资和对外投资。

对内投资是指在本旅游企业范围内部的资金投放，用于购买和配置各种生产经营所需的经营性资产。

对外投资是指向本旅游企业范围以外的其他单位的资金投放。对外投资多以现金、有形资产、无形资产等形式，通过联合投资、合作经营、换取股权、购买证券资产等方式向企业外部其他单位投放资金。

对内投资都是直接投资，对外投资主要是间接投资，也可能是直接投资。

任务二

旅游企业对内投资管理

一、旅游企业对内投资概述

（一）旅游企业对内投资的含义

从之前讲过的投资分类可以看出，对内投资是指将资金投放于旅游企业内部，购置各种生产经营用资产的投资，因此从内容上来说，对内投资主要指对固定资产的投资，比如旅游饭店新建健身房、景区新建项目、旅行社开设新门店等。

固定资产投资具有以下几个特点：首先，固定资产投资额较大，占用资金较多；其次，固定资产价值周转所需要的时间较长，在一定时期内，固定资产实物形态和价值形态可以分离，因此在更新固定资产之前，回收的资金可以调配使用；最后，固定资产投资一旦形成，更改起来将非常困难，因此，投资前对固定资产投资进行科学的财务评价是固定资产管理的重要内容，也是旅游企业固定资产投资成功的重要前提和保证。

（二）旅游企业对内投资的类型

旅游企业投资的对象是固定资产项目，包括以下两类：

（1）新建项目，属于以新建生产能力为目的的外延式扩大再生产。

（2）更新改造项目，属于以恢复或改善生产能力为目的的内涵式扩大再生产。

（三）投资项目的评价程序

投资项目的评价程序共包括五步，分别是提出投资方案、估计相关现金流量、计算投资决策指标、比较决策指标与可接受标准、进行风险分析。

二、项目现金流量

现金流量是旅游企业项目投资的决策依据，是投资项目财务可行性分析的主要对象，净现值、内含收益率、回收期等财务评价指标，均是以现金流量为对象进行可行性评价的。利润只是期间财务报告的结果，对于投资方案财务可行性来说，项目的现金流量状况比会计期间盈亏状况更为重要。一个投资项目能否顺利进行，有无经济效益，不一定取决于有无会计期间利润，而在于能否带来正现金流量，即整个项目能否获得超过项目投资的现金回收。

由一项长期投资方案所引起的在未来一定时期内所发生的现金收支，叫作现金流量（Cash Flow）。其中，现金收入称为现金流入量，现金支出称为现金流出量，现金流入量与现金流出量相抵后的余额，称为现金净流量（Net Cash Flow，NCF）。

在一般情况下，投资决策中的现金流量通常指现金净流量（NCF）。所谓的现金既指库存现金、银行存款等货币性资产，也可以指相关非货币性资产（如原材料、设备等）的变现价值。

投资项目从整个经济生命周期来看，大致可以分为三个阶段：投资期、营业期、终结期。现金流量的各个项目也可归属于各个阶段之中。

（一）投资期

投资阶段的现金流量主要是现金流出量，即在该投资项目上的原始投资，包括在长期资产上的投资和垫支的营运资金。如果该项目的筹建费较高，也可作为初始阶段的现金流出量计入递延资产。在一般情况下，初始阶段中固定资产的原始投资通常在年内一次性投入（如购买设备），如果原始投资不是一次性投入（如工程建造），则应把投资归属于不同投入年份之中。

1. 长期资产投资

长期资产投资包括在固定资产、无形资产、递延资产等长期资产上的购入、建造、运输、安装、试运行等方面所需的现金支出，如购置成本、运输费、安装费等。对于投资实施后导致固定资产性能改进而发生的改良支出，属于固定资产的后期投资。

2. 营运资金垫支

营运资金垫支是指投资项目形成了生产能力，需要在流动资产上追加的投资。由于扩大了企业的生产能力，原材料、在产品、产成品等流动资产规模也随之扩大，需要追加投入日常营运资金。同时，企业营业规模扩充后，应付账款等结算性流动负债也随之增加，自动补充了一部分日常营运资金的需要。因此，为该投资垫支的营运资金是追加的流动资产扩大量与结算性流动负债扩大量的净差额。为简化计算，垫支的营运资金在营业期的流入流出过程可忽略不计，只考虑投资期投入与终结期收回对现金流量的影响。

（二）营业期

营业阶段是投资项目的主要阶段，该阶段既有现金流入量，也有现金流出量。现金流入量主要是营运各年的营业收入，现金流出量主要是营运各年的付现营运成本。

在正常营业阶段，由于营运各年的营业收入和付现营运成本数额比较稳定，如不考虑所得税因素，营业阶段各年现金净流量一般为：

营业现金净流＝营业收入－付现成本＝营业利润＋非付现成本

式中，非付现成本主要是固定资产年折旧费用、长期资产摊销费用、资产减值损失等。其中，长期资产摊销费用主要有跨年的大修理摊销费用、改良工程折旧摊销费用、筹建费摊销费用等。

所得税是投资项目的现金支出，即现金流出量。考虑所得税对投资项目现金流量的影响，投资项目正常营运阶段所获得的营业现金净流量，可按下列公式进行测算：

营业现金净流量＝营业收入－付现成本－所得税
＝税后营业利润＋非付现成本
＝营业收入×（1－所得税税率）－付现成本×（1－所得税税率）＋非付现成本×所得税税率

（三）终结期

终结阶段的现金流量主要是现金流入量，包括固定资产变价净收入、固定资产变现净损益和垫支营运资金的收回。

1. 固定资产变价净收入

投资项目在终结阶段，原有固定资产将退出生产经营，企业对固定资产进行清理处置。固定资产变价净收入，是指固定资产出售或报废时的出售价款或残值收入扣除清理费用后的净额。

2. 垫支营运资金的收回

伴随着固定资产的出售或报废，投资项目的经济生命结束，企业将与该项目相关的存货出售，应收账款收回，应付账款也随之偿付。营运资金恢复到原有水平，项目开始垫支的营运资金在项目结束时得到回收。

在实务中，对某一投资项目在不同时点上现金流量数额的测算，通常通过编制“投资项目现金流量表”进行。通过该表，能测算出投资项目相关现金流量的时间和数额，以便进一步进行投资项目可行性分析。

【例题 4-1】某景区投资新设施需要 3 年建成，每年年初投入建设资金 90 万元，共投入 270 万元。建成投产之时，需投入营运资金 140 万元，以满足日常经营活动需要。项目投产后，估计每年可获税后营业利润 60 万元。固定资产使用年限为 7 年，使用后第 5 年预计进行一次改良，估计改良支出 80 万元，分两年平均摊销。资产使用期满后，估计有残值净收入 11 万元，采用平均年限法折旧。项目期满时，垫支营运资金全额收回。

根据以上资料，编制“投资项目现金流量表”，如表 4-1 所示。

表 4-1　投资项目现金流量表

单位：万元

项目	第 0 年	第 1 年	第 2 年	第 3 年	第 4 年	第 5 年	第 6 年	第 7 年	第 8 年	第 9 年	第 10 年	总计
固定资产价值	(90)	(90)	(90)									(270)
固定资产折旧					37	37	37	37	37	37	37	259
改良支出									(80)			(80)
改良支出摊销										40	40	80
税后营业利润					60	60	60	60	60	60	60	420
残值净收入											137	11
营运资金				(140)							148	0
总计	(90)	(90)	(90)	(140)	97	97	97	97	17	137	288	420

注：表 4-1 中的数字，带有括号的为现金流出量，表示负值；没有带括号的为现金流入量，表示正值。

在投资项目管理的实践中，由于所得税的影响，营业阶段现金流量的测算比较复杂，需要在所得税基础上考虑税后收入、税后付现成本，以及非付现成本抵税对营业现金流量的影响。

【例题 4-2】某旅游饭店欲添置一套健身房设备，该设备购买价款 500 000 元，预计使用寿命 5 年，折旧采用直线法，预计 5 年后残值为 20 000 元。添置该设备后，预计年营业收入为 1 000 000 元，第 1 年付现成本为 660 000 元，以后在此基础上每年增加维修费 10 000元。设备投入营运时，旅游饭店需垫支营运资金 200 000 元。公司所得税税率为 25%。

根据上述资料，现金流量计算如表 4-2 和表 4-3 所示。表 4-2 列示的是该设备营业期间现金流量的具体测算过程，表 4-3 列示的是该设备投资项目每年的现金流量。

表 4-2 营业期现金流量计算表

单位：元

项目	第 1 年	第 2 年	第 3 年	第 4 年	第 5 年
健身房设备：					
营业收入（1）	1 000 000	1 000 000	1 000 000	1 000 000	1 000 000
付现成本（2）	660 000	670 000	680 000	690 000	700 000
折旧（3）	96 000	96 000	96 000	96 000	96 000
营业利润（4）＝（1）－（2）－（3）	244 000	234 000	224 000	214 000	204 000
所得税（5）＝（4）×25%	61 000	58 500	56 000	53 500	51 000
税后营业利润（6）＝（4）－（5）	183 000	175 500	168 000	160 500	153 000
营业现金净流量（7）＝（3）＋（6）	279 000	271 500	264 000	256 500	249 000

表 4-3 投资项目现金流量计算表

单位：元

项目	第 0 年	第 1 年	第 2 年	第 3 年	第 4 年	第 5 年
健身房设备：						
固定资产投资	(500 000)					
营运资金垫支	(200 000)					
营业现金流量		279 000	271 500	264 000	256 500	249 000
固定资产残值						20 000
营运资金回收						200 000
现金流量合计	(700 000)	279 000	271 500	264 000	256 500	469 000

三、旅游企业固定资产投资的评价方法

旅游企业项目投资是对内投资，是将资金投放于旅游企业内部，也就是购置各种生产经营资产的投资。因此从内容上来说，旅游企业项目投资主要是对固定资产的投资。

旅游企业固定资产投资评价指标是衡量和比较投资项目可行性，并进行方案决策等的定量化标准与尺度，它由一系列综合反映投资效益、投入产出关系的量化指标构成。旅游企业固定资产投资评价指标根据其是否考虑资金时间价值分为动态评价指标和静态评价指标两大类。

（一）动态评价指标

1. 净现值法

（1）基本原理。

一个投资项目，其未来现金净流量现值与原始投资额现值之间的差额称为净现值（Net Present Value，NPV）。计算公式为：

净现值（NPV）＝未来现金净流量现值－原始投资额现值

计算净现值时有两种情况：

①当营业期内各年现金净流量相等时，净现值（NPV）的计算公式如下：

净现值（NPV）＝年现金净流量×年金现值系数－投资额现值

②当营业期内各年现金净流量不相等时，净现值（NPV）的计算公式如下：

净现值＝∑（经营期内某年现金净流量×该年的复利现值系数）－投资额现值

净现值为正，方案可行，说明方案的实际收益率高于所要求的收益率；净现值为负，方案不可取，说明方案的实际收益率低于所要求的收益率。当净现值为零时，说明方案的投资收益刚好达到所要求的投资收益，方案也可行。所以，净现值的经济含义是投资方案收益超过基本收益后的剩余收益。其他条件相同时，净现值越大，方案越好。

采用净现值法来评价投资方案，一般有以下步骤：

第一，测定投资方案各年的现金流量，包括现金流出量和现金流入量。

第二，设定投资方案采用的贴现率。确定贴现率的参考标准可以是企业的资金成本，也可以是企业所要求的最低报酬率。

第三，按设定的贴现率分别将各年的现金流出量和现金流入量折算成现值。

第四，用未来的现金净流量现值减去投资额现值，若大于或等于零，方案可行；若小于零，方案不可行，说明方案的实际收益率达不到投资者所要求的收益率。

【例题 4-3】沿用例题 4-2 的资料，假设该旅游饭店的资本成本为 10%，则：

$$\begin{aligned}NPV &= 469\ 000\times(P/F,10\%,5)+256\ 500\times(P/F,10\%,4)+264\ 000\times(P/F,10\%,3)+271\ 500\times(P/F,10\%,2)+279\ 000\times(P/F,10\%,1)-700\ 000\\ &= 469\ 000\times0.620\ 9+256\ 500\times0.683\ 0+264\ 000\times0.751\ 3+271\ 500\times0.826\ 4+279\ 000\times0.909\ 1-700\ 000\\ &= 442\ 741.30(\text{元})\end{aligned}$$

由于该购买方案的净现值大于 0，所以该购买方案可行。

（2）净现值法的优缺点。

优点：①适用性强，能基本满足项目年限相同的互斥投资方案的决策。②能灵活地考虑投资风险。净现值法在所设定的贴现率中包含投资风险报酬率要求，能有效地考虑投资风险。③考虑了资金的时间价值，能科学反映投资项目的真正经济价值。

缺点：①当各项目投资额不同、投资期限不同时，难以确定投资项目的优劣。②无法直接反映项目的实际投资收益率水平。③整个项目计算期内现金流量的测算及贴现率的确定较为困难。

2. 现值指数法

（1）基本原理。

现值指数（Present Value Index，PVI）是投资项目的未来现金净流量现值与原始投资额现值之比。其计算公式为：

$$现值指数=\frac{未来现金净流量现值}{原始投资额现值}$$

从现值指数的计算公式可见，现值指数的计算结果有三种：大于 1，等于 1，小于 1。若现值指数大于或等于 1，方案可行，说明方案实施后的投资收益率高于或等于必要收益率；若现值指数小于 1，方案不可行，说明方案实施后的投资收益率低于必要收益率。现值指数越大，方案越好。

【例题 4-4】根据例题 4-2 的资料，当资本成本为 15%时，根据现值指数法判断方案的可行性。

$$\begin{aligned}\text{该项目的现值指数} &= [279\,000\times(P/F,15\%,1)+271\,500\times(P/F,15\%,2)+264\,000\\&\quad\times(P/F,15\%,3)+256\,500\times(P/F,15\%,4)+469\,000\times(P/F,\\&\quad 15\%,5)]\div 700\,000\\&=(279\,000\times0.869\,6+271\,500\times0.756\,1+264\,000\times0.657\,5+\\&\quad 256\,500\times0.571\,8+469\,000\times0.497\,2)\div700\,000\\&=1.43\end{aligned}$$

从计算结果看，该项目现值指数为1.43，其大于1，说明投资报酬率大于资本成本，方案可行。

(2) 现值指数法的优缺点。

优点：现值指数法也是净现值法的辅助方法，在各方案原始投资额现值相同时，实质上就是净现值法。不仅具备净现值法的优点，同时也弥补了净现值法在投资额不同的方案中难以抉择的缺陷，现值指数能从动态的角度反映项目投资的投入产出比。

缺点：与净现值法相似，难以确定贴现率，不能反映实际的投资报酬率。

3. 内含报酬率法

(1) 基本原理。

内含报酬率（Internal Rate of Return，IRR）是指对投资方案未来的每年现金净流量进行贴现，使所得的现值恰好与原始投资额现值相等，从而使净现值等于零时的贴现率。内含报酬率是方案本身的报酬率，不受预定报酬率的影响，从理论上和实际上都具有说服力。

当投资项目的内含报酬率大于企业必要投资报酬率时，该方案可行；当投资项目的内含报酬率小于企业必要投资报酬率时，该方案应放弃。如果几个投资方案的内含报酬率都大于其必要的投资报酬率，应选择投资报酬率最大的方案。

内含报酬率的计算过程一般分两种情况。

①未来每年现金净流量相等时。

如果未来每年现金净流量相等，内含报酬率指标计算过程可分为3步，原理如图4-1所示。

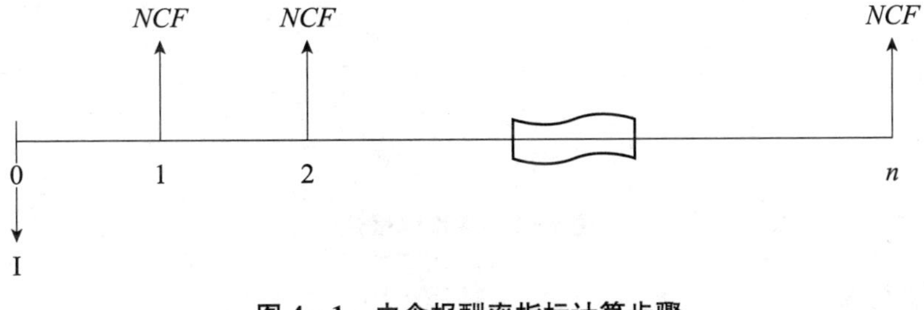

图4-1　内含报酬率指标计算步骤

第一步，计算净现值为零时的年金现值系数。

$$\begin{aligned}NPV &= \text{未来每年现金净流量}\times\text{年金现值系数}-\text{原始投资额现值}\\&=\text{未来每年现金净流量}\times(P/A,i,n)-\text{原始投资额现值}\\&=0\end{aligned}$$

$$(P/A,i,n)=\text{原始投资额现值}/\text{未来每年现金净流量}$$

第二步，根据计算出来的年金现值系数及已知年限 n，查年金现值系数表，如在表中不能直接找到上述系数及相应的折现率，则可找出与上述系数相邻的两个系数及对应的两个折现率。

第三步，根据插值法计算出项目的内含报酬率。

$$i = i_1 + \frac{B - B_1}{B_2 - B_1} \times (i_2 - i_1)$$

【例题 4-5】 某旅游酒店拟购入一辆大巴车，购买价款为 160 万元，使用年限 10 年，无残值。该方案的最低投资收益率要求为 12%（以此作为贴现率）。购入大巴车后，估计每年产生现金净流量 30 万元。

要求：用内含收益率指标评价该方案是否可行。

令 $300\ 000 \times (P/A, IRR, 10) - 160 = 0$

得 $(P/A, IRR, 10) = 5.333\ 3$

现已知方案的使用年限为 10 年，查年金现值系数表，可得：时期 10，系数为 5.333 3。所对应的贴现率在 12%～14%。采用插值法求得 IRR：

$i_1 = 12\%$ 时，$(P/A, 12\%, 10) = 5.650\ 2$

$i_2 = 14\%$ 时，$(P/A, 14\%, 10) = 5.216\ 1$

$$IRR = 12\% + (5.333\ 3 \times 13.46\% - 5.650\ 2)/(5.216\ 1 - 5.650\ 2) \times (14\% - 12\%)$$
$$= 13.46\%$$

采用插值法求得，该方案的内含收益率为 13.46%，高于最低投资收益率 12%，方案可行。

②未来每年现金净流量不相等时。

如果投资方案未来的每年现金流量不相等，各年现金流量的分布不是年金形式，不能采用直接查年金现值系数表的方法来计算内含报酬率，而需采用逐次测试法，原理如图 4-2 所示。

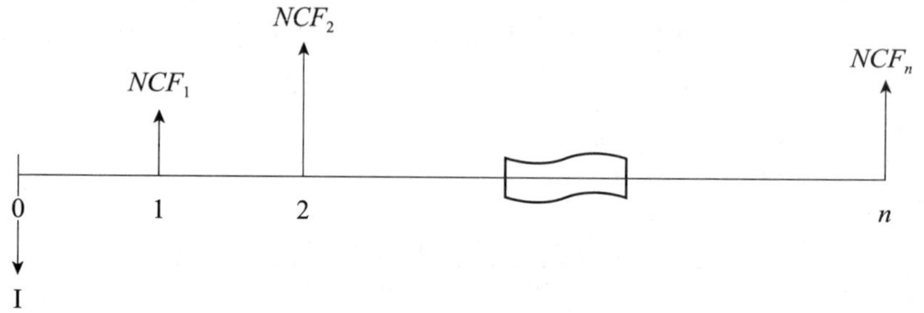

图 4-2 逐次测试法

逐次测试法公式为：

$$NPV = NCF_1 \times (P/F, i, 1) + NCF_2 \times (P/F, i, 2) + \cdots + NCF_n \times (P/F, i, n) - I$$
$$= 0$$

求得贴现率即为内含报酬率。

【例题 4-6】 根据例题 4-2 的资料，假设企业的资本成本为 15%，企业要求的最低报酬率为 20%，试用内含报酬率指标分析该投资方案的可行性。

令 $i=28\%$，则

$$\begin{aligned}NPV &= 279\ 000\times(P/F,28\%,1)+271\ 500\times(P/F,28\%,2)+264\ 000\times(P/F,28\%,3)+256\ 500\times(P/F,28\%,4)+469\ 000\times(P/F,28\%,5)-700\ 000\\&=279\ 000\times0.781\ 3+271\ 500\times0.610\ 4+264\ 000\times0.476\ 8+256\ 500\times0.372\ 5+469\ 000\times0.291\ 0-700\ 000\\&=41\ 606.75\ (\text{元})\end{aligned}$$

令 $i=32\%$，则

$$\begin{aligned}NPV &= 279\ 000\times(P/F,32\%,1)+271\ 500\times(P/F,32\%,2)+264\ 000\times(P/F,32\%,3)+256\ 500\times(P/F,32\%,4)+469\ 000\times(P/F,32\%,5)-700\ 000\\&=279\ 000\times0.757\ 6+271\ 500\times0.573\ 9+264\ 000\times0.434\ 8+256\ 500\times0.329\ 4+469\ 000\times0.249\ 5-700\ 000\\&=-16\ 521.95\ (\text{元})\end{aligned}$$

利用插值法计算内含报酬率：

$$\begin{aligned}IRR &= 28\%+(0-41\ 606.75)/(-16\ 521.95-41\ 606.75)\times(32\%-28\%)\\&=30.86\%\end{aligned}$$

计算结果表明，该项目内含报酬率 30.86%大于该旅游企业的资本成本 15%和要求的最低报酬率 20%，该项目可行。

（2）内含报酬率指标的优缺点。

优点：①内含报酬率反映了投资项目实际可能达到的投资报酬率，易于被高层决策人员理解。②反映各独立投资方案的获利水平，适合独立方案的比较决策。

缺点：①计算复杂，不易直接考虑投资险大小。②在互斥投资方案决策时，如果各方案的原始投资额现值不相等，有时无法做出正确的决策。

（二）静态评价指标

1. 回收期法

（1）基本原理。

回收期（Payback Period，PP）是指收回全部投资额所需的时间，因而又称为投资还本期。其评价原理是：回收期越短，收回投资的速度越快，投资效益越好；回收期越长，收回投资的速度越慢，投资效益也越差。因此，可根据投资回收期长短作为评价投资方案优劣的标准。其计算方法有两种：

①每年现金净流量相等，公式为：

$$\text{投资回收期}=\frac{\text{投资总额}}{\text{年现金净流量}}$$

②每年现金净流量不相等，在这种情况下，按累计现金净流量与原投资额达到相等所需的时间计算，公式为：

$$\text{投资回收期}=M+\frac{\text{第 }M\text{ 年的尚未收回额}}{\text{第}(M+1)\text{年的现金净流量}}$$

其中：M 是收回原始投资额的前一年。

【例题 4-7】某旅游饭店欲购置一批洗衣机和烘干机，现有甲、乙两个方案，两个方案资料如表 4-4 所示。

表 4-4　投资方案资料表

单位：万元

项　　目	甲方案	乙方案
投资总额（第一年年初）	100	120
使用年限	5	6
各年年末现金净流量		
1	30	30
2	30	35
3	30	38
4	30	40
5	30	42
6	—	50

要求：采用投资回收期法评价甲、乙两个方案。

解：甲方案每年的现金净流量相等，所以：

$$投资回收期=\frac{100}{30}=3.33\text{（年）}$$

乙方案每年的现金净流量不相等，从表 4-5 中可以看出，回收期在第三、第四年之间，所以：

$$投资回收期=3+\frac{120-103}{40}=3.425\text{（年）}$$

各年累计现金净流量如表 4-5 所示。

表 4-5　各年累计现金净流量

单位：万元

年数	现金净流量	累计现金净流量
1	30	30
2	35	65
3	38	103
4	40	143
5	42	185
6	50	235

计算结果表明甲方案比乙方案缩短了 0.095 年，减小了风险。所以，应选择甲方案。

（2）回收期法的优缺点。

优点：①计算简便易懂；②可以将回收期的长短看作该投资项目在未来所冒风险大小的标志。

缺点：①没有考虑资金时间价值和投资回收后的现金流量及整个投资项目的盈利水平；②不能全面、正确地评价各投资方案的经济效益。

该指标一般适用于方案的初选。

2. 会计报酬率法

（1）基本原理。

会计报酬率（Accounting Rate of Return，ARR）是投资项目整个生命期内的年平均利润额占原始投资额的百分数。计算公式为：

$$会计报酬率=\frac{年平均利润}{原始投资额}\times 100\%$$

使用会计报酬率指标进行旅游企业投资项目评价时，首先要确定企业期望的投资报酬率，当投资方案的会计报酬率大于或等于期望的投资报酬率时，方案可行；反之不可行。比较多个投资方案时，应从满足期望收益率要求的方案中选择会计报酬率高的方案为最优方案。

【例题4-8】 某旅游饭店添置洗衣房，需投资10万元，预计使用年限5年，报废无残值，按直线法计提折旧，预计每年可实现净利润16 000元。该企业预期投资报酬率为20%，试用会计报酬率指标判断该投资项目是否可行。

会计报酬率=16 000/100 000×100%=16%

因会计报酬率16%小于企业预期投资报酬率20%，该项目不可行。

(2) 会计报酬率的优缺点。

优点：①计算简便，易于理解，数据易取得；②考虑了整个项目寿命期的全部利润；③该方法揭示了采纳一个项目后财务报表将如何变化，使经理人员知道业绩的预期，也便于项目的后评价。

缺点：①使用账面利润而非现金流量，忽视了折旧对现金流量的影响；②忽视了净利润的时间分布对项目经济价值的影响。

任务三 旅游企业对外投资管理

一、旅游企业对外投资

(一) 旅游企业对外投资的概念

旅游企业对外投资是企业以现金、实物、无形资产等方式或者以购买股票、债券等有价证券的方式向其他单位进行的投资，以期在未来获得投资收益的经济行为。

对外投资可以依据投资途径分为对外直接投资和对外间接投资。对外直接投资又称实物投资，是直接将现金、实物或无形资产投入其他单位，为从事某种生产经营活动创造必要条件，包括对外合作投资、合资投资、并购投资等。对外间接投资又称证券投资，是通过购买各种证券而进行的投资，包括企业股票投资、企业债券投资等。

(二) 旅游企业对外投资动因

旅游企业对外投资动因主要有两方面：对内来说，充分利用临时闲置的资金，提高资金的利用率和周转率，为增加企业收益创造条件；对外来说，抓住有利的市场机会，在组合投资的前提下降低投资风险，为增强外部扩张能力奠定基础。

二、旅游企业对外直接投资管理

（一）旅游企业对外直接投资方式

旅游企业对外直接投资的主要方式有对外合资投资、合作投资和并购投资。

合资投资企业是由投资者按照共同投资、共同经营、共享利润、共担风险的原则设立的有限责任公司。“四共”的存在使得合资双方的利益与风险紧密地结合在一起，但要想使这种关系保持下去，很重要的前提条件就是合作伙伴的慎重筛选问题。我国旅游企业在成长过程中对这种投资方式的利用还是比较普遍的。

合作投资旅游企业是指某旅游企业与其他投资者通过签订合同、协议等形式来规定各方的权责利而形成的企业，包括合作建设、合作技术投资、合作销售等，如广州的花园酒店、白天鹅宾馆等都属于中外合作饭店。该种投资方式相对于合资企业而言灵活快捷，但缺乏稳定性。这种形式的投资在我国也是比较普遍的投资方式。

并购投资是通过兼并收购其他企业而进行的对外投资。随着我国经济体制改革的不断深化，产权交易日益成为普遍现象，通过兼并收购投资实现企业扩张也越来越成为旅游企业实现快速成长的重要途径。目前世界十大饭店集团都已进入我国，它们选择适宜的投资地域，以不同方式抢占有利位置，已带动了饭店业购并投资热潮的兴起。

（二）旅游企业对外直接投资决策

作为对外直接投资决策来说，不仅要考虑投资项目本身的可行性问题，还要考虑该项目在整个企业发展中的地位问题，因此从什么角度来进行评价，或者说谁来进行评价就显得十分重要。在前面项目投资管理中介绍的决策方法在对外投资中也适用，只不过除了进行项目评估以外，旅游企业还必须进行对外投资整体效益的评估，从而更好地把握对外投资的规模和空间分布格局，实现企业整体效益最大化。

三、旅游企业对外间接投资管理

旅游企业对外间接投资管理主要指证券投资。

（一）证券投资的概念和目的

1. 证券投资的概念

证券投资是指旅游企业通过购买证券的形式所进行的投资，它是企业金融资产投资的重要组成部分。证券投资是指投资者买卖股票、债券等有价证券以及这些有价证券的衍生品，以获取差价、利息及资本利得的投资行为和投资过程，是直接投资的重要形式。

2. 证券投资的目的

（1）分散资金投向，降低投资风险。

投资分散化，即将资金投资于多个相关程度较低的项目，实行多元化经营，能有效地分散投资风险。当某个项目经营不景气而利润下降甚至导致亏损时，其他项目可能会获取较高的收益。将旅游企业的资金分成内部经营投资和对外证券投资两个部分，实现旅游企业投资的多元化。与对内投资相比，对外证券投资不受地域和经营范围的限制，投资选择面非常广，投资资金的退出和收回也比较容易，是多元化投资的主要方式。

（2）利用闲置资金，增加企业收益。

旅游企业在生产经营过程中，由于各种原因有时会出现资金闲置、现金结余较多的情况。这些闲置的资金可以投资于股票、债券、基金等有价证券，谋取投资收益，这些投资收益主要表现在股利收入、债息收入、证券买卖差价、基金收益等方面。同时，有时旅游企业资金的闲置是暂时性的，如由于季节原因导致的资金闲置，可以投资于在资本市场上流通性和变现能力较强的有价证券，这类证券能够随时变卖，收回资金。

（3）稳定客户关系，保障生产经营。

旅游企业生产经营环节中，供应和销售是企业与市场相联系的重要通道。没有稳定的原材料供应来源，没有稳定的销售客户，都会使企业的生产经营中断。为了保持与供销客户良好而稳定的业务关系，可以对业务关系链的供销企业进行投资，购买其债券或股票，甚至达到控制，如饭店投资养殖场、景区投资旅行社等。这样能够通过债权或股权对关联企业的生产经营施加影响和控制，保障本企业的生产经营顺利进行。

（4）提高资产的流动性，增强偿债能力。

资产流动性强弱是影响企业财务安全性的主要因素。除现金等货币资产外，有价证券投资是企业流动性最强的资产，是旅游企业速动资产的主要构成部分。在旅游企业需要支付大量现金，而现有现金储备又不足时，可以通过变卖有价证券迅速取得大量现金，保证旅游企业的及时支付。

（二）证券投资的风险

由于证券资产的市价波动频繁，证券投资的风险往往较大。获取投资收益是证券投资的主要目的，证券投资的风险是投资者无法获得预期投资收益的可能性。

因此，旅游企业必须努力识别投资风险的来源。这些来源主要包括：违约风险，证券发行人无法按期支付利息或偿还本金的风险；利息风险，由于利息率变动而致使投资人遭受损失的风险；购买力风险，由于通货膨胀而使证券到期或出售所获得的资金的购买力减少的风险；流动性风险，在需要有价证券变现时不能立即被出售的风险。

（三）旅游企业债券投资管理

债券是债务人依照法律程序发行，承诺按约定的利率和日期支付利息，并在特定的日期偿还本金的书面债务凭证。债券投资指投资者通过购买各种债券进行的对外投资。

债券投资与股票投资相比具有风险小、投机能力不强的特点，较适合一些不宜冒险的资金投资。旅游企业应根据自身情况正确地进行债券估价，分析投资收益，衡量投资风险，以选择合适的债券进行投资。

1. 债券价值

投资者进行债券投资时，首先要确定的问题是债券价值是多少，是否值得投资。因此投资者需要对债券价值进行评估。

在债券投资活动中，现金的流出即企业支付的买价，现金的流入是未来归还的利息和本金。债券未来现金流入的现值，即债券的价值或债券的内在价值。如果债券价值大于或等于债券市场价格，则表明投资该债券是可行的，达到了投资者要求的投资收益率。因此，债券价值主要由两个因素决定：债券的预期现金流入和投资者要求的必要投资收益率。

（1）债券估价基本模型。

典型的债券其利率固定，每年计算并支付利息，到期归还本金，其模型如下：

债券价值 = Σ 各期利息现值 + 本金现值

$$V_b = \sum_{t=1}^{n} \frac{I_t}{(1+R)^t} + \frac{M}{(1+R)^n}$$

式中，V_b 表示债券的价值，I 表示债券各期的利息，M 表示债券的面值，n 为债券计息期，R 表示债券价值评估时所采用的贴现率，即所期望的最低投资收益率。一般来说，经常采用市场利率作为评估债券价值时所期望的最低投资收益率。

【例题 4-9】某旅行社决定将暂时闲置的一笔资金用于购买公司债券，恰逢市场上有一种面值为 1 000 元、票面利率为 8%、期限为 10 年、每年付息一次、到期还本的债券出售，此时市场利率为 10%，债券市价 830 元，试分析该旅行社是否应购入。

$$\begin{aligned} V_b &= 1\,000 \times 8\% \times (P/A,10\%,10) + 1\,000 \times (P/F,10\%,10) \\ &= 80 \times 6.144\,6 + 1\,000 \times 0.385\,5 \\ &= 877.07(\text{元}) \end{aligned}$$

从计算结果可以看出，该债券内在价值 877.07 元大于市价 830 元，因此，该企业可以购入。

（2）一次还本付息的单利债券估价模型。

债券到期一次还本付息，单利计息，其估价模型如下：

$$V_b = M(1 + i \cdot n) \times (P/F,R,n)$$

式中，V_b 表示债券的价值，i 表示债券各期的利息率，M 表示债券的面值，R 表示债券价值评估时所采用的贴现率，n 为债券计息期。

【例题 4-10】某旅行社决定将暂时闲置的一笔资金用于购买公司债券，恰逢市场上有一种面值为 1 000 元、票面利率为 8%、期限为 10 年、单利计息、到期一次还本分息的债券，市场利率为 10%，该旅行社能接受的最高价格是多少？

$$\begin{aligned} V_b &= 1\,000 \times (1 + 8\% \times 10) \times (P/F,8\%,10) \\ &= 1\,000 \times 1.8 \times 0.385\,5 \\ &= 693.9(\text{元}) \end{aligned}$$

由计算结果得知，当市场价低于 693.9 元时，该旅行社可以购入。

2. 债券到期收益率

债券到期收益率是指买进债券后，一直持有该债券至到期日可获取的收益率，是按复利计算的，能使未来现金流入量现值等于债券买入价格的贴现率，也就是内含报酬率。公式如下：

$$V_b = I(P/A,i,n) + M(P/F,i,n)$$

式中，V_b 表示债券的价值，I 表示债券各期的利息，M 表示债券的面值，i 表示债券价值评估时所采用的贴现率，n 为债券计息期。

到期收益率是指导选购债券的标准，可以反映债券投资按复利计算的真实收益率。如果高于投资者要求的收益率，则应该买进，否则就应该放弃。

【例题 4-11】某旅行社拟购入一批企业债券，该债券面值为 1 000 元，票面利率为 8%，期限为 10 年，每年付息一次，目前市价 900 元，该旅行社预期报酬率为 9%，试判断该债券到期收益率，以及该旅行社是否要购入该债券。

$$900=1\,000\times 8\%\times (P/A,i,10)+1\,000\times (P/F,i,10)$$

令 $i=10\%$，现值 $=1\,000\times 8\%\times (P/A,10\%,10)+1\,000\times (P/F,10\%,10)$

$=80\times 6.144\,6+1\,000\times 0.385\,5$

$=877.068$(元)

令 $i=9\%$，现值 $=1\,000\times 8\%\times (P/A,9\%,10)+1\,000\times (P/F,9\%,10)$

$=80\times 6.417\,7+1\,000\times 0.422\,4$

$=935.816$(元)

使用插值法计算：

到期收益率 $=9\%+(900-935.816)/(877.068-935.816)\times (10\%-9\%)$

$=9.61\%$

从计算结果可以看出，该债券到期收益率为 9.61%，高于该旅行社预期报酬率，因此购入该债券作为投资，经济上是可行的。

3. 债券投资的优缺点

（1）债券投资的优点。

①本金安全性高。无论长期债券投资还是短期债券投资都有到期日，债券必须按期还本。

②投资收益稳定。债券投资收益通常是事前预定的，这一点尤其体现在一级市场（发行市场）投资的债券上。

③变现能力强。因为上市公司是受制度和公众监管的，上市公司发行的债券具有更好的信用，而且上市公司发行的债券受严格的程序限制，一般投资者认购的上市公司的债券变现流动性有保证，所以更能吸引投资者。

（2）债券投资的缺点。

①没有经营管理权。债券投资者权利较小，无权参与被投资企业的经营管理，只有约定取得利息和到期收回本金的权利。

②购买力风险高。债券投资一般能保证按时还本付息，收益稳定，投资风险较低。但在通货膨胀的情况下，购买力风险较高。

（四）旅游企业股票投资管理

1. 股票的概念

股票（Stock）是股份有限公司为了筹集资金而发给股东的一种有价证券。股票的持有人是该公司的股东，对该公司有财产要求权。按照股东所享有的权利不同，股票分为普通股和优先股；按照是否在票面上标明持有人的名称，股票分为记名股票和无记名股票。

（1）股票价值。

股票价值是指股票的内在价值，即股票预期未来现金流入的现值。

（2）股票价格。

股票之所以有价值，是因为它能给持有者带来未来的收益。这种未来的收益包括各期获得的股利、转让股票获得的价差收益、股份公司的清算收益等。

股票价格主要由预期股利和市场利率决定，即股票的资本化价值决定了股票的价格。此外，经济环境、投资者心理等因素也会对股票价格产生影响。在证券交易所，股票价格分为开盘价、收盘价、最高价和最低价。

（3）股利。

股利是股息和红利的总称，是发行股票的企业从其税后利润中分配给股东作为投资报酬的部分。股利体现了股东享有的利润分配权。

（4）股票的预期报酬率。

预期报酬率是用以评价股票价值的重要指标，包括预期股利收益率和预期资本利得收益率两部分。只有股票的预期报酬率高于投资者要求的最低报酬率时，股票才值得投资。

2. 股票的价值

与债券投资一样，股票投资也需要对股票进行估价。当股票价格小于内在价值时，值得投资者投资，反之不值得投资。

股份公司的净利润是决定股票价值的基础，股票给持有者带来未来的收益一般是以股利形式出现的。因此可以通过股利计算确定股票价值。

（1）股票估价基本模型。

从理论上说，如果股东中途不转让股票，股票投资没有到期日，投资于股票所得到的未来现金流量是各期的股利。假定某股票未来各期股利为 D_t（t 为期数），R_s 为估价所采用的贴现率即所期望的最低收益率，股票价值的估价模型为：

$$V_s = \frac{D_1}{1+R_s} + \frac{D_2}{(1+R_s)^2} + \cdots + \frac{D_n}{(1+R_s)^n} + \cdots = \sum_{t=1}^{\infty} \frac{D_t}{(1+R_s)^t}$$

优先股是特殊的股票，优先股股东每期在固定的时点上收到相等的股利，优先股没有到期日，未来的现金流量是一种永续年金，其价值计算为：

$$V_s = \frac{D}{R_s}$$

（2）固定增长模式股票的价值。

一般来说，公司并没有把每年的盈余全部作为股利分配出去，留存的收益扩大了公司的资本额，不断增长的资本会创造更多的盈余，进一步又引起下期股利的增长。如果公司本期的股利为 D_0，未来各期的股利按上期股利的 g 速度呈几何级数增长，根据股票估价基本模型，股票价值 V_s 为：

$$V_s = \sum_{t=1}^{\infty} \frac{D_0(1+g)^t}{(1+R_s)^t}$$

因为 g 是一个固定的常数，当 R_s 大于 g 时，上式可以简化为：

$$V_s = \frac{D_0(1+g)}{R_s - g}$$

【例题 4-12】 某旅行社准备购买A公司的股票，并且准备长期持有，要求达到12%的收益率，A公司今年每股股利0.8元，预计未来股利会以9%的速度增长。试分析A公司股票价格为多少时，该旅行社可以买进。

$$V_s=\frac{0.8\times(1+9\%)}{12\%-9\%}=29.07(\text{元})$$

如果A公司的股票价格低于29.07元，该旅行社可以购买。

（3）零增长模式股票的价值。

如果公司未来各期发放的股利都相等，并且投资者准备永久持有。这种股票与优先股类似，或者说当固定增长模式中 $g=0$ 时，有

$$V_s=\frac{D_0}{R_s}$$

【例题 4-13】 市场上有B公司的股票售价为18元，股票发行企业每年发放固定股利2元/股。某旅行社计划购买该股票并长期持有，该旅行社的期望报酬率是10%，试计算是否要买进该股票。

$$V_s=\frac{2}{10\%}=20(\text{元})$$

B公司股票市价（18元）低于股票价值（20元），该旅行社可以购进该股票。

（4）非固定成长股票的价值。

实际生活中，股票发行企业发放的股利并不是固定的，会随着经营状况的变化有所调整，这种情况下，股票价值的计算就应分段进行。

3. 股票的预期收益率

股票投资时间较长，需要考虑资金时间价值，股票的投资收益率是使各期股利及股票售价的复利现值等于股票买价时的贴现率。用公式表示如下：

$$P=\sum_{i=1}^{n}\frac{D_t}{(1+K)^t}+\frac{V_n}{(1+K)^n}$$

式中，P 为股票买价，V 为股票未来售价，K 为投资者要求的必要报酬，D_t 为第 t 期预期股利，n 为预计股票持有年限。

正如《史记·货殖列传》所言“天下熙熙皆为利来，天下攘攘皆为利往”，只有当股票的预期收益率大于或等于股票投资者的必要报酬率时，投资者才会进行投资。

【例题 4-14】 某旅行社2018年年初以每股15元的价格购入C股票，2019年年初每股股利收入1元，2020年年初每股股利收入1.5元，2021年年初每股股利收入1.2元，并且以20元的价格将C股票全部出售。试计算该旅行社的投资收益率。

$$15=1\times(P/F,i,1)+1.5\times(P/F,i,2)+(1.2+20)\times(P/F,i,3)$$

用逐步测试法计算：

当 $i=16\%$ 时，

$$\begin{aligned}&1\times(P/F,16\%,1)+1.5\times(P/F,16\%,2)+(1.2+20)\times(P/F,16\%,3)\\&=1\times0.8621+1.5\times0.7432+21.2\times0.6086\\&=15.5597\ (\text{元})\end{aligned}$$

当 $i=18\%$ 时，

$$
\begin{aligned}
&1\times(P/F,18\%,1)+1.5\times(P/F,18\%,2)+(1.2+20)\times(P/F,18\%,3)\\
&=1\times0.8475+1.5\times0.7182+21.2\times0.6086\\
&=14.8271\ (\text{元})
\end{aligned}
$$

利用插值法进行计算：

$$i=16\%+(15-15.5597)/(14.8271-15.5597)\times(18\%-16\%)=17.53\%$$

该旅行社的投资收益率为 17.53%。

4. 股票投资的优缺点

股票投资是一种高风险、高收益的投资方式。旅游企业进行股票投资应充分了解其优缺点。

(1) 股票投资的优点。

①拥有公司经营控制权。从投资权利看，股票投资者（优先股除外）有权参与被投资企业的经营管理，具有较大权利。

②投资收益高。选择好投资股票的种类和时机，一般都可以获得较高的投资收益。

③购买力风险低。当发生通货膨胀时，随着物价的普遍上涨，股票的股利也会随之上涨，与其他固定收益的证券投资相比，能适当降低购买力风险，从而降低通货膨胀的影响。

(2) 股票投资的缺点。

①股票投资收益具有很大的不确定性。股票投资收益不能事先确定，具有较强的波动性。

②股票价格不稳定，投资风险难以控制。因股利收益的不稳定性和股票市场价格的波动性，投资风险较大。

③股票投资具有无期性。股票不像债券投资有固定的到期日，持有时间可长可短。

④普通股权益求偿权仅居后。普通股股东对企业资产和盈利的求偿权居于最后，普通股股东原来的投资可能得不到全额补偿。

【思政园地】

提防高收益理财的陷阱

《管子·牧民篇》讲到“天下不患无财，患无人以分之”，意即不要担心天下没有财富，关键是担心没有人经营管理。经营管理的重点是要获得利润，而投资是获得利润的前提，因此投资是非常重要的。对于企业来说，只有投资正确的项目，才能妥善经营，获得利润。而对于个人来说，投资理财是未来每个人都需要掌握的必备技能。投资者对于风险的规避程度是有个体差异的，按照投资者风险规避程度可以将投资者分为激进型投资者和保守型投资者。《左传·襄公三十一年》中说“人心之不同，如其面焉”，意思是人们内心的差异，和他们的面貌一样，存在千差万别，对于风险的偏好也是完全不一样的。但是在投资时一定要注意提防高收益理财的陷阱。银保监会主席、人民银行党委书记郭树清在答记者问时表示：“如果听说保本高收益，就要去报案！保本就不可能有高收益，这是欺诈”。财政部前部长楼继伟也曾说："保证6%以上回报率就别买，那是骗子。"

资料来源：2020年东奥郑晓博培训讲义。

【项目小结】

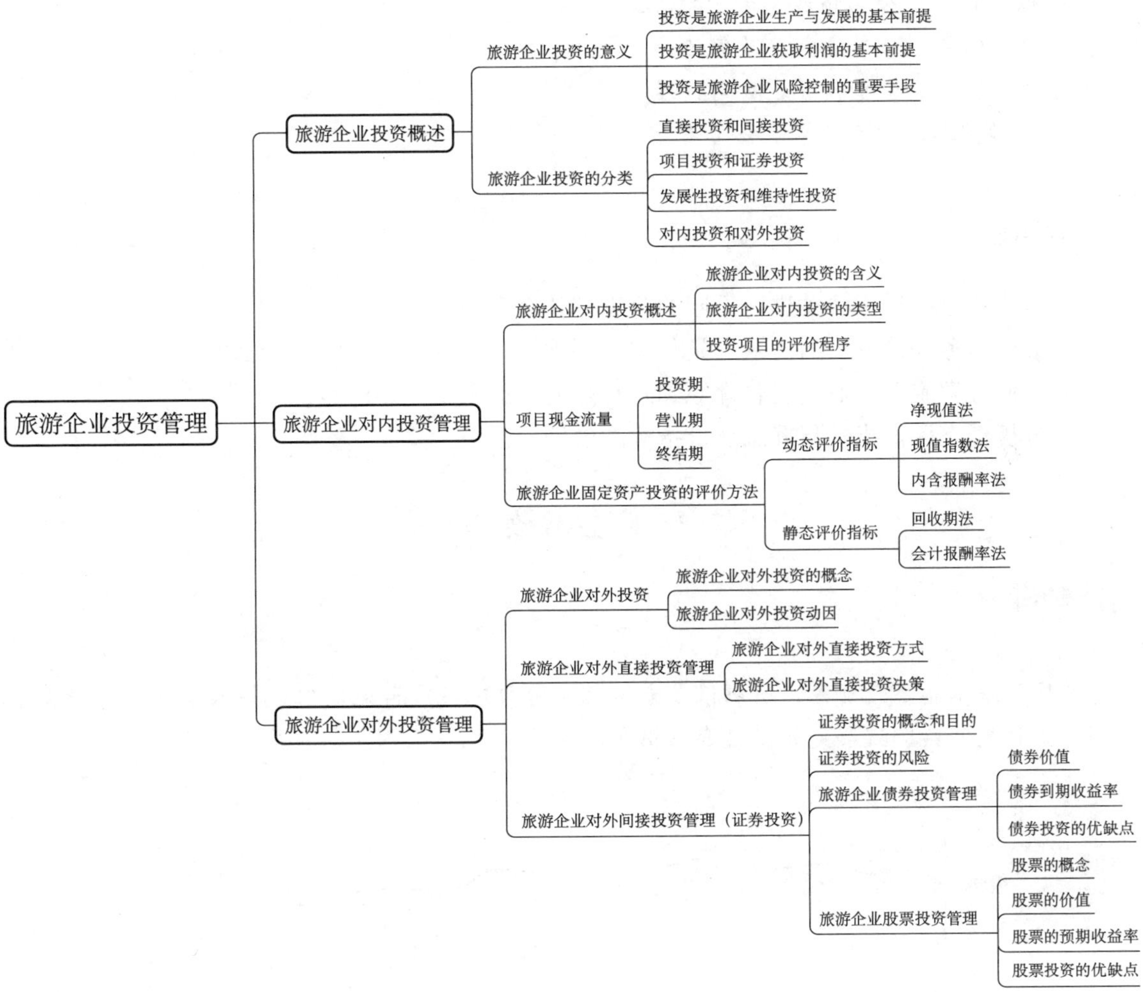

※ 应知考核 ※

一、单选题

1. 旅游企业选择投资项目时，只有在净现值（　　）时方案才是可取的。

A. 大于或等于0　　B. 大于或等于1

C. 小于0　　D. 小于1

2. 股票投资的特点是（　　）。

A. 风险较小　　B. 属于权益性投资

C. 收益比较稳定　　　　　　　　　　D. 变现能力较差

3. 投资国债时不必考虑的风险是（　　）。

A. 违约风险　　　　　　　　　　　　B. 利息风险

C. 购买力风险　　　　　　　　　　　D. 再投资风险

4. 一般而言，下列债券按其信用风险从低到高依次排列是（　　）。

A. 政府债券、公司债券、金融债券

B. 金融债券、公司债券、政府债券

C. 政府债券、金融债券、公司债券

D. 金融债券、政府债券、公司债券

二、简答题

1. 对旅游企业投资活动进行不同的分类有什么意义？
2. 各种财务评价方法的优缺点是什么？哪项评价指标最常用？为什么？
3. 如何理解旅游企业投资管理原则？在贯彻该原则中需要注意什么？
4. 分析动态评价指标与静态评价指标的区别。

※ 应会考核 ※

背景材料

景区的基本属性是资源，所以很多老板都急匆匆地买地占地，但这与城里的房地产大不相同，工程更复杂、链条更长、投资回报年限更长。

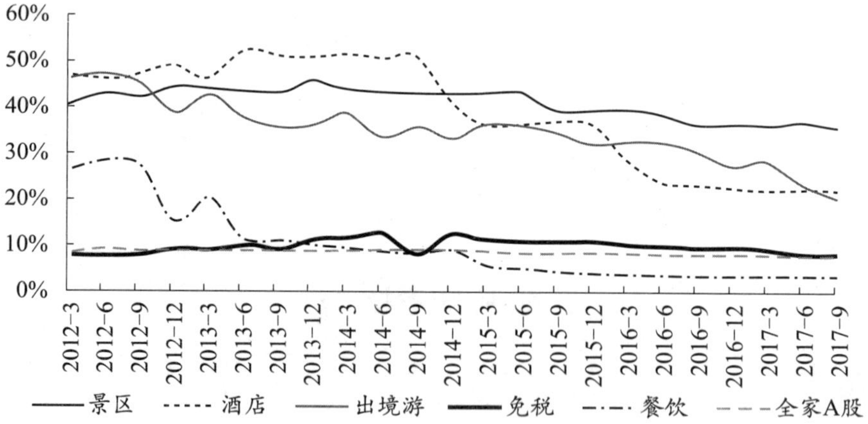

图4-3　固定资产占总资产比值

景区投资的基本特点是重资产投资，投资额相对大且固定资产占比高，所以很多民营或个人老板投资后就大部分时间停着，或者修建时间漫长，殊不知在这样的长工期或长建设期中资金成本就足以让资金链断裂。

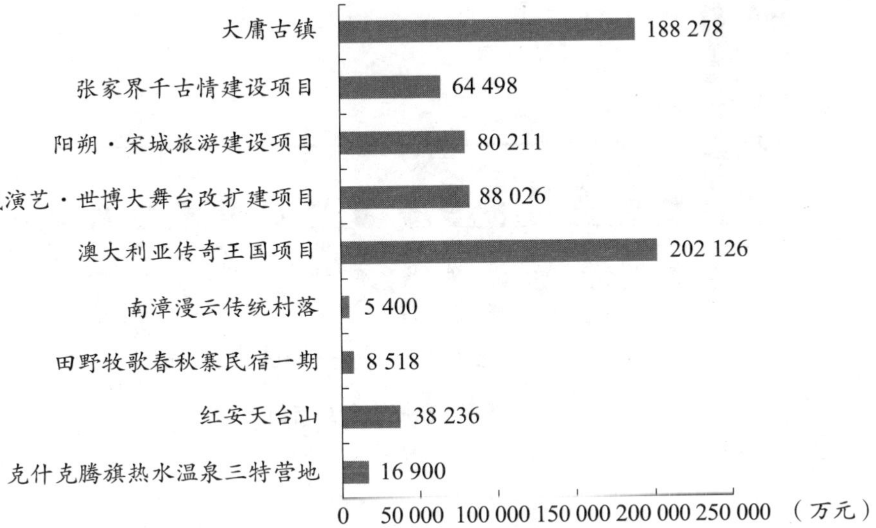

图 4-4　上市公司景区项目投资规模

既然是重资产投资，所以国企与大型民企投资居多；既然知道了是重资产投资，所以在业态项目打造上，很多景区采取了联合投资与联合运营，尤其是以玻璃制品类的体验项目或以主题类体验为主的项目；既然是重资产投资，那么景区内外的基础设置配套则一定要说服与督促政府完善健全。

表 4-6　景区项目投资回报期

上市公司	项目	投资规模（万元）	项目回收期（年）
三特索道	克什克腾旗热水温泉三特营地	16 900	9.20（含建设期 2.50 年）
	红安天台山	38 236	11.01（含建设期 1.50 年）
	田野牧歌春秋寨民宿一期	8 518	9.94（含建设期 2 年）
	南漳漫云传统村落	5 400	9.08（含建设期 1.50 年）
宋城演艺	澳大利亚传奇王国项目	202 126	9.67（含建设期 3 年）
	宋城演艺·世博大舞台改扩建项目	88 026	8.33（含建设期 2 年）
	阳朔·宋城旅游建设项目	80 211	8.49（含建设期 1 年）
张家界	张家界千古情建设项目	64 498	7.95（含建设期 1 年）
	大庸古镇	188 278	10.79（含建设期 2 年）

一、从几组数据看

（1）景区类上市公司的市值平均都在 100 亿元以下。看看食品类的，已经有接近万亿元的公司了，如茅台酒业；再看看电器的，基本都是上千亿元估值。

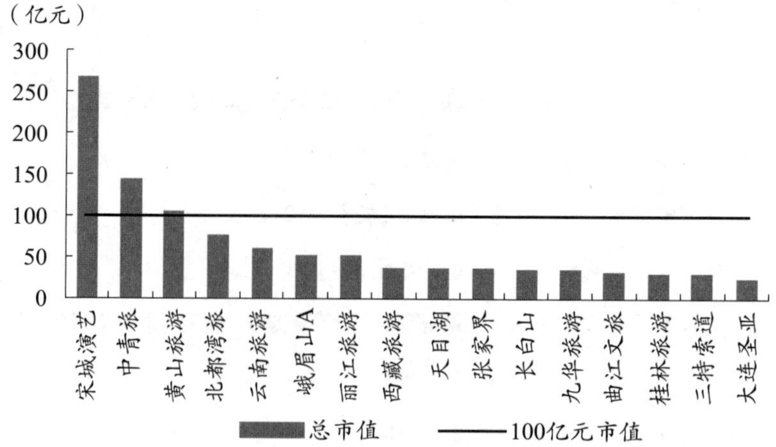

图 4-5　景区股大多数市值

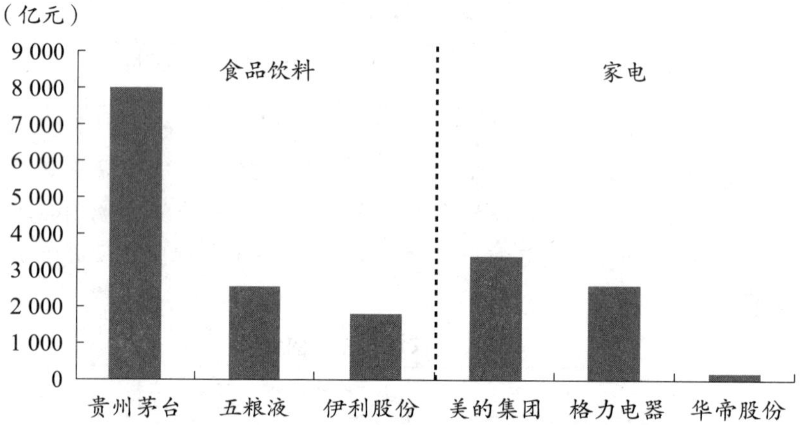

图 4-6　家电和食品饮料行业中基金持仓比例较高的前三标的总市值

(2) 上市公司投资景区的回报年限平均是 7～11 年，基本就是资金综合成本率 10%左右的标准，略高于 GDP 增速，属于保本型投资。

(3) 景区类的或者说文旅类的上市公司，市盈率已经低于 A 股平均市盈率了。当然随着 2018 年到 2019 年股市的变化，这个数据有一定参考性，但差距不是那么大。

表 4-7　景区股估值及净利增速情况

—	—	业绩增速			EPS（元）			PE		
股票代码	公司简称	2017E	2018E	2019E	2017E	2018E	2019E	2017E	2018E	2019E
000888. SZ	峨眉山 A	27%	22%	15%	0.46	0.56	0.65	21	18	15
600054. SH	黄山旅游	15%	17%	12%	0.54	0.64	0.71	26	22	20
600138. SH	中青旅	20%	14%	12%	0.8	0.92	1.03	25	22	19
300144. SZ	宋城演艺	28%	23%	19%	0.8	0.98	1.16	23	19	16
603869. SH	北部湾旅	79%	31%	24%	0.87	1.14	1.42	26	20	16
603199. SH	九华旅游	16%	9%	11%	0.78	0.85	0.94	39	35	32
603099. SH	长白山	17%	26%	21%	0.31	0.39	0.48	41	33	27

续前表

—	—	业绩增速			EPS（元）			PE		
股票代码	公司简称	2017E	2018E	2019E	2017E	2018E	2019E	2017E	2018E	2019E
600749.SH	西藏旅游	−106%	—	12%	0.03	0.04	0.04	602	527	474
600706.SH	曲江文旅	26%	12%	16%	0.37	0.42	0.49	49	44	38

这些数据，一个是市值规模，一个是增长率，一个是投资回报年限（净利润率）。在经济形势稳中有降的大局面下，投资景区虽不是最佳投资，但放平心态、长线投资，还是属于价值投资类别。

二、从经营角度看

1. 来的人数。

2. 人均消费。

3. 经营成本控制。

1与2是收入，3属于支出。收入−支出＝利润，这里的支出包括成本与费用，简单的等式就是一切运营管理的底层逻辑。

我们来看“1. 来的人数”：

从景区本身设计与安全管理的角度来看，有几个上限，叫最大承载量、瞬时承载量，还有一个叫最佳心理容量。其实每个景区、每个项目都有安全游玩人数上限，还有一个舒适人数上限。这些其实就是单个景区以及内部业态的“天花板”。

表4-8　上市公司部分景区最大承载量与瞬时承载量

上市公司	涉及景区	日承载量（万人次）	瞬时承载量（万人次）
长白山	长白山景区：北景区/西景区	2.68/1.39	2.68/1.39
黄山旅游	黄山景区	5（恶劣天气3.5）	—
三特索道	千岛湖	9.58	5.43
	庐山	6.5	3
九华旅游	九华山	7	—
天目湖	山水园	8.2	5
	南山竹海	5.3	3.5
	御水温泉	1.5	0.6
首旅酒店	南山	7	4.38
张家界	武陵源旅游区	12.92（夏） 10.85（冬） 11.14（设施）	6.2
桂林旅游	漓江景区	1.9	1.5
峨眉山A	峨眉山	4.5	—
丽江旅游	玉龙雪山	2.8	—
曲江文旅	大唐芙蓉园	6	2

这个上限范围内，“人数×价格”得到的累计收入，减去固定投资摊销和年度运营费用后，必须得满足 7 年收回投资，这也是一个投资测算的基本要求。

我们来看“2. 人均消费”：

中国山岳型景区，就连上市公司也一样，就是“门票+客运”占比收入的 60%左右。但主题类景区，哪一个的套票不是 300 元左右，若加上吃住行游购娱的消费，过 3 000 元轻轻松松的。

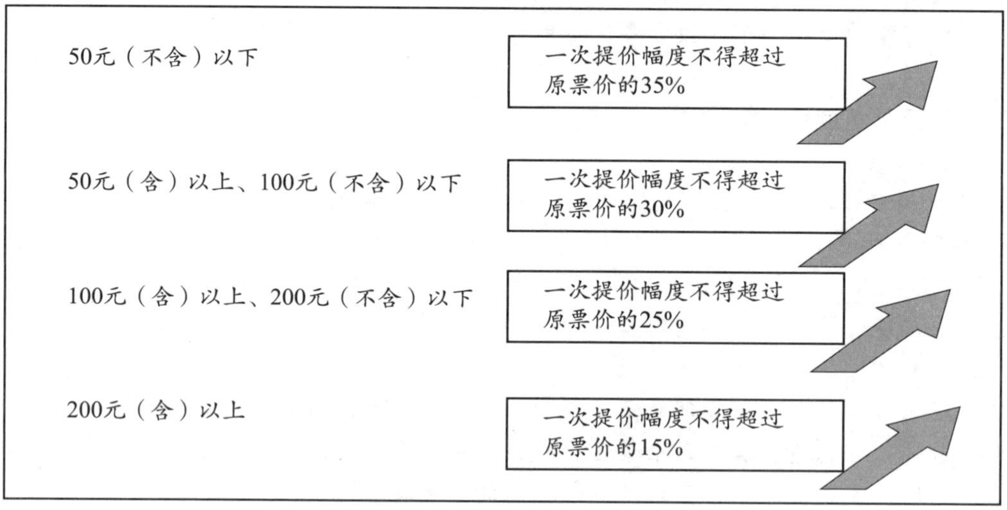

图 4-7 景区门票价格受限

网络上不是有个数据吗？重庆 2018 年接待游客 5.5 亿人次，排名全国第一。外地游客来重庆平均消费 3 133 元，重庆人出去旅行平均消费 2 900 元。因为重庆游个人整体消费低于北、上、广、深和成都，所以年轻人愿意来此旅游消费，这就是大环境下旅游消费的一个特点。

图 4-8 2018 年重庆旅游情况

而关于门票，国内的趋势是控制价格，直至最后全部实现免费。对比国际上的做法，中国景区在门票上收费占比相对较高，比如法国门票占比 0.37%，美国门票占比 0.1%。

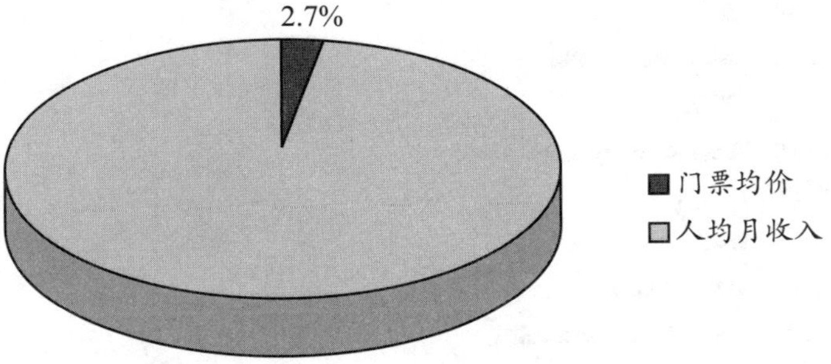

图 4-9　中国景区门票均价占人均月收入比重

那么人均消费价的运营重点就是“免费入园或入景区后，分功能区域内的分项目的收费设计，分业态的布置规划与运营阶梯服务费设计”。简单的方式已经在山河景观类的景区内可见，就是各种玩儿水、体验高空玻璃等项目。

我们来看“3. 经营成本控制”：

我们说景区是重资产投资，不管你最后是自营还是托管运营，前期投入的以固定资产为主的重资产，却不是什么直接可以增值的资产，所以在投资时“即使是非投不可，也要做到投入最小化、最优化”。

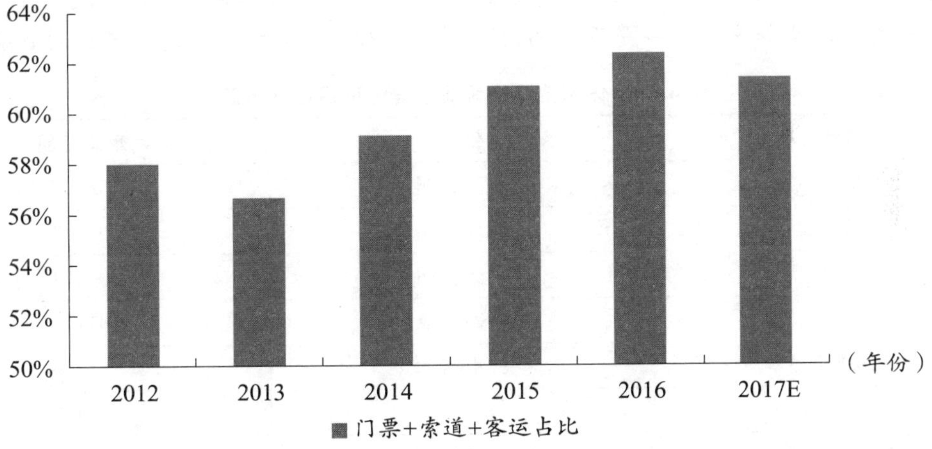

图 4-10　上市景区类公司中自然景区门票及景区客运收入占比约为 60%

既然是长线投资，整体回报年限是决定了的，那么投资与经营的步骤协调至关重要，我们遇到的有钱有情怀的老板们，都是自己修路、自己造景，只能是佩服，因为我没有那么多钱，也体会不到那种感觉，但看到最后的结果都是一声叹息，更有甚者恨不得卖掉自己的景区，渐行渐远也不是初衷。

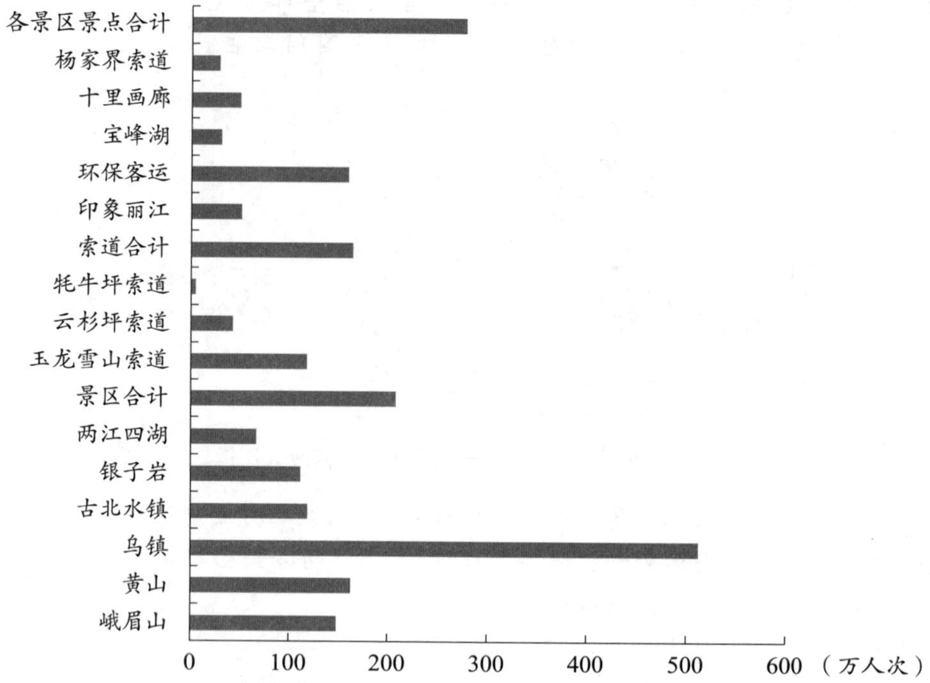

图 4-11　上市公司景区看演出人次

既然是长线投资，分步投与分布造，还有分布上的业态，比如酒店、旅居、康养、运动、社区、会所、会议中心等，比如研学、红色游、文创、比赛等。我们看到几个上市公司的布局与节奏把控得非常好，一是资本的力量，二是人才的智慧，三是执行力的效果。

表 4-9　休闲景区宋城演艺异地项目拓展迅速

名称	位置	开业时间
杭州宋城	浙江杭州	1996 年
杭州乐园	浙江杭州	1999 年
烂苹果乐园	浙江杭州	2012 年
三亚千古情	海南三亚	2013 年
丽江千古情	云南丽江	2014 年
九寨沟千古情	九寨沟	2014 年
漓江千古情	广西桂林	2018 年
张家界千古情	湖南张家界	2019 年
西安千古情	陕西西安	2019 年
上海世博大舞台	上海	2019 年
澳洲传奇王国	澳大利亚	2020 年

景区属于劳动密集型的服务产业，人力成本是管理方面的一个重要点，劳动合同的处理技巧也是必需的。

融资成本也拖垮了太多景区，吃过亏的老板宁可停着也不再借钱，如同股市割肉策略；正在融资的个体老板的景区，无可奈何地走上了这条路，唯有前行；而上市公司在股权融资方面也都受阻；只有主题类景区，现金流大且平稳，金融机构主动找上门给予资金额度。

表 4-10 乌镇景区主要服务内容及价格

项目	特色选择	简要介绍
住宿	乌镇行馆	含锦堂行馆、盛庭行馆、恒益行馆，价位：1 500～28 000 元
	度假酒店	含枕水度假酒店、通安客栈、昭明书舍、望津里精品酒店、宜园精品酒店、水巷驿、水市客宿，价位：680～58 800 元
	乌镇居宿	乌镇民宿，价位：200～3 000 元
	青年旅舍	含水巷青年旅舍、紫藤青年旅舍，价位：60～180 元
	经济酒店	两府客栈，价位：580～780 元
	乌村	含各种乌村游套餐，价位：1 300 元起
娱乐	民俗节日	中国年、情人节、水乡丽人节、香市、端午节、童玩节、乞巧节、中秋节、圣诞节、美食节、乌镇戏剧节
	夜游	夜游西栅
	酒吧	似水年华红酒坊、伍佰回酒吧、步步莲花艺术沙龙、老木头酒吧等
	茶馆	鸭鸭老茶馆、锦堂壶隐厅、品雨轩茶吧、听水问茶、景园茶楼等
	剧院	乌镇大剧院、水剧场、日月剧场、沈家戏园、国乐剧院、露天电影等
	传统体验	拳船、高竿船、花鼓戏、皮影戏、巡更、评书楼、花灯等
会务	小型会场	通安客栈、昭明书舍、锦堂行馆、望津里精品酒店、大剧院
	中型会场	通安客栈、枕水度假酒店、昭明书舍、锦堂行馆、望津里精品酒店等
	大型会场	通安客栈、昭明书舍、枕水度假酒店、大剧院

看过了太多的景区，也服务过很多景区项目，一直想先从大的方面来说说“他们投资的景区”，任何生意或投资都会在发展过程中遇到问题，这是正常的，只不过在一些节点上还是需要有详细的市场预测与财务分析，至少要做到投资投得心里有数、回收做到心里有底。

还有一个就是我一直强调的，有多大资源就干多大的事！

表 4-11 景区外延转型布局

转型规划	受益标的
温泉度假区项目已接近尾声，已于 2017 年 1 月试运营	长白山
打造“田野牧歌”品牌，景区、索道、营地相结合，集民宿、精品酒店、度假村等模式于一体，转型休闲游	三特索道
募集配套资金打造大庸古城，转型休闲综合体	张家界
开发东黄山、打造山下小镇切入休闲游；花山谜窟休闲度假项目启动实施；与宏村景区开展合作	黄山旅游

续前表

转型规划	受益标的
募投峨眉山旅游文化中心，项目由"天下峨眉"演艺中心和旅游文化中心组成	峨眉山A
与宋城演艺成立合资公司打造漓江千古情项目（2018年已开业）	桂林旅游
本身已开发演艺业务，主打休闲游产品	宋城演艺、丽江旅游

资料来源：https://mp.weixin.qq.com/s/pzgRpAwSyH3jXI_M4fWJJA.

考核要求

1. 为避免高开低走，如果对一个具体的景区进行投资，你会考虑哪些因素？
2. 试分析一个具体景区成功的原因。

项目五

旅游企业营运资金管理

【知识目标】

（1）了解旅游企业营运资金的概念、特点以及管理的意义；

（2）了解现金管理的目的，熟知旅游企业持有现金成本的构成，掌握确定旅游企业最佳现金持有量的计算模式；

（3）了解旅游企业应收账款的含义和功能，熟知旅游企业应收账款的成本构成，掌握应收账款收账成本的核算；

（4）了解旅游企业存货的含义和管理目标，熟悉存货成本的构成，掌握最佳存货持有量的核算，了解存货的控制系统。

【技能目标】

掌握旅游企业最佳现金持有量的确定方法、应收账款的信用政策的决策方法、存货采购批量的决策方法，能够运用这些方法提高旅游企业营运资金的管理水平。

【素质目标】

能够站在旅游企业管理者的角度综合考虑全局，培养较好的综合判断及决策能力。

【引入案例】

缓解现金压力 多家旅游企业高管自降薪酬

为了缓解疫情对旅游行业的冲击，多家旅游企业高管宣布降薪。3月9日，携程集团CEO孙洁发布员工内部信称，从本月开始，她和携程集团联合创始人、董事局主席梁建章0薪，同时公司高管层也提出自愿降薪，最低半薪，直至行业恢复；其他员工暂缓涨薪；服务部一线员工可正常调涨薪资。此外，北京商报记者还了解到，不仅仅是携程，旅游业内包括华住集团、亚朵集团等多家企业创始人都宣布主动降薪。在业内人士看来，在疫情冲击下，旅游、酒店行业业务量大幅缩减，高管降薪也是企业缓解现金流的一种自救方式。

除了携程，华住集团创始人、董事长兼CEO季琦也通过邮件向全体员工表示，为了应对疫情带来的冲击，将自己的薪酬全部捐出，此外，华住班委薪酬打对折，华住合伙人薪酬打7折，华住VP以上干部参照执行。不过，华住不会通过裁员和减薪来应对危机。季琦还表示，“目前照此方法设定时间为2～3个月，或者疫情得到有效控制。如果疫情进一步恶化和蔓延，时间上进一步拉长，我们再相应地采取应对措施”。同样高管团队降薪的还包括亚朵集团，亚朵集团创始人兼CEO耶律胤近日发布公开信称，公司管理团队主动降薪，但是会首先保障一线伙伴的薪酬。

自疫情发生以来，大量游客集中变更行程，境内外机票、火车票、酒店、门票、用车、当地玩乐等全品类旅游产品均出现了大量退改要求。在此前的采访中，孙洁表示，疫情暴发后，携程电话呼入量增长了一二十倍，上亿人次退订，公司第一时间退款，垫资超10亿元量级。孙洁还指出："当下，国内疫情进入较为稳定的阶段，全球疫情仍前景未明，我们在对未来保有信心的同时，也要理性看待，做好长期战疫的准备。"

业内人士指出，目前旅游企业存在大量的退改订单，首先通过高管自降薪酬来保障一线员工，也有利于保持一线员工的积极性，目前来看，也是一种自救措施。

除了高管降薪，目前各家企业也都在想办法加速现金回流。在上周携程发布的"旅游复兴V计划"中，该企业不仅针对旅游行业复苏发布了目的地指数，给行业复苏"打气"，还宣布将于3月份首期上线"预约未来旅行"预售产品，以缓解资金压力。携程CMO孙波直言，"我们希望通过预售的方式帮助产业链上的合作伙伴提前回流现金，渡过疫情期最艰难的一段时间"。不仅如此，北京商报记者还了解到，如今典集团旗下红树林等酒店集团，也推出了超低价客房，通过预售旅游产品的方式试图加速资金回流。

尚游汇文旅董事长钟晖则认为，在疫情冲击下，旅游、酒店行业业务量大幅缩减，旅游企业可通过高管减薪，甚至与员工协商提成暂缓发放等方式来缩减支出，同时积极与顾客协商，尽量延长订单退款周期至2～3个月，给企业以喘息的机会。北京第二外国语学院中国文化和旅游产业研究院高级研究员王兴斌表示，现金流对于旅游企业至关重要，如何缩减开支渡过疫情难关成为当下的关键。

资料来源：https://baijiahao.baidu.com/s?id=1660678339024449924&wfr=spider&for=pc.

【问题】

1. 现金的持有量对公司来说有怎样的意义？

2. 如果你是公司的财务经理，针对公司的现金问题，你会向公司提出什么样的管理建议？

任务一

旅游企业营运资金概述

一、旅游企业营运资金的概念

旅游企业营运资金是指在企业生产经营活动中占用流动资产上的资金。营运资金有广义和狭义之分，广义的营运资金又称毛营运资本，是指一个企业流动资产的总额；狭义的营运资本是指一个公司维持日常经营所需的资金，通常指流动资产减去流动负债后的数额。本书所讲为狭义的营运资金。用公式表示为：

营运资金总额＝流动资产总额－流动负债总额

其中，流动资产主要是指可以在1年以内或超过1年的一个营业周期内变现或耗用的资产，主要包括货币资金、交易性金融资产、应收账款和存货等。流动负债是指需要在1年或者超过1年的一个营业周期内偿还的债务，主要包括短期借款、应付账款和应付票据等。

营运资金是流动资产的一个有机组成部分，因其具有较强的流动性而成为公司日常生产经营活动的润滑剂和衡量公司短期偿债能力的重要指标。在客观上存在现金流入量与流出量不同步和不确定的现实情况下，公司持有一定量的营运资金十分重要。

相比于工业企业，旅游企业流动资产的占用形态各不相同：

旅行社基本没有物资储备，也没有生产过程，其流动资产除了小部分表现为费用和工资外，绝大部分是货币资金和结算资金。旅游汽车公司的流动资产主要占用在燃料、汽车配件及工资和费用上。饭店和酒店的流动资产的占用主要是食品用原料、物料用品、商品和工资费用等。

二、旅游企业营运资金的特点

（1）周转时间短，筹资速度快。投资于流动资产的投资变现快，投资回收期短，对公司影响的时间比较短。正是基于这一特点，营运资金可以通过短期筹资方式（商业信用、银行借款等）加以解决。

（2）流动性强。相对于固定资产来说，非现金形态的营运资金容易变现，如遇特殊情况出现现金短缺，企业的存货、应收账款、短期有价证券容易变现，可迅速变卖流动资产以获取现金。这一点对公司应付临时性的资金需求有重要意义。

（3）时间上的并存性及数量上的波动性。流动资产在周转过程中，各种形态同时并存，所以合理配置各项流动资产比例是保证其顺利周转的必要条件。营运资金在使用过程中容易受内外条件的影响，数量的波动性较大。

（4）来源具有多样性。营运资金的来源主要通过短期筹资方式来解决，其筹集渠道有银行短期借款、短期融资、商业信用、票据贴现等多种方式。

（5）通过短期债务筹资，具有更大的灵活性。在正常情况下，短期负债筹资所发生的利息支出（成本）低于长期负债筹资的利息支出，但风险高于长期债务筹资。

三、旅游企业营运资金管理的意义

营运资金是企业资金总体中最具有活力的组成部分，企业的生存与发展在很大程度上是维系于营运资金的运转情况的。营运资金管理作为企业财务管理中一个重要的组成部分，其目标应与企业财务管理目标一致。通过有效的营运资金管理，可以在充分满足生产经营活动周转需要和企业财务安全性的前提下，一方面保证企业资金的充分流动性，以维持正常生产经营、良好的偿债能力、增强企业筹资能力；另一方面加快营运资金周转速度，减少持有成本，降低投资风险。旅游企业的流动资产通常占到总资产的 1/3～1/2，甚至有的旅行社能占到 2/3 左右。因此，旅游企业营运资金的管理水平总体经营将产生重大影响。

四、旅游企业营运资金的周转

营运资金周转又称营运资金的循环，是指公司的营运资金从现金投入生产经营开始，到最终转化为现金为止的过程。营运资金周转通常与现金周转密切相关，现金的周转过程（见图 5－1）主要包括三个内容：

第一，存货周转期，是指将原材料转化成产成品并出售所需要的时间；

第二，应收账款周转期，是指将应收账款转换为现金所需要的时间；

第三，应付账款周转期，是指从收到尚未付款的材料开始到现金支出之间所用的时间。

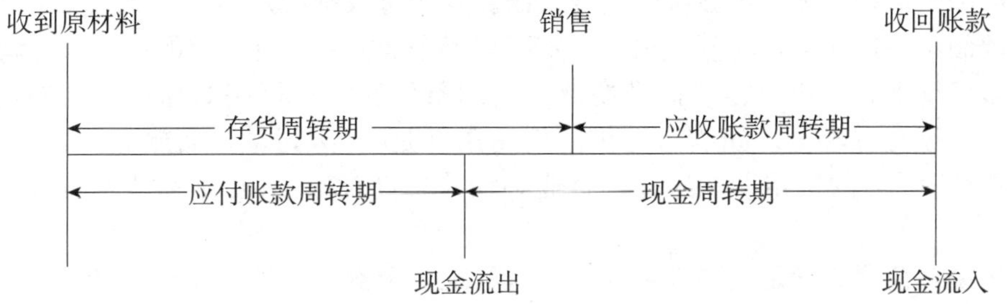

图 5-1　现金的周转过程

图 5-2 描述了一个旅游饭店营运资本的循环过程，企业购入菜品原材料之后经过加工制作成产成品菜品销售，产成品菜品被散客或者旅行社的团体购买，先赊销日后结账。在客户赊销的情况下，从销货到收回现金有一段时间耽搁。销售菜品所产生的现金可以用来支付给赊销菜品原材料的供应商。

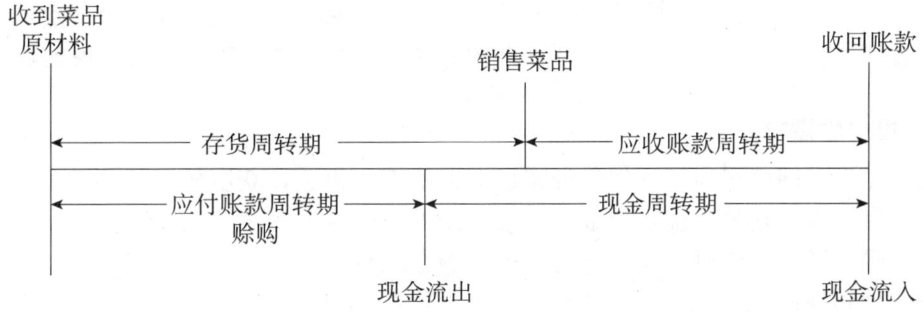

图 5-2　饭店的现金周转过程

任务二

旅游企业现金管理

现金是指在生产过程中暂时停留在货币形态的资金，包括库存现金、银行存款、银行本票和银行汇票等。现金管理是旅游企业财务管理的重要组成部分。现金是变现能力最强的非营利性资产，也是收益性最弱的资产，对现金管理的过程就是在现金的流动性与收益性之间进行权衡选择的过程，其目的是在保证公司经营活动现金需要的同时降低公司闲置的现金数量，提高资金收益率。

一、旅游企业持有现金的目的

旅游企业持有一定数量的现金主要满足交易性需求、预防性需求和投机性需求。

（一）交易性需求

交易性需求是指企业在正常生产经营秩序下应当保持一定的现金支付能力，因为企业组织日常生产经营活动需要一定数额的现金余额。企业每天都会发生许多支出和收入，这些支出和收入数额不一定相等，时间上也不一定匹配，企业需要持有一定的现金来协调。

在许多情况下，企业向客户提供的商业信用条件和它从供应商那里获得的信用条件不同，使企业必须持有现金。如酒店提供的信用条件是 30 天付款，而旅行社迫于竞争压力，则向顾客提供 45 天的信用期，这样，企业必须筹集满足 15 天正常运营的资金来维持企业运转。

一般来说，公司为满足交易性需求所持有的现金余额主要取决于公司的销售水平。公司销售扩大，销售额增加，所需现金余额也随之增加。

（二）预防性需求

预防性需求是指留存现金以防发生意外而产生的支付。公司有时会出现意想不到的开支，如旅游饭店因违规经营而产生的罚款，2020 年初因新冠肺炎疫情导致的订单退款等。现金流量的不确定性越大，预防性现金的数额也应越大；反之，公司现金流量的可预测性强，预防性现金数额则可小些。此外，预防性现金数额还与公司的借款能力有关，如果公司能够很容易地随时借到短期资金，也可以减少预防性现金的数额；反之，则应扩大预防性现金数额。

（三）投机性需求

投机性需求，即公司为了抓住各种瞬息即逝的市场机会，获取较大的利益而准备的现金余额。投机性需求只是公司确定现金余额时所需考虑的次要因素之一，其持有量的大小往往与公司在金融市场的投资机会及公司对待风险的态度有关。

通过现金管理使现金收支不但在数量上，而且在时间上相互衔接，对于保证公司经营活动的现金需要，降低公司闲置的现金数量，提高资金收益率具有重要意义。

二、持有现金的成本

（一）机会成本

机会成本是指企业持有一定数量的现金而放弃了其他投资机会可能获得的最大收益，也就是持有现金的机会成本，它与现金持有量成正比例关系，即现金持有量越大，机会成本越大，反之就越小。企业持有现金的机会成本在数额上等于资金成本。例如：某企业的资本成本为 5%，年均持有现金 100 万元，则该企业每年持有的现金的机会成本为 100×5%=5 万元。

（二）管理成本

管理成本是指企业因持有一定数量的现金而发生相关管理费用，如管理人员工资、安全措施费等。一般认为，这部分费用在一定范围内与现金持有量之间没有明显的比例关系。

（三）转换成本

转换成本是指企业购入有价证券以及转让有价证券换取现金时支付的固定性交易费用，

比如委托买卖佣金、委托手续费、证券过户费、实物交割手续费等。现金持有量的不同，是通过证券变现次数对转换成本产生影响的。在现金需要量一定的情况下，现金持有量越多，证券变现次数就越少，需要的转换成本也就越小。

（四）短缺成本

短缺成本是指在现金持有量不足又无法及时通过有价证券变现加以补充而给企业造成的损失，包括直接损失和间接损失。现金的短缺成本与现金持有量呈反方向变动关系，即随现金持有量的增加而下降，随现金持有量的减少而上升。

三、确定最佳现金持有量

（一）成本分析模式

成本分析模式是根据现金有关成本，分析预测其总成本最低时现金持有量的一种方法。运用成本分析模式确定现金最佳持有量，只考虑因持有一定量的现金而产生的机会成本、短缺成本和管理成本，而不考虑转换成本。机会成本即因持有现金而丧失的再投资收益，与现金持有量呈正比例变动关系，用公式表示即：

机会成本＝平均现金持有量×有价证券利率（或报酬率）

平均现金持有量＝最佳现金持有量/2

短缺成本与现金持有量呈反方向变动关系。现金成本同现金持有量之间的关系如图 5－3 所示。

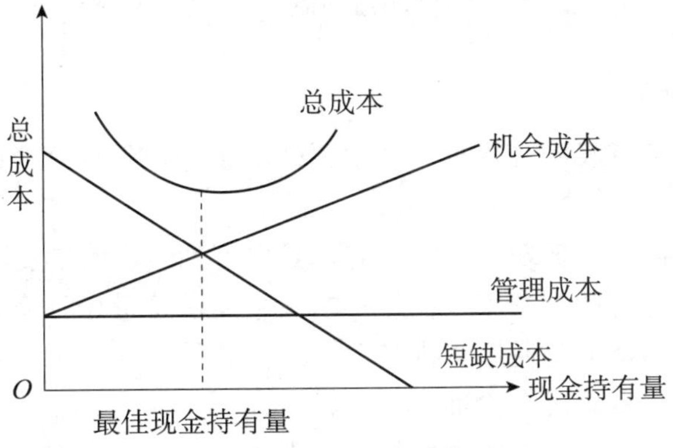

图 5－3　成本分析模式示意图

从图 5－3 可以看出，由于各项成本同现金持有量的变动关系不同，使得总成本曲线呈抛物线形，抛物线的最低点，即为成本最低点，该点所对应的现金持有量便是最佳现金持有量，此时总成本最低。

运用成本分析模式确定最佳现金持有量的步骤是：

（1）根据不同现金持有量测算并确定有关成本数值；

（2）按照不同现金持有量及其有关成本资料编制最佳现金持有量测算表；

（3）在测算表中找出总成本最低时的现金持有量，即最佳现金持有量。

在这种模式下，最佳现金持有量，就是持有现金而产生的机会成本与短缺成本之和最小时的现金持有量。现金持有量在一定范围内变化时，管理成本为固定金额，因此在计算最佳现金持有量时可以不予考虑。

【例题5-1】 某酒店现有甲、乙、丙、丁四种现金持有方案，有关成本资料如表5-1所示。

表5-1 现金持有量备选方案

单位：元

项目	甲	乙	丙	丁
平均现金持有量	100 000	200 000	300 000	350 000
机会成本率	15%	15%	15%	15%
短缺成本	45 000	23 000	15 000	10 000

根据表5-1，采用成本分析模式编制该酒店最佳现金持有量测算表，如表5-2所示。

表5-2 最佳现金持有量测算表

单位：元

方案及平均现金持有量	机会成本	短缺成本	相关总成本
甲（100 000）	15 000	45 000	60 000
乙（200 000）	30 000	23 000	53 000
丙（300 000）	45 000	15 000	60 000
丁（350 000）	52 500	10 000	62 500

通过计算以上各方案的相关总成本，分析得出乙方案总成本最低，因此，该酒店平均持有200 000元现金时，总代价最低。所以400 000元为现金最佳持有量。

（二）存货分析模式

存货分析模式是将存货经济订货批量模型原理用于确定目标现金持有量，其着眼点也是现金相关成本之和最低。

运用存货分析模式确定最佳现金持有量时，是以下列假设为前提的：

（1）企业在未来一定时期（一年或一月）的现金需求总量相对稳定且可以准确预测。

（2）对现金持有量的调节是通过买进与卖出有价证券来完成的，即现金持有过多将买进有价证券，现金持有过少将卖出有价证券。

（3）现金的收入定期发生且每次金额相等，现金支出在一定时期内均衡发生，直至现金持有量为零。如图5-4所示。

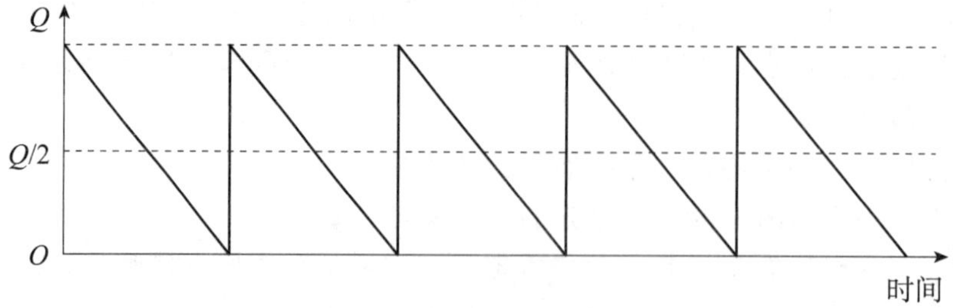

图5-4 一段时间内现金持有情况

利用存货分析模式计算现金最佳持有量时，对管理成本和短缺成本不予考虑，只对机会成本和转换成本予以考虑。机会成本和转换成本随着现金持有量的变动而呈现相反的变动趋向，因而能够使现金管理的机会成本与转换成本之和保持最低的现金持有量，即为最佳现金持有量。

设 T 为一个周期内现金总需求量；F 为每次转换有价证券的固定成本；Q 为最佳现金持有量（每次证券变现的数量）；K 为有价证券利息率（机会成本）；TC 为现金管理相关总成本。则：

现金管理相关总成本＝持有机会成本＋转换成本

即：

$$TC=(Q/2)\times K+(T/Q)\times F$$

现金管理相关总成本与持有机会成本、转换成本的关系如图 5－5 所示。

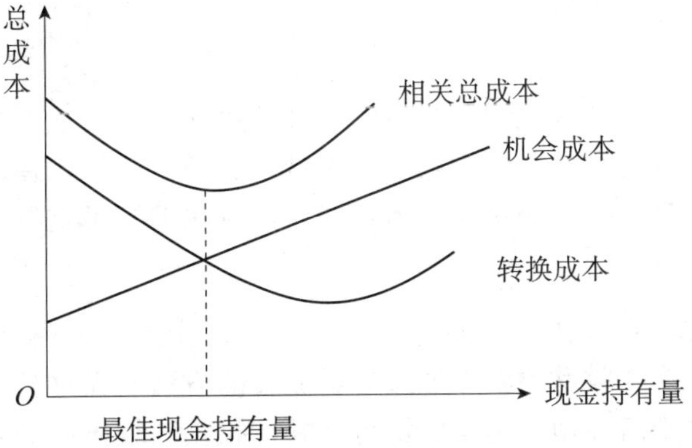

图 5－5　存货分析模式示意图

从图 5－5 可以看出，现金管理的相关总成本与现金持有量呈凹形曲线关系。持有现金的机会成本与证券变现的交易成本相等时，现金管理的相关总成本最低，此时的现金持有为最佳现金持有量，即：

$$Q=\sqrt{\frac{2TF}{K}}$$

将上式代入总成本计算公式，得到最低现金管理相关总成本为：

$$TC=\sqrt{2TFK}$$

【例题 5－2】某旅行社现金收支状况比较稳定，预计一个月需要现金 20 万元，现金与有价证券的转换成本为每次 40 元，有价证券的月利率为 1%，则：

$$\text{最佳现金持有量 } Q=\sqrt{\frac{2TF}{K}}=\sqrt{\frac{2\times 200\ 000\times 40}{1\%}}=40\ 000(\text{元})$$

$$\text{最低现金管理相关总成本 } TC=\sqrt{2TFK}=\sqrt{2\times 200\ 000\times 40\times 1\%}=400(\text{元})$$

（三）随机模式

在实际工作中，企业现金流量往往具有很大的不确定性。随机模式是企业在现金需求量难以预知的情况下进行现金持有量控制的方法。因为现金流量波动是随机的，所以企业只能根据历史经验和现实需求对现金持有量确定一个控制区域，定出上限和下限。当企业现金余额在区域之间波动时，表明企业现金持有量处于合理水平，无须进行调整。当现金量达到上限时，则用现金购入有价证券，当现金量下降到下限时，则需卖出部分证券使现金持有量回升。

四、现金收支日常管理

旅游企业现金的日常管理主要涉及两个方面，即现金的收入与支出的管理。

（一）现金收入的管理

公司现金收入的主要途径就是公司账款的回收。现金回收管理的目的是尽快收回现金，加速现金的周转。为此，公司应根据成本与收益比较原则选用适当方法加速账款的收回。

现金收入管理主要有以下方法：

1. 邮政信箱法

又称锁箱法，是西方公司加速现金流转的一种常用方法。公司可以在各主要城市租用专门的邮政信箱，并开立分行存款户，授权当地银行每日开启信箱，在取得客户支票后立即予以结算，并通过电汇将货款拨给公司所在地银行。该方法缩短了支票邮寄及在公司的停留时间，但成本较高。

2. 银行业务集中法

这是一种通过建立多个收款中心来加速现金流转的方法。在这种方法下，公司指定一个主要开户行（通常是总部所在地）为集中银行，并在收款额较集中的若干地区设立若干个收款中心；客户收到账单后直接汇款到当地收款中心，中心收款后立即存入当地银行；当地银行在进行票据交换后立即转给公司总部所在地银行。

3. 现金折扣、折让激励法

公司在尽快收回款项的情况下，给予客户的一种优惠政策，如 10 天内付款，给予客户 2%的折扣，20 天内付款给予 1%的折扣，30 天内付款不给予折扣等。采用此种方法，公司必须进行精确的预测和分析，从而确定出一个令公司和客户双方都能满意的折扣或折让比率。

4. 大额款项专人处理法

通过设立专人负责制，提高办事效率，从而加速现金流转速度。这种方法必须保持人员的相对稳定，要方便、快捷。其优点是便于管理，缺点是缩短的时间相对较少，且也会增加相应的现金成本。

（二）现金支出的管理

现金日常管理的另一个方面就是决定如何使用现金。公司应根据风险与收益权衡原则选用适当的方法延期支付账款。与现金收入管理相反，现金支出管理的主要任务是尽可能延缓现金的支出时间。延期支付账款的方法一般有以下几种：

（1）合理利用“浮游量”。所谓现金的“浮游量”是指公司账户上现金余额与银行账户上显示的存款余额之间的差额。

（2）推迟支付应付款。公司可在不影响信誉的情况下，尽可能推迟应付款的支付期。

（3）采用汇票付款。在使用支票付款时，只要受票人将支票存入银行，付款人就要无条件地付款。但汇票不一定是“见票即付”的付款方式，这样就有可能合法地延期付款。

（4）分期付款法。在客户允许的前提下，采用对大额分期付款法、小额按时足额支付的方法。采用分期付款的方法时，一定要妥善拟订分期付款计划，通知客户，且必须确保按计划履行付款义务，这样就不会失信于客户。

（5）改进工资支付方法。在银行单独开设一个专供支付职工工资的账户，最大限度地避免工资现金在同一时间提取，有利于公司摆脱现金周转困难时陷入危机。

任务三

旅游企业应收账款管理

一、应收账款的含义和功能

应收账款是指公司因对外赊销产品、材料、供应劳务等应向购货或接收劳务的单位收取的款项。随着国内外旅游企业竞争加剧，许多旅游企业为了扩大营业额招揽更多客户，在结算上使用赊销的方式。旅游企业在采取赊销方式促进销售、减少存货的同时，会因持有应收账款而付出一定的代价，主要包括机会成本、管理成本、坏账成本，但同时也会因销售增加而产生一定的收益。信用政策的制定就是在成本与收益比较原则的基础上，做出信用标准、信用条件和收账政策的具体决策方案。旅游企业还应通过采取应收账款的管理措施，主要包括客户资信调查、应收账款日常管理工作、应收账款事后管理，降低坏账损失风险。

应收账款的功能指其在生产经营中的作用，主要有以下两个方面：

（一）增加销售的功能

在激烈的市场竞争中，通过提供赊销可有效地促进旅游企业的销售。因为企业提供赊销不仅向顾客提供了商品，也在一定时间内向顾客提供了购买该商品的资金，顾客将从赊销中得到好处。所以赊销会增加企业销售收入和利润，特别是在企业销售新产品、开拓新市场时，赊销能够拉开与其他同类旅游企业的差距。

（二）减少存货的功能

旅游企业持有产成品存货会相应地占用资金，形成仓储费用、管理费用等，产生成本，而赊销则可避免这些成本的产生。所以，当产成品存货较多时，一般会采用优惠的信用条件进行赊销，将存货转化为应收账款，减少产成品存货，存货资金占用成本、仓储与管理费用等会相应减少，从而提高企业收益。

二、应收账款的成本

（一）机会成本

应收账款的机会成本是指因资金投放在应收账款上而丧失的其他收入，如投资于有价证券便会有利息收入。这一成本的大小通常与公司维持赊销业务所需要的资金数量（即应收账款投资额）、资金成本率有关。其计算公式为：

应收账款机会成本＝维持赊销业务所需要的资金×资金成本率

式中资金成本率一般可按有价证券利息率计算；维持赊销业务所需要的资金数量可按下列步骤计算：

1. 计算应收账款平均余额

$$\text{应收账款平均余额}=\frac{\text{年赊销额}}{360}\times\text{平均收账天数}$$
$$=\text{平均每日赊销额}\times\text{平均收账天数}$$

式中，平均收账天数是指各种收账天数的加权平均数。

2. 计算维持赊销业务所需要的资金

$$\text{维持赊销业务所需要的资金}=\text{应收账款平均余额}\times\text{变动成本率}$$
$$=\text{应收账款平均余额}\times\frac{\text{变动成本}}{\text{销售收入}}$$

【例题 5－3】某旅行社预测年度赊销额为 9 000 000 元，应收账款平均收账天数为 30 天，变动成本率为 60%，资金成本率为 10%，则应收账款机会成本计算得：

应收账款平均余额＝9 000 000/360×30＝750 000（元）

维持赊销业务所需要的资金＝750 000×60%＝450 000（元）

应收账款机会成本＝450 000×10%＝45 000（元）

（二）管理成本

管理成本即对应收账款进行日常管理而耗费的开支，主要包括对客户的资信调查费用、应收账款账簿记录费用、收账费用等。

（三）坏账成本

坏账成本，即因应收账款无法收回而给公司带来的损失。这一成本一般与应收账款数量同方向变动，即应收账款越多，坏账成本也越多。坏账成本计算公式如下：

应收账款的坏账成本＝赊销额×预计坏账损失率

基于此，为规避发生坏账成本给公司生产经营活动的稳定性带来不利影响，公司应合理提取坏账准备。

三、应收账款管理的影响因素

（一）信用标准的确定

信用标准是旅游企业允许赊销的客户获得企业所提供信用所达到的最低条件，通常以预期的坏账损失率表示。影响信用标准的基本因素包括：同行业竞争对手的情况、公司承担风险的能力、客户的资信程度。

1. 信用标准的评价

公司对客户的信用标准通常从客户的品质（Character）、能力（Capacity）、资本（Capital）、抵押（Collateral）、条件（Condition）五个方面进行评价，即“5C模型”。

（1）品质，是指客户的信誉，即履行偿债义务的可能性。因此，公司必须设法了解客户过去的付款记录，看其是否有按期如数付款的一贯做法及与其他供货单位的关系是否良好，这一点经常被视为评价客户信用的首要因素。

（2）能力，是指客户的偿债能力，即其流动（或速动）资产的数量和质量以及与流动负债的比例。客户的流动资产越多，其转换为现金支付款项的能力越强。同时，还应注意客户流动资产的质量，看是否有存货过多、过时或质量下降，影响其变现能力和支付能力的情况。

（3）资本，指客户的财务实力和财务状况，表明客户可能偿还债务的背景。管理者通过对方公司的财务比率所反映的公司资产构成状况进行判断，其中有形资产在总资产中所占的比率是非常重要的指标。

（4）抵押，是指客户拒付款项或无力支付款项时能被用作抵押的资产。对于信用状况有争议的客户尤其重要，一旦收不到这些客户的款项，便以抵押品抵补。如果这些客户提供足够的抵押，就可以考虑向他们提供相应的信用。

（5）条件，是指可能影响客户付款能力的经济环境。

2. 进行信用标准分析的三个步骤

（1）设定信用等级的评价标准，即根据对客户信用资料的调查分析，确定评价信用优劣的数量标准，以一组具有代表性、能够说明付款能力和财务状况的若干比率（如流动比率、速动比率、应收账款平均收账天数、存货周转率、资产负债率等）作为信用风险指标，根据数年内最坏年景的情况，分别找出信用好和信用差的两类客户的上述比率的平均值，依此作为比较其他客户的信用标准。

（2）利用既有或潜在客户的财务报表数据，计算各自的指标值，并与上述标准比较。比较的方法是：若某客户的某项指标值等于或低于差的信用标准，则该客户的拒付风险系数（坏账损失率）增加10个百分点；若客户的某项指标值介于好与差的信用标准之间，则该客户的拒付风险系数（坏账损失率）增加5个百分点；当客户的某项指标值等于或高于好的信用标准时，则视该客户的这一指标无拒付风险。最后，将客户的各项指标的拒付风险系数累加，即作为该客户发生坏账损失的总比率。

（3）进行风险排队，并确定各有关客户的信用等级。依据风险系数的分析数据，按照客户累积风险系数由小到大进行排序。然后，结合公司承受违约风险的能力及市场竞争的需要，具体划分客户的信用等级，如累计拒付风险系数在5%以内的为A级客户、在5%～10%之间的为B级客户等。对于不同信用等级的客户，分别采取不同的信用对策，包括拒绝或接受客户信用订单，以及给予不同的信用优惠条件或附加某些限制条款等。

（二）信用条件的决策

信用条件就是指公司接受客户信用订单时所提出的付款要求，主要包括信用期限、折扣期限及现金折扣率等。信用标准是公司评价客户等级，决定给予或拒绝客户信用的依据，一旦公司决定给予客户信用优惠，就需要考虑具体的信用条件。信用条件的基本表现方式如“2/10，1/20，n/30”等。

影响信用条件的因素有：

1. 信用期限

信用期限是指公司允许客户从购货到支付货款的时间间隔。公司产品销售量与信用期限之间存在一定的依存关系。通常，延长信用期限可以在一定程度上扩大销售量，从而增加毛利。但不适当地延长信用期限，会给公司带来不良后果：一是使平均收账期延长，占用在应收账款上的资金相应增加，引起机会成本增加；二是引起坏账损失和收账费用的增加。因此，公司是否给客户延长信用期限，应视延长信用期限增加的边际收入是否大于增加的边际成本而定。

2. 现金折扣和折扣期限

延长信用期限会增加应收账款占用的时间和金额。许多公司为了加速资金周转，及时收回货款，减少坏账损失，往往在延长信用期限的同时，采用一定的优惠措施。即在规定的时间内提前偿付货款的客户可按销售收入的一定比率享受折扣。现金折扣实际上是对现金收入的扣减，公司决定是否提供以及提供多大程度的现金折扣，着重考虑的是提供折扣后所得的收益是否大于现金折扣的成本。

公司究竟应当核定多长的现金折扣期限，以及给予客户多大程度的现金折扣优惠，必须将信用期限及加速收款所得到的收益与付出的现金折扣成本结合起来考虑。同延长信用期限一样，采取现金折扣方式在有利于刺激销售的同时，也需要付出一定的成本代价，即给予现金折扣造成的损失。如果加速收款带来的机会收益能够绰绰有余地补偿现金折扣成本，公司就可以采取现金折扣或进一步改变当前的折扣方针，如果加速收款的机会收益不能补偿现金折扣成本的话，现金优惠条件便被认为是不恰当的。

（三）收账政策的确定

收账政策也称收账措施，是指企业针对客户违反信用条件，拖欠甚至拒付账款所采取的收账策略与措施。在旅游企业向客户提供商业信用时，必须考虑三个问题：客户是否会拖欠或拒付账款，程度如何；怎样最大限度地防止客户拖欠账款；一旦账款遭到拖欠甚至拒付，企业应采取怎样的对策。

从理论上讲，履约付款是客户不容置疑的责任与义务，债权企业有权通过法律途径要求客户履约付款。但如果企业对所有客户拖欠或拒付账款的行为均诉诸法律，往往并不是最有效的办法，因为企业解决与客户账款纠纷的目的，主要不是争论谁是谁非，而在于怎样最有成效地将账款收回。实际上，各个客户拖欠或拒付账款的原因是不尽相同的，许多信用品质良好的客户也可能出于某些原因而无法如期付款。此时，如果企业直接向法院起诉，不仅需要花费相当数额的诉讼费，而且除非法院裁决客户破产，否则效果往往也很不理想。所以，通过法院强行收回账款一般是企业不得已而为之的最后办法。基于这种考虑，企业如果能够同客户商量折中的方案，也许能够将大部分账款收回。

当账款被客户拖欠或拒付时，企业应当首先分析现有的信用标准及信用审批制度是否存在纰漏；重新对违约客户的资信等级进行调查、评价。将信用品质恶劣的客户从信用名单中删除，对其所拖欠的款项可先通过信函、电讯或者派员前往等方式进行催收，态度可以逐渐强硬，并提出警告。当这些措施无效时，可考虑通过法院裁决。为了提高诉讼效果，可以与其他经常被该客户拖欠或拒付账款的企业联合向法院起诉，以增强该客户信用品质不佳的证据力。对于信用记录一向正常的客户，在去电、去函的基础上，不妨派人与客户直接进行协商，彼此沟通意见，达成谅解妥协，既可密切相互间的关系，又有助于较为理想地解决账款拖欠问题，并且一旦将来彼此关系置换，也有一个缓冲的余地。当然，如果双方无法取得谅解，最后也只能诉诸法律。

旅游企业对拖欠的应收账款，无论采用何种方式进行催收，都需要付出一定的代价，即收账费用，如收款所花的邮电通信费、派专人收款的差旅费和不得已时的法律诉讼费等。旅游企业为了扩大销售，增强竞争能力，往往对客户的逾期未付款项规定一个允许的拖欠期限，超过规定的期限，企业就应采取各种形式进行催收。如果企业制定的收款政策过宽，会导致逾期未付款项的客户拖延时间更长，对企业不利；收账政策过严，催收过急，又可能伤害无意拖欠的客户，影响企业未来的销售和利润。因此，旅游企业在制定收账政策时，要权衡利弊，掌握好宽严界限。

一般而言，旅游企业加强收账管理，及早收回货款，可以减少坏账损失，减少应收账款上的资金占用，但会增加收账费用。因此，制定收账政策就是要在增加收账费用与减少坏账损失、减少应收账款机会成本之间进行权衡，若前者小于后者，则说明制定的收账政策是可取的。

【例题 5-4】已知某旅游企业应收账款原有的收账政策和拟改变的收账政策如表 5-3 所示。假设资金利润率为 15%，根据表 5-3 中的资料，计算两种方案的收账总成本，如表 5-4 所示。

表 5-3　收账政策备选方案资料

项目	现行收账政策	拟改变的收账政策
年收账费用（万元）	90	120
应收账款平均收账天数（天）	60	40
坏账损失占赊销额百分比（%）	3	2
赊销额（万元）	9 000	9 000
变动成本率（%）	60	60

表 5-4　收账政策分析评价表　　单位：万元

项目	现行收账政策	拟改变的收账政策
赊销额	9 000	9 000
应收账款平均收账天数（天）	60	40
应收账款平均余额	9 000÷360×60=1 500	9 000÷360×40=1 000
应收账款占用的资金	1 500×60%=900	1 000×60%=600
收账成本：		
应收账款机会成本	900×15%=135	600×15%=90
坏账损失	9 000×3%=270	9 000×2%=180
年收账费用	90	120
收账总成本	495	390

表 5-4 的计算结果表明，从机会成本与坏账损失之和来看，拟改变的收账政策比现行收账政策少 135 万元；从年收账费用来看，拟改变的收账政策比现行收账政策多 30 万元；但从总体来看，拟改变的收账政策比现行收账政策少 105 万元。所以，改变收账政策是可行的。

影响企业信用标准、信用条件及收账政策的因素很多，如销售额、赊销期限、收账期限、现金折扣、坏账损失、过剩生产能力、信用部门成本、机会成本、存货投资等的变化；这就使得信用政策的制定更为复杂。一般来说，理想的信用政策就是企业采取或松或紧的信用政策时所带来的收益最大的政策。

四、应收账款日常管理

（一）做好客户资信调查

企业在赊销前对客户进行资信调查，主要解决以下几个问题：能否和该客户进行商品交易；数量的多少，每次信用额控制在多少为宜；采用什么样的交易方式、付款期限和保障措施。

一般来说，客户的资信程度通常取决于上述所说的“5C”，即客户的品质、能力、资本、抵押和条件，这五个方面的信用资料可以通过以下途径取得：客户的财务报表、信用评级报告或向有关国家机构核查、商业交往信息。对于取得的资料进行整理后，将所有客户按照资信情况确定不同的信用等级，企业在销售时采取不同的销售策略及结算方式。一般地，企业在规定信用期限的同时，往往会附有现金折扣条件，即客户若在规定期限内付款，可享受一定的折扣优惠，无非是希望客户能尽早支付货款，但要注意把握好度，即提供折扣应以取得的收益大于现金折扣的成本为宜。

（二）加强应收账款的日常管理工作

主要做好以下工作：做好基础记录，了解客户付款的及时程度；检查客户是否突破信用额度；掌握客户已过信用期限的债务，以便及时采取措施与客户联系提醒其尽快付款；分析应收账款周转率和平均收账期；对坏账损失的可能性预先进行估计，积极建立弥补坏账损失的准备制度；编制账龄分析表，检查应收账款的实际占用天数等。

（三）加强应收账款的事后管理

主要做好两个工作：一是确定合理的收账程序，二是确定合理的讨债方法。

案例 5-1

中小企业遭遇现金流大考，90%不合格

疫情就如一面“放大镜”，放大了每一家企业的财务报表。

近日，清华、北大联合调研了 995 家中小企业的现状，其中一项是：如果不开工，企业还能维持多久？

数据显示，34％的企业只能维持1个月，17.91％的企业能维持3个月，仅9.96％的企业能维持6个月及以上。

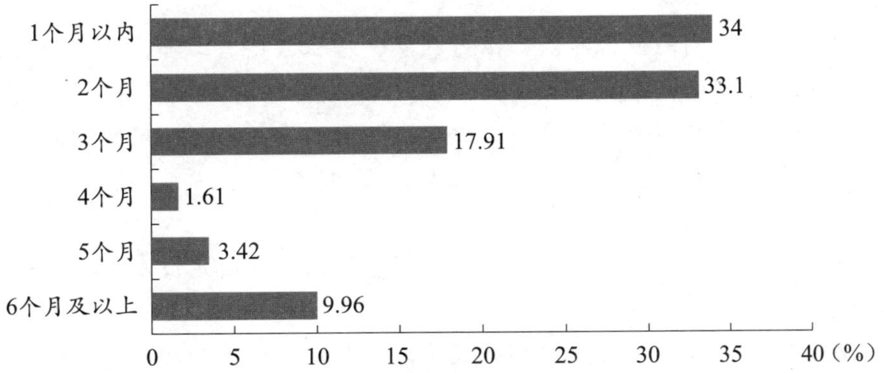

图5-6　现金维持时间（占比）

几乎所有的数据都指向了三个字——现金流。

企业应储备多少现金流，一方面看公司所在行业，另一方面看公司的行业地位。

从行业看，餐饮、工程类公司的现金流储备往往比较少，而白酒、医药公司的现金流一般比较充沛。

从行业地位看，在行业内部拥有优势地位，现金流的储备就会相对较少。比如格力电器在行业内拥有强势地位，有许多应付账款，而应收账款较少。

为了保持现金流，企业有以下几个方面可以做：

1. 寻求股东融资

股东拿钱进来之后，有两种处理方法。一种是股东追加投资，这会影响股权结构，很多公司可能不会轻易这么做。另一种是把这部分资金当作股东的借款，给股东一个高利率，等度过危机后再连本带利还给股东。就算公司倒闭，股东借款的偿还优先级是在股权之上的，这也会保护股东的利益。

2. 尽快卖出存货

存货打折出售换成现金，这可能需要牺牲一点利润。

3. 向客户预收款

假如你是做连锁火锅店的，可以向顾客卖储值卡，一次性储值2 000元，以后吃火锅打6折（大幅高于平日折扣）。

未来会损失一些利润，但短期可以通过预收款获得一些现金流来救命。

4. 提前收回应收款项

应收款项会遇到的问题是：别人家也没米下锅了，怎么办？可以借助三个金融工具。

第一，应收账款质押贷款，把应收账款的收款权抵押给银行，做短期的贷款融资，日后要按约定期限偿还贷款和利息。

第二，应收账款保理，把应收账款转让给银行或者保理公司，他们会根据风险折掉一部分资金成本后，把剩下的资金先行给你。做保理后，应收账款的所有权就转让给了银行或者保理公司，到期由他们直接收回款项。

第三，应收票据贴现，用未到期的应收票据来向银行融通资金，银行会按票据的应收金额，扣除一定期间的贴现利息后将余额支付给你。

5. 延期支付应付款项

指的是在一定期限内的应付账款、银行利息、房租、员工工资、社保费用等。这块可以密切关注所在省市的一些政策。

另外，如果一些员工不着急用钱，可以延期领取工资，支付一定的利息，比如年化12%，相当于员工把工资放在企业这里做理财了。

6. 削减酌量性固定成本

新产品开发费、营销费、广告费、职工培训费等酌量性固定成本，特殊时期可以适当削减。

以上6种办法都能起到作用，但都有代价，要么需要牺牲利润，要么需要支付额外的资金成本，但都是为了救命，先救命，再争取时间治病。

资料来源：https://mp.weixin.qq.com/s/Zm9Ber8fekoxXtsajMS-CQ.

任务四

旅游企业存货管理

一、存货的含义和管理目标

存货是公司在生产经营过程中为销售或者耗用而储备的物资。它包括商品、材料、燃料、低值易耗品、在产品、半成品、产成品等，是公司资产的重要组成部分，对公司生产经营活动的正常进行有着举足轻重的作用。它是联系供应、生产与销售的重要环节，是促进公司生产工序和生产阶段相衔接，保证生产经营连续不断进行的必要条件。就旅游企业而言，存货主要包括原材料、燃料、低值易耗品、物料用品及商品等，其中，饭店业是旅游企业中存货占流动资产比重最大的。

（1）原材料，是指旅游、餐饮服务企业在库和在途的用于生产、加工服务的各种原材料，包括餐饮企业、饭店等库存的食品原材料，以及进行生产加工服务的照相、洗染、修理等企业库存的原材料等。

（2）燃料，是指旅游、餐饮服务企业在库和在途的液体、固体和气体等各种燃料，如生产加工、取暖烧水等耗用的煤、柴、焦炭、液化气、石油等。

（3）低值易耗品，是指旅游、餐饮服务企业不作为固定资产核算的各种用具、家具，如工具、管理用具、玻璃器皿，以及在经营过程中周转使用的包装容器等。

（4）物料用品，是指旅游、餐饮服务企业在库和在途的除原材料、燃料、低值易耗品以外的其他物料用品，包括企业的日常用品、办公用品、包装物品、日常维修用材料、零配件等。

(5) 商品，是指旅游、餐饮服务企业在库和在途的各种商品，包括饭店商品部、餐饮部或附设商场等库存的各种商品；餐饮企业附设小卖部库存的商品等。

一般来说，公司由于存货投资，可以避免生产脱节和产品脱销的损失，不仅有利于生产过程的顺利进行，节约采购费用和生产时间，而且能够迅速满足客户各种订货需要，为公司的生产与销售提供较大的机动性，避免了因存货短缺带来的损失，实际上是为公司增加了利润。然而由于存货投资的存在，不仅增加了资金的占用，而且相应地引起了一系列管理费用的发生。因此，需要从价值的角度管理存货，既保证适量的存货储备，满足生产经营活动的需要，避免存货过多而积压资金，同时又储备了足够的存货，避免存货不足而严重耽误生产和影响销售，影响公司的声誉。由此可见，旅游企业存货管理是指旅游企业对存货资产的计划和控制，以保证旅游企业生产经营活动的正常进行，同时又能减少存货资金占用，加速资金周转。

二、存货的成本

旅游企业储备存货必须付出一定的代价，这一代价限制了企业的存货量，它就是存货的成本。存货成本一般包括以下几个方面。

(一) 采购成本

采购成本是指存货的买价、运输费以及其他为把存货送交公司而花费的成本开支，也就是为了购买存货本身所支出的成本。采购成本用 DU 表示，其中 D 为年需要量，U 表示单价。

(二) 订货成本

订货成本是指为订购存货而发生的成本。当存货是从外部购入时，订货成本是指订购费用，如采购材料时的出差费等；如果存货购自公司内部，则是指安排生产各种存货的费用。订货成本中有一部分与订货次数无关，如常设采购机构的基本开支等，称为订货的固定成本，用 F_1 表示；另一部分与订货次数有关，如差旅费、邮资等，称为订货的变动成本。每次订货的变动成本用 K 表示；订货次数等于存货年需要量 D 与每次进货量 Q 之商。订货成本的计算公式为：

$$\text{订货成本} = F_1 + \frac{D}{Q}K$$

可以看出，订货成本与订货的数量无关，而与订货的次数有密切的联系。在一定时期、一定需求总量下，订货次数多，订货总成本就高；而订货次数少，订货总成本就低。公司想要降低订货成本，就应该设法扩大每次采购的存货批量，从而减少总的订货次数。

对于旅游企业来说，存货的取得成本（通常用 TC_a 表示）是订货成本和采购成本之和，其公式可以表达为：

取得成本＝订货成本＋采购成本

＝订货固定成本＋订货变动成本＋采购成本

$$TC_a = F_1 + \frac{D}{Q}K + DU$$

（三）储存成本

储存成本是指存货在储备过程中发生的仓库保管费、保险费、存货资金占用所支付的利息等，通常用 TC_c 表示。储存成本也分为固定成本和变动成本。固定储存成本与存货数量的多少无关，如仓库折旧、仓库职工的固定工资等，常用 F_2 表示。变动储存成本与存货的数量有关，如存货资金的应计利息、存货的破损和变质损失、存货的保险费用等，单位变动储存成本用 K_c 来表示。用公式表达的储存成本为：

储存成本＝固定储存成本＋变动储存成本

$$TC_c = F_2 + K_c \frac{Q}{2}$$

可以看出，在一定时期内，公司要降低订货成本，就应该设法压缩每次存货的采购数量，增加采购次数，从而尽可能降低平均存货量，以达到降低储存成本的目的。

（四）短缺成本

短缺成本是指由于存货短缺，导致生产经营中断而给公司带来的损失，用 TC_s 表示。从公司内部来看，如果由于某种原材料短缺而使其整个生产线停工，将会导致生产损失与完工日期的延误；从公司外部来看，如果客户不能如期得到它的全部订货，将会导致延期交货成本，不仅使公司丧失当前的销售收益，而且还可能使公司的商誉受损，给公司未来的经营成果造成损失。因此，尽管短缺成本通常很难准确地估量，但对于存货管理决策的影响却是很大的。

如果以 TC 表示储备存货的总成本，则计算公式为：

$$TC = TC_a + TC_c + TC_s = F_1 + \frac{D}{Q}K + DU + F_2 + K_c \frac{Q}{2} + TC_s$$

从对存货成本的分析研究可以看出，各项成本之间既相互联系，又相互制约，某项成本的降低，往往又造成另一项成本的增大。因此，公司不可能使所有的成本都达到最低。对存货成本研究的目的是在保证公司正常生产经营所需存货量的前提下，使各项成本总和即总成本达到最低。

三、最佳存货量的确定

在公司的存货管理中，主要是对存货数量的控制，根据生产经营计划，对各种存货的使用和周转状况进行组织、调节，将存货数量保持在一个合理的水平上。

（一）经济订货基本模型

如前所述，保持存货就必定会发生费用支出，也就是持有存货成本，它既包括与存货数量有关的储存成本，又包括与订货次数有关的订货成本。经济订货的批量就是在一定时期内使储存成本和订货成本之和最低时的存货数量。

1. 经济订货基本模型的前提条件

（1）存货总需求量是已知常数；（2）不存在订货提前期，即可以随时补充存货；（3）货物是一次性入库；（4）单位货物成本为常数，无批量折扣；（5）库存储存成本与库存水平呈线性关系；（6）货物是一种独立需求的物品，不受其他货物影响；（7）不允许缺货，即无缺货成本，TC_s 为零。

2. 经济订货基本模型

设立上述假设后，前述的总成本公式可以简化为：

$$TC = F_1 + \frac{D}{Q}K + DU + F_2 + K_c\frac{Q}{2}$$

当 F_1、K、D、U、F_2、K_c 为常数时，TC 的大小取决于 Q。

为了求出 TC 的极小值，对其进行求导演算，根据一阶导数等于 0，可以得出经济订货基本模型，公式如下：

$$EOQ = \sqrt{2KD/K_c}$$

式中，EOQ 表示经济订货批量，D 表示存货年需要量，K 表示每次订货的变动成本，K_c 表示单位变动储存成本。

另外，还可以得出下列结论：

每年最佳订货次数＝存货年需求总量/经济订货批量

最佳订货周期（年）＝1/每年最佳订货次数

由于存货是陆续耗用的，所以：

经济订货量平均占用资金＝经济订货批量/2×存货单价

当 F_1、K、D、U、F_2、K_c 为常数时，与经济订货批量相关的存货总成本表示为：

$$TC(EOQ) = \sqrt{2KD \cdot K_c}$$

在经济订货批量下，

变动订货成本＝变动储存成本＝ $\sqrt{2KD \cdot K_c}/2$

【例题 5-5】 某旅游企业全年需要甲材料 1 200 件，每次订货成本为 400 元，单位储存成本为 6 元，该材料的单位采购成本为 1 000 元，则

经济订货批量＝ $\sqrt{2KD/K_c} = \sqrt{\frac{2\times 1\,200\times 400}{6}} = 400$（件）

与经济订货批量相关的存货总成本＝ $\sqrt{2KD \cdot K_c} = \sqrt{2\times 1\,200\times 400\times 6}$

$= 2\,400$（元）

经济订货量平均占用资金＝1 000×400/2＝200 000（元）

每年最佳订货次数＝1 200/400＝3（次）

（二）经济订货基本模型的扩展

1. 再订货点

一般情况下，企业的存货不能做到随用随补充，因此需要在没有用完时提前订货。再订货点就是在提前订货的情况下，为确保存货用完时订货刚好到达，企业再次发出订货单时应

保持的存货库存量，它的数量等于平均交货时间和每日平均需用量的乘积：

$$R=L\times d$$

式中，R 表示再订货点，L 表示平均交货时间，d 表示每日平均需用量。

例如：某旅游企业正常情况下订货日至到货期日的时间为 5 天，每日存货需用量为 20 千克，那么：

$$R=L\times d=5\times 20=100\text{（千克）}$$

该旅游企业在尚存 100 千克存货时，就应当再次订货，等到下批订货到达时（再次发出订货单 5 天后），原有库存刚好用完。这就是说，订货提前期对经济订货量并无影响，每次订货批量、订货次数、订货间隔时间等与瞬时补充相同。

2. 保险储备量

前面讨论的经济订货量是以供需稳定为前提的。但实际情况并非完全如此，旅游企业对存货的需求量可能发生变化，交货时间也可能会延误。在交货期内，如果发生需求量增大或交货时间延误，就会发生缺货。为防止由此造成的损失，旅游企业应有一定的保险储备。

旅游企业应保持多少保险储备才合适？这取决于存货中断的概率和存货中断的损失。较高的保险储备可降低缺货损失，但也增加了存货的储存成本。因此，最佳的保险储备应该是使缺货损失和保险储备的储存成本之和达到最低。

（1）考虑保险储备的再订货点。

再订货点＝预计交货期内的需求＋保险储备

　　　　＝交货时间×平日需求量＋保险储备

（2）保险储备确定的方法。确定保险储备量分为两步：第一步，假设各种不同保险储备量，计算各种保险储备量的总成本；第二步，比较各种保险储备量的总成本，则其低者即为经济保险储备量。最佳的保险储备应该是使缺货损失和保险储备的储存成本之和达到最低。保险储备总成本用下列公式表示：

保险储备总成本＝缺货成本＋保险储备成本

其中：

缺货成本＝单位缺货成本×一次订货的缺货量×年订货次数

保险储备成本＝单位缺货成本×一次订货的缺货量×年订货次数＋保险储备量×单位存货年储存成本

四、存货的控制系统

（一）ABC 控制系统

ABC 控制法是 19 世纪意大利经济学家帕累托（Pareto）所创，经不断发展和完善，现已广泛用于存货管理。

对于旅游企业来讲，存货品种往往有成千上万种，在这些品种中，有的数量虽不多，但价格昂贵，而有的存货数量尽管庞大，但其占用的资金并不多。如旅游地产存货是房产，单价较高，旅游饭店的一部分存货是食品原材料，单价较低。在这些存货中，企业对其需求量也不一样。如果不分主次，面面俱到，对每一种存货都进行周密的规划、严格的控制，就抓不住重点，不能有效地控制主要存货资金。ABC 控制法正是针对这一问题而提出来的重点管理方法。其关键就是对存货按其总价值的大小分成 A、B、C 三类，根据每一类资金的大小程度，分别进行不同方式的管理，抓住资金比重大的 A 类实施严格控制，而对于资金占用比重不大的 B 类和 C 类存货可采用一般的管理方法，这样就可以有效地控制主要的存货资金。运用 ABC 控制法的步骤如下：

（1）确定每一种存货在一定时间（一般为一年）内的资金占用额。

（2）计算出每一种存货资金占用额占全部存货资金占用额的百分比，并按大小顺序排列，编成表格。

（3）将这些存货按其资金比重从大到小分成三类，把资金比重大的存货划为 A 类，比重次之的划为 B 类，其余的作为 C 类，并画图表示出来。

（4）对 A 类存货实施重点规划和控制，对 B 类存货可实施次重点的管理，对 C 类存货只进行一般管理。

实施 ABC 控制法，就可以有重点地对全部存货资金实施有效的管理。A 类存货种类虽少，但占用大部分的资金，这就要求旅游企业管理人员集中主要力量管理，包括正确规划、批量控制。有效地控制了 A 类存货，就能基本保证存货资金有效的管理，C 类存货尽管品种很多，但占用的资金只有很小的一部分，所以没有必要花费大量的人力、物力和财力去管理控制，这类存货经济批量可凭经验确定，不必花费大量时间和精力去进行规划和控制。B 类存货的管理介于 A 类和 C 类之间，虽然不必像 A 类存货方式一样进行严格管理，但也不能仿照 C 类存货的管理方法，对 B 类存货的管理要视具体情况而定，一般要根据公司现状及现有管理条件采用适当的方式，归类实施控制。这样就能以较小的成本代价取得最有效的管理效果。

（二）适时制库存控制系统

适时制库存控制系统又称零库存管理、看板管理系统，它最早由丰田公司提出并将其应用于实践，是指制造企业事先和供应商及客户协调好：只有当制造企业在生产过程中需要原料或零件时，供应商才会将原料或零件送来；每当产品生产出来就被客户拉走。适时制库存控制系统需要的是稳定而标准的生产程序以及诚信的供应商，否则，任何一环出现差错都将导致整个生产线的停止。目前，已有越来越多的企业利用适时制库存控制系统减少甚至消除对存货的需求，即实行零库存管理，如沃尔玛、海尔等。适时制库存控制系统经过进一步的发展，可以应用于旅游企业整个生产管理的过程中——集开发、生产、库存和分销于一体，大大提高旅游企业运营管理的效率。

【思政园地】

常思为“生”之德　从不挂科做起

“大学之大不在大楼而在大师”“要常修为师之德”，这些观点已成为当前学界共识，也确实毋庸置疑。但真理往往是具体的，今天我想说“大学之大在明明德，在亲民，在止于善”，厚德载物不光是对教师的要求，学生也要常思为生之德。为生之德，最基本的要求就是以学业为重，不要挂科。挂科的机会成本太高，金钱成本、时间成本、荣誉成本，这些将极大地影响学生的社会资源占有量。

自古以来，中华民族就有尊师重教、崇智尚学的优良传统，作为新时代的大学生更应当百尺竿头更进一步，因为你们身上肩负着科技强国、民族复兴的重任，也代表着一个家庭修养的荣光。为中华之复兴读书应该渗透在你们的血液里、骨髓里，随着学习、科研环境的飞速提升，国家为你们提供了优越的学习环境和社会环境。长江后浪推前浪，你们的学术成果应该提到更高的水平，你们的学习劲头也应该热情饱满、空前高涨。中国人民大学统计学院、全国高校学生创新统计联盟与中国科学院科技战略咨询研究院学部咨询研究支持中心联合发布的《当代大学生走新长征路使命担当实证研究报告》指出，当代大学生总体上使命担当意识强，预计到2050年，各类人才总数将占人口总数的18.24%，其中顶尖人才将达到5.68%。这是中国教育历史上的新高度，是顶尖人才占比最高的数据，你们身上优越与挑战并存。不要求你们像中科大少年班的天选之子、发现石墨烯超导实验的科技天才曹源一样成为精英中的精英，只要求你们不要挂科，再谈你们的人生理想。在如今书声琅琅的校园里，学生都奋战在考研、考公、实习的火线上，老师们也心领神会，只要成绩达标，一定会让学生及格，但是有些学生在学业上丧失了底线，抄袭、交白卷、缺考甚至顶撞老师，用最无知的方式反击着老师们的良苦用心。“君子日三省乎己”，懒惰到挂科，为生之德差矣。

挂科会带来诸多人生失利。一旦挂科，你将失去奖学金、保研、入党机会，甚至出国留学申请也会受到影响。挂科过多会受到学业警示，影响毕业。现在用人许多单位也“紧把”学生在校成绩单，尤其是科研技术要求较高的单位，比如一些精密仪器研究所招聘，这些单位往往很重视细节。考公务员时，在政审环节也会审查学生的学业成绩，会有一个综合评定，公务员遴选、国考中的政审都是差额考查，一个挂科较多的学生和一个学业成绩优异的学生同时进入考查，挂科较多的学生会立马失去竞争力。下一步，随着学生成绩联网模式的建立，高校共建共享学生成绩数据库，那对挂科学生的影响将是终生难以消除的。所以，常学、常思、常悟、实干将是对新时代大学生最基本的要求，挂科之歧途或成人生标签。

当然，人非圣贤，孰能无过，一旦挂科也不要自暴自弃，曾国藩七次参加科举，这只是生命奋斗之小小浪花，只要踏实做人，真诚做事，老师对学生的功过是非了然于心，也会有一个客观衡量。总之，人生犹如一张白纸，弄脏很容易，清洗很难，望各位谨言慎行，初心如磐，砥砺前行，常思为生之德，阅尽千帆，归来仍是少年。

【项目小结】

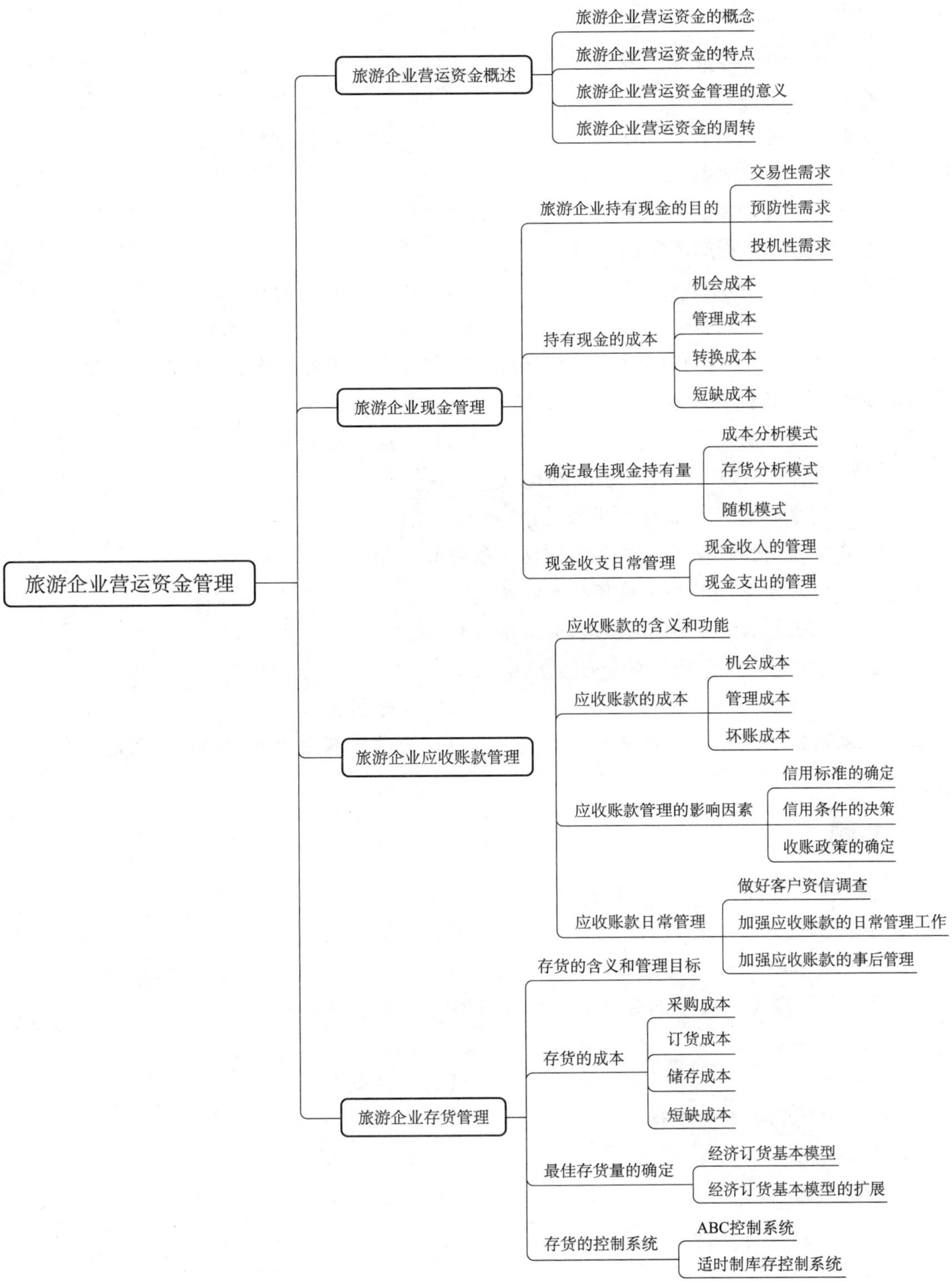
旅游企业营运资金管理
旅游企业营运资金概述
旅游企业营运资金的概念
旅游企业营运资金的特点
旅游企业营运资金管理的意义
旅游企业营运资金的周转
旅游企业现金管理
旅游企业持有现金的目的
交易性需求
预防性需求
投机性需求
持有现金的成本
机会成本
管理成本
转换成本
短缺成本
确定最佳现金持有量
成本分析模式
存货分析模式
随机模式
现金收支日常管理
现金收入的管理
现金支出的管理
旅游企业应收账款管理
应收账款的含义和功能
应收账款的成本
机会成本
管理成本
坏账成本
应收账款管理的影响因素
信用标准的确定
信用条件的决策
收账政策的确定
应收账款日常管理
做好客户资信调查
加强应收账款的日常管理工作
加强应收账款的事后管理
旅游企业存货管理
存货的含义和管理目标
存货的成本
采购成本
订货成本
储存成本
短缺成本
最佳存货量的确定
经济订货基本模型
经济订货基本模型的扩展
存货的控制系统
ABC控制系统
适时制库存控制系统

※ 应知考核 ※

一、单选题

1. 旅游企业的营运资本一般包括（　　）。

A. 存货和应付账款

B. 存货、应付账款和应收账款

C. 应付账款和应收账款

D. 存货、应付账款、应收账款、现金和抵押品

2. 现金作为一种资产，它的（　　）。

A. 流动性差，营利性差　　B. 流动性差，营利性强

C. 流动性强，营利性差　　D. 流动性强，营利性强

3. 在确定最佳现金持有量时，成本分析模式和存货分析模式均需考虑的因素是（　　）。

A. 持有现金的机会成本　　B. 转换成本

C. 现金短缺成本　　D. 现金保管费用

4. 下列对信用期限的叙述，正确的是（　　）。

A. 信用期限越长，企业坏账风险越小

B. 信用期限越长，表明客户享受的信用条件越优越

C. 延长信用期限，不利于销售收入的扩大

D. 信用期限越长，应收账款的机会成本越低

5. 下列各项中，属于应收账款机会成本的是（　　）。

A. 收账费用　　B. 坏账损失

C. 对客户信用进行调查的费用　　D. 应收账款占用资金的应计利息

二、多选题

1. 与应收账款机会成本有关的因素是（　　）。

A. 应收账款平均余额　　B. 变动成本率

C. 销售成本率　　D. 资金成本率

2. 确定最佳现金持有量的存货分析模式考虑的成本主要是（　　）。

A. 机会成本　　B. 管理成本

C. 短缺成本　　D. 转换成本

3. 应收账款的成本主要有（　　）。

A. 机会成本　　B. 管理成本

C. 短缺成本　　D. 坏账损失

※ 应会考核 ※

背景材料

2020年以随机和可玩出圈的盲盒经济大火，帮助泡泡玛特市值突破千亿港元，也掀起了一股“万物皆可盲盒”的消费热潮，检验人性的游戏，结果屡试不爽。

如今，这股风潮席卷到机票上。

今年4月以来，多家OTA平台（在线旅游行业）相继推出了机票盲盒，66～98元不等就能获得开盲盒的机会，广告宣传语强调“不问时间地点，随心出发”，一张百元机票，随时随地说走就走，对年轻人吸引力巨大。

为何各家平台均在力推盲盒产品？未来这样的机票盲盒还能卖多久？当盲盒席卷机票行业，又带来了哪些突破？

答案潜藏在当下各家公司的策略和航空市场的变动之中。

1. 百元盲盒的生意经

同程艺龙推出的98元机票盲盒点燃了2021年春季OTA平台（在线旅游行业）营销的第一把火。

第一期同程机票盲盒在4月3日上线后，首日超过千万人抢购，相关话题在微博热搜和小红书阅读量逾2亿次。

紧随其后，飞猪、携程、去哪儿等平台和各家航司相继合作，推出了机票和火车票盲盒产品，花66～98元不等就能开盲盒，盲盒里是多次随机目的地机票。

开盲盒的结果并不尽如人意。绝大多数机票为工作日早晚时段的红眼航班，或飞往小众冷门目的地的低客座率航班，仅有极少数飞往热门城市路线的经济舱和更小概率的公务舱航班。

盲盒中的机票来自哪里？首先一部分来自平台补贴，如热门目的地机票，小概率开出的公务舱机票，另一部分则来自航司本身给出的低价折扣和临近出发日期但上座率低的尾舱机票。

例如：北京用户容易开出山西、内蒙古、辽宁、山东等短途航线机票，日常价格在300～500元，单张机票补贴成本在可控价范围内。

选择盲盒营销，航空公司和在线旅游平台各有心思。航空公司主要考虑到运力过剩，希望售出更多客座增加收入。由于有大量的机票库存亟待消耗，航司因此给予了更多的机票折扣。

在线旅游平台则希望以此获客。最早发起机票盲盒营销的同程艺龙在2021年提出的品牌化战略，希望在新的一年里触达更多用户，提升品牌知名度。

对于这家腾讯生态内稍显低调的公司，提高知名度进入更广大的用户群是当下的重要目标，而盲盒作为一款低价、零成本的产品，对于那些对时间不敏感、对价格更敏感的下沉市场用户和年轻用户最具吸引力，且对平台获客增长，占领市场起到一定的帮助作用。

盲盒也期望通过社交渗透提高知名度，帮助活动破圈。在各家OTA推出的玩法中，也有邀请3～6人好友助力的方式，可为用户提供更多开盲盒目的地，通过社交传播带来更高的参与度。

除此之外，各家OTA也寄希望于小额亏损补贴联动带来酒店、门票业务的交叉销售，以及帮助部分用户建立复购习惯，投资未来获客的意图明确。

订单量实际成交大概有多少呢？一位行业内从业者告诉豹变，各家的盲盒实际成交量三成左右，大多数购买者在综合考虑目的地、住宿费用和返程机票费用之后往往选择退款，盲盒实际并未成交，但平台营销目的已经达到。

最终的结果是，多数消费者获得了一次0元开盲盒的机会，极少数的人买到了机票，平台尽管承担了一部分亏损补贴，但也通过大规模抢购的社交裂变实现了低成本获客。

一场盲盒游戏，参与者都是赢家。

2. 主推盲盒，回不去的随心飞

相比于不确定性更强的盲盒，各大航司推出的随心飞产品在2020年获得了更多青睐。

随心飞，顾名思义，就是买完这个产品后，在一定时间内享受无限次0元购票，任意目的地出发。

最早的随心飞产品出现于1986年，美国航空曾推出25万美元终身头等舱随心飞，售出66份，其中一位用户500次往返于美国和伦敦之间，21年飞行超千万公里，票款达到2 000万美元，最终美航以违规为由取消了其随心飞资格。

随心飞的出现与疫情导致的航空业大萧条相关。2020年1月新冠肺炎疫情暴发后，为减少人员流动，国家民航局要求航司推出免费退改政策，仅2月中国民航便产生了2 000万张退票，退票金额超过200亿元。

疫情退票随之带来客流量的雪崩，航司急于自救。2月国内航班人流量减少60%以上，客流量最大的首都机场一度下降近90%，机票价格也大幅跳水，深圳—成都航线出现过20元的超低价机票。

填补现金流空缺是推出随心飞产品的首要目的。2020年6月，东方航空最早推出“周末随心飞”，用户3 666元购买后可享受半年内东航、上海航空国内航线周末无限次飞行权益，产品上线当天售出超10万套，为东航带来3.3亿元现金流。

此后，各家航司各种版本的随心飞产品也相继上线，东航更是推出了早晚、周末、特定区域航线全天飞行的随心飞套餐。而随心飞的生意与健身房会员卡逻辑基本相同，航司寄希望于用户购买，但尽可能少飞，以此最大程度获利。

因此，随心飞并非真正的完全随心，航司通过设置各种限制，避免用户无度薅羊毛，如大多数航司规定，必须在出发前5日以上订票，只允许存在三段未使用客票，距出发日4天内退票超3次即作废等规则限制用户。

航空公司在这场集体游戏中获利如何呢？以吉祥航空为例，2020公司年报显示，随心飞产品“畅飞卡”售出4.4万套，兑换机票超33万张，平均折算每份随心飞兑票8张。

事实上，每家航空公司推出的随心飞产品，背后都有精算师团队加持，设置各种规则和把握各航线放票数量，尽可能保证产品售出后稳赚不赔。

以随心飞普遍3 000～3 500元的均价来看，每张机票价格在400元上下，与日常促销中航司放出的最低折扣价格相差无几。由于航司存在大量的剩余运力，对航司而言依旧是十分划算的生意。

不过，尽管有随心飞和各种方式的开源节流，旅客量的锐减还是让航空业遭遇了有史以来的最大亏损。

三大国有航空在2020年亏损超300亿元，国航、南方航空、东方航空全年亏损分别为144.09亿元、108.42亿元、118.35亿元，国内民航业直接亏损逾千亿元，更引发海航集团现金流危机，在2021年年初进行了破产重整。

如今，随着航空业逐渐复苏，诞生于疫情期间的“随心飞”产品已经完成了历史使命。

各家航空公司和OTA平台在今年3月相继下架了“随心飞”产品，盲盒则成为更下沉、更好玩、覆盖更多人群的替代品。

3. 航空业复苏，盲盒能卖多久？

得益于初期对于疫情的有力控制，中国航空业市场虽然损失惨重，但也是全球损失最小以及恢复最快的市场。

而这也直接关系着盲盒产品的命运，还能卖多久？

国家民航局4月数据显示，目前中国民航运输市场已恢复至2019年下半年水平。携程大数据显示，清明期间机票预订量已经超过2019年同期并双位数持续增长，北、上、广、深以及杭州、重庆、成都等城市成为热门出行目的地。

同程出行大数据显示，五一长假国内旅游、探亲等出行需求将延续强劲复苏趋势，国内热门航线的机票价格纷纷上涨，部分航线的机票平均价格甚至超过了2019年同期水平。

随心飞成为过去式，盲盒产品未来也不会持续存在。随着航空业转入每年7月—10月的旺季，出行需求旺盛导致客满，票价将进入全年最贵的高峰期，盲盒也会在旺季逐渐退场。而当进入11月—次年1月的淡季，盲盒可能重出江湖，为航司增加上座率做出贡献。

一个可以预见的未来是，疫情改变了航空业，也让航空公司做出了改变，包括更多的成本控制方式、新产品模式和更多的创收途径，盲盒只是当下推出的最能搅动情绪和参与度最高的产品之一。

事实上，最早推出“随心飞”的东方航空，在3月随心飞下架后推出新产品“前程万里”，用户以4 666元到11 666元购买一万公里里程，兑票期限为最低价提前30天和最高价的实时兑换，按照里程计算，一张北京—上海的机票价格在518元至1 296元之间，只能在节假日期间有优势，日常时段并无性价比。

至于盲盒产品的生命力有多久，用户多久会对盲盒产品感到厌倦，一个残酷但真实的数据或许可以揭晓答案。

截至2020年，中国仍然是一个有10亿人口从未坐过飞机的国家。只要盲盒持续推出，总有人有时间，总有人有精力持续参与。

这场演出，有人会一直配合表演。

资料来源：微信“豹变”公众号。

考核要求

1. 试从营运资金管理的角度分析机票盲盒对旅游企业的作用。

2. 机票盲盒除了给各家航空公司和OTA平台带来竞争优势之外，也可能带来哪些潜在风险？

项目六

旅游企业收入管理

【知识目标】

(1) 了解旅游企业定价策略的影响因素与旅游企业收入的回收方式；
(2) 熟悉旅游企业收入的内容与分类；
(3) 熟悉旅游企业日常管理方法与手段；
(4) 掌握旅游企业产品定价方法；
(5) 掌握旅游企业定价策略。

【技能目标】

(1) 学会应用旅游企业产品定价方法进行产品定价；
(2) 学会灵活使用各种旅游企业定价策略。

【素质目标】

培养学生进行收入管理的能力与勇于探索的创新精神。

【引入案例】

迪拜土豪如何“玩坏”中东最大主题公园

短短五年时间，中东最大的主题公园——迪拜主题公园度假区眼看就要被“玩坏”了。

迪拜主题公园度假区可谓是“含着金钥匙出生”。投资33亿美元，占地面积超230公顷，体量约为2个香港迪士尼，政府开发商（类同国内央企）控股，园区内齐聚好莱坞及世界众多知名IP，如饥饿游戏、功夫熊猫、精灵旅社、蓝精灵、乐高乐园等。但IP“大荟萃”并没有给迪拜主题公园度假区带来理想的业绩。2016年开业前夕，其剑指“第一年接待670万游客”的目标，实际只完成约三分之一，2018年到2020年期间客流量始终未得到有效增长；截至2020年年底，其运营商DXB Entertainment（以下简称DXBE）仍有约1亿美元一期项目建造相关的债务需偿还；原计划扩建的六旗主题乐园夭折……

那么拿下多个全球顶级影视IP资源，又有政府主导的投资开发商全力支持，迪拜主题公园度假区为何会高开低走，步向私有化？

迪拜主题公园度假区2016年10月开业，是中东最大的综合性主题公园。度假区占地面积超230公顷，体量超过201公顷的东京迪士尼，总投资超33亿美元，包括迪拜好莱坞电影乐园、全球唯一的宝莱坞乐园、迪拜乐高乐园、乐高水上乐园等景点。园区齐聚好莱坞影视公司及世界知名IP，包括狮门影业的饥饿游戏、梦工厂的功夫熊猫、哥伦比亚/索尼影业的精灵旅社，以及蓝精灵、乐高乐园等。DXBE打造这样的“IP大杂烩”度假区，大的背景是迪拜靠石油完成资本原始积累，但其石油储量并不丰富，只占阿联酋的5%，而旅游业是迪拜产业转型的重点，从客观上带动了对主题公园的投资，甚至一度出现投资过热的现象。电影、动漫等流行文化是可以“绑定”最多人群的娱乐产业，借此来吸引游客，是迪拜大力发展主题乐园的逻辑。聚集更多的 IP，吸引更多游客，并借助“IP 多样”的噱头打造与区域内主题公园的差异化，或是 DXBE 打造如此大体量度假区的考虑。

但是，IP 大杂烩的玩法也导致度假区缺乏亮点。尽管迪拜主题公园引入梦工厂、乐高、哥伦比亚索尼等全球知名 IP，但除了针对印度游客的宝莱坞乐园，其他乐园内能够吸引全球粉丝慕名而去的特色景点很少。多种 IP 之间不具有协同性，这些主题景点对其他看过此类景点的游客吸引力大大降低，各 IP 的吸引力也远不如迪士尼等强大 IP。

亮点不足的同时，门票定价又偏高。迪拜主题公园度假区官方定价一日两园 295 迪拉姆，按照当前汇率折合人民币为 545 元，两天之内游玩所有四个乐园，需要 525 迪拉姆，折合人民币为 971 元。日本东京迪士尼票价为 458 元，迪拜 IMG 冒险世界乐园票价为 527 元。

除了缺乏特色和门票定价偏高之外，天气炎热、交通通达性差、区域配套不足等问题成为阻碍游客量增长、二次消费低的壁垒。

随着疫情波及全球，这对严重依赖旅游业的迪拜可以说是致命打击。迪拜主题公园度假区如何进行收入管理，度过眼前的亏损和债务大劫是关键问题。

资料来源：微信“执惠”公众号。

【问题】

1. 迪拜主题公园度假区在进行主题公园定位和门票定价时存在哪些问题？
2. 旅游企业应该如何进行旅游产品定价？合理的定价对于企业经营有什么重要意义？

任务一

旅游企业收入概述

收入是指企业在日常活动中形成的，会导致所有者权益增加的、与所有者投入资本无关的经济利益的总流入。其中日常活动是指企业为完成其经营目标所从事的经常性活动以及与之相关的其他活动。工业企业制造并销售商品、商品流转企业销售商品、咨询公司提供咨询服务、建筑公司提供建筑服务、饭店提供餐饮与住宿服务等都属于企业日常活动。

一、收入的确定与分类

（一）按照收入的性质和内容分类

（1）销售商品收入；

（2）提供劳务收入；

（3）让渡资产使用权收入；

（4）租金收入；

（5）其他收入。

（二）按照各项业务经营活动在企业中所处的地位分类

1. 主营业务收入

主营业务收入是指企业为实现其经营目标所从事的主要经营业务活动所带来的收入，一般在企业收入总额中占的比重较大，如饭店的住宿和餐饮服务、旅行社提供的出游服务等实现的收入。

2. 其他业务收入

其他业务收入是指企业日常活动中次要业务或附属经营业务所带来的收入，一般在企业收入总额中占的比重较小，如饭店的大堂等固定资产出租收入、酒店对外培训收入等。

二、旅游企业营业收入的构成

旅游企业营业收入是指旅游企业在日常活动中按照一定价格提供旅游服务取得的收入，主要包括旅行社组团、接团的收入，饭店提供住宿、餐饮及其他服务项目所取得的收入。

（一）饭店营业收入

饭店营业收入是指饭店在日常经营活动中通过出租客房、提供餐饮以及其他服务取得的收入。一般包括以下内容：

（1）客房收入：是指饭店提供客房出租收取的房费收入、服务费收入、商品销售收入、洗衣收入等。

（2）餐饮收入：是指饭店提供餐饮服务收取的菜品及面点等食品收入、酒水及饮料等商品收入、包间等服务费收入、会议室场租及LED屏幕租用收入等。

（3）康乐收入：是指饭店康乐部门提供游泳、健身、棋牌桌球、美容美发等项目取得的娱乐服务项目收入，以及食品及香烟、酒水等商品销售收入等。

（4）商务收入：是指饭店商务中心提供会议租赁、打印、复印、传真、票务等商务服务取得的收入。

（5）外卖收入：是指饭店提供菜品打包带走或送餐服务取得的收入。

（6）租赁收入：是指饭店提供大堂、办公区等资产及物业等外租取得的收入。

（7）其他收入：是指饭店在营业活动中取得的其他零星收入。

（二）旅行社营业收入

旅行社营业收入是指旅行社在组团业务、接团业务及其他服务业务经营过程中，为旅游者提供各种服务。向旅游者收取的收入。一般包括以下内容：

（1）组团外联收入：是指由组团社自组外联，收取旅游者住宿、用餐、旅游交通、翻译导游、参观游览、文娱活动等的收入。

（2）综合服务收入：是指接团社向组团社或旅游者收取的包括安排住宿、用餐、市内交通、导游翻译、参观游览等在内的包价收入。

（3）零星服务收入：是指各旅行社组织或接待零星散客以及接受旅游者小包价、半包价和单项委托代办事项，向旅游者收取的服务包价收入。

(4) 劳务收入：是指旅行社派出导游、翻译人员参加组团社组织的旅游团的全程陪同服务收取的劳务费收入。

(5) 票务收入：是指旅行社代理国际国内飞机票、火车票、轮船票所收取的代办票务手续费收入。

(6) 地游及加项收入：是指旅行社在接待旅游者的过程中，除包价以外由旅游者临时提出增加服务项目，如增加参观游览项目、品尝地方风味餐等，向旅游者收取的加项服务收入。

(7) 其他服务收入：是指旅行社除上述项目以外的其他服务收入，如代办国际行李托运、报关、保险等服务收入。

三、旅游企业营业收入的重要意义

营业收入是旅游企业生产经营成果的货币表现，企业根据市场需要有效地组织多种生产经营活动，及时取得营业收入，加强营业收入管理，对于企业自身以及整个国民经济都有着重要的意义。

（一）营业收入是企业生产经营正常运转的基本前提

旅游企业进行生产经营活动的目的是为顾客提供合格的商品与服务，并尽可能取得最大的经济效益。企业只有更多地实现和及时取得营业收入，才能补偿生产资料的耗费，支付职工工资及其他各项费用，保证企业再生产不断进行。如果企业不能及时取得营业收入，生产经营活动中的各种耗费不能得到补偿，收不抵支，企业资金无法正常循环周转，资金运动就会中断，生产经营就不能正常进行。

（二）营业收入是实现企业利润的资金保障

企业的营业收入中包含着补偿生产经营耗费及应实现的利润。只有取得营业收入，才能实现盈利，才能依法分配利润。营业收入是衡量企业经营业绩的重要指标，企业为了实现目标利润，必须千方百计地增加营业收入。

（三）营业收入是促进国民经济发展的重要因素

旅游业是国民经济的重要组成部分，是国民经济中的支柱产业和朝阳产业，越来越受到人们的重视，旅游业收入在迅猛增长，日益成为国家财政收入的重要来源。

任务二

旅游企业定价管理

收入是旅游企业能够持续经营的基本条件，对于旅游企业而言，收入不仅是实现资本保值、维持简单再生产的手段，同时也是实现资本增值、扩大再生产的工具。营业收入是企业收入的主体，是企业简单再生产和扩大再生产的资金来源，是加速资金周转的前提，所以必须加强旅游企业营业收入的管理。

营业收入的制约条件主要是销量与价格，价格是企业获得收入和盈利的主要手段，销售定价管理构成了旅游企业收入管理的核心内容。

一、旅游企业定价管理的含义

旅游企业定价管理是指旅游企业在调查分析的基础上，选用合适的产品定价方法，为旅游产品制定最为恰当的售价，并根据具体情况运用不同的价格策略，以实现经济效益最大化的过程。

对于旅游企业而言，旅游产品的价格高低直接影响企业的盈利水平。旅游企业价格策略与方法既是旅游市场营销策略不可或缺的组成部分，也是收益管理的核心内容。制定的价格是否合理不仅关系到旅游企业的经营，甚至关系到旅游企业的生存与发展，进行良好的定价管理可以使旅游企业产品更富有吸引力和竞争力。

二、影响旅游产品定价的主要因素

1. 价值因素

价格是商品价值的货币表现，是最能体现商品特点的重要因素，价值的大小决定着价格的高低。旅游产品作为一种特殊的商品，当然也不例外。

2. 成本因素

成本是影响旅游产品定价的基本因素，旅游企业只有获得可以弥补已发生成本费用的收入，才能长期生存发展下去，旅游产品价格应等于总成本加上合理利润。

3. 市场供求因素

市场供求关系对价格的变动具有重大影响。当一种旅游产品的市场供应大于需求时，就会对其价格产生向下的压力；而当其供应小于需求时，就会推动价格的提升。市场供求关系是永远矛盾的两个方面，因此，产品价格会不断地发生波动。

4. 竞争因素

市场竞争程度不同，对定价的影响也不同。竞争越激烈，对价格的影响越大。在完全竞争市场上，旅游企业几乎没有定价的主动权，只能接受市场价格；在不完全竞争市场上，竞争的强度主要取决于供求形势。为了做好定价决策，旅游企业必须充分了解竞争者的情况，最重要的是竞争对手的定价策略。

5. 政策法规因素

各个国家对于产品市场价格的高低和变动都有限制和法律规定，旅游企业在制定定价策略时一定要很好地了解相关政策和法规。

三、旅游企业产品定价方法

旅游企业产品定价方法导向主要包括成本导向定价方法、竞争导向定价方法和市场导向定价方法三大类。

（一）成本导向定价方法

成本导向定价是指依据产品成本决定其定价的方法，此方法简单明了，但是灵活性差，只关注成本状况，忽略了竞争环境和市场需求状况等因素在旅游产品定价方法上的重要影响，因而这种方法制定的产品价格不一定满足企业营业收入或利润最大化的要求，常用的有千分之一定价法、赫伯特公式定价法、成本加成定价法、毛利率定价法、目标利润定价法和保本点定价法等。

1. 千分之一定价法

千分之一定价法又称为经验定价法，常用于新建酒店的平均价格估算，具体而言，就是在确定每间客房价格的时候一般以每间客房建造成本的千分之一作为参考基准来定价。按照酒店三年收回投资成本计算，假设预计一间客房三年出租天数共计 800 天，因此用一间客房的造价除以 800，即可得到客房的平均价格。

由于这种定价方法只考虑了客房的成本因素和投资回报期，而没有考虑各种设备的市场价值、供求关系和市场竞争等因素，因此缺乏科学性和合理性，只能作为客房定价的参考。

2. 赫伯特公式定价法

赫伯特公式定价法以目标收益率作为定价的起点，在已知计划期各项成本费用组成及饭店盈利指标的基础上，科学计算客房部必须承担的收入指标，并在此基础上确定客房价格。是成本导向定价方法的典型代表，在新建客房的定价问题上被广泛运用。具体而言，赫伯特公式定价法以酒店目标收益率作为制定客房价格的基本出发点，在酒店总体目标利润中加上各项成本费用，扣除其他营业部门利润，剩余部分即为客房部需要承担的营业收入，除以预期可以出租的客房数量，从而计算出平均房价。其计算步骤如下：

（1）用所有者投资乘以预期投资回报率计算出预期利润；

（2）用预期利润除以（1－所得税税率）算出税前利润；

（3）估算税收、折旧、利息等各项成本费用和其他营业部门利润；

（4）估算客房部收入；

（5）根据客房部收入除以客房出租数量，计算出客房的平均房价。

3. 成本加成定价法

成本加成定价法主要考虑成本因素，把所有为提供旅游产品或服务而发生的费用均计入成本，合理分摊相应的固定成本，然后计算出单位产品或服务的变动成本，再按照一定的目标利润率来定价。该方法广泛应用于客房、餐饮、旅行线路定价等旅游产品定价上。在企业成本范畴中，有全部成本费用和变动成本等定价基础，因此成本加成定价法又分全部成本费用加成定价法和变动成本定价法等。其计算公式为：

（1）全部成本费用加成定价法。

$$单位产品价格=\frac{单位成本\times(1+成本利润率)}{1-适用税率}$$

（2）变动成本定价法。

$$单位产品价格=\frac{单位变动成本\times(1+成本利润率)}{1-适用税率}$$

4. 毛利率定价法

毛利率定价法一般适用于餐饮制品价格的确定。餐饮部每道菜的价格不仅包括原材料的成本，还应包括为提供餐饮服务而付出的其他费用，如餐饮部人工成本、燃料费、折旧费、水电费等，原材料的成本可以通过制作标准食品成本卡获得，但其他费用很难精准地分摊到一道菜肴中。在毛利率定价法下，餐饮制品价格分为原材料成本和毛利额两部分，毛利额包括原材料以外的各项费用、税金和利润，使用毛利率定价法可以将销售价格直接与原材料成本联系起来。因此定价的关键是掌握好毛利率的高低。不同餐饮制品类别和不同餐饮服务形式都有不同的毛利率标准，饭店要严格执行标准。餐饮制品价格计算公式为：

$$餐饮制品价格=\frac{直接成本}{1-毛利率}$$

5. 目标利润定价法

目标利润定价法是在成本的基础上，由企业设定期望实现的目标利润水平，再根据企业的预期销量、成本费用、适用税率等因素反推出旅游产品或服务的价格。这种方法比较适用于季节性强、淡旺季分明、市场竞争激烈的酒店。其计算公式为：

$$单位产品价格=\frac{目标利润总额+完全成本总额}{产品销量\times(1-适用税率)}$$

6. 保本点定价法

保本点定价法是根据旅游产品或服务的销售量、成本和利润之间的制约关系，综合分析旅游企业在保本点的销售量和销售价格，即能够保持既不盈利也不亏损的销售价格，旅游企业要维持正常经营，首先必须获得一定数量的销售收入来保证达到盈亏平衡，采用这一方法确定的价格是最低销售价格。其计算公式为：

$$单位产品价格=\frac{单位完全成本}{1-适用税率}$$

（二）竞争导向定价方法

竞争导向定价是指旅游企业在市场竞争环境中，密切关注竞争对手的价格，以竞争对手价格为依据，使自己的价格随竞争对手的价格变化而变化的定价方法，以此保持既有的市场占有率。这种定价方法忽略了各旅游企业产品类别、质量、满意度等方面的差异，也未考虑产品或服务的成本以及市场需求，具有一定的阶段性和局限性，也容易形成价格恶性竞争，盲目调价。具体来说主要包括以下两种方法：

1. 随行就市定价法

随行就市定价法主要存在于垄断竞争和完全竞争的市场环境下，每一家企业都无法在市场上取得绝对优势而单独制定自己的价格，为了避免恶性价格竞争带来的损失，企业之间更多依赖于相互妥协，在这种思想指导下，旅游企业的定价方式与竞争对手的价格保持一致，当竞争对手价格上涨或者下降时，本企业也随之涨价或者降价。

2. 产品差别定价法

产品差别定价法是指旅游企业通过一定的市场细分和营销策略，使得产品或服务在消费者心中树立与竞争对手不同的产品形象，给消费者带来一定的感官吸引或价值区分，从而灵活采取高于或低于竞争对手的价格来为产品定价。高额定价法适用于该产品在市场上选择较少，竞争对手也较少的时期，通过高额定价法迅速占有市场；低额定价法主要针对一些市场上品种较多、差异不大的产品，由于竞争比较激烈，通过低价战略提高销售量，打开销路，获得长期的市场优势。

（三）市场导向定价方法

市场导向定价方法也称为动态定价方法，是收益管理的核心内容，以市场需求为导向，根据消费者的需求强度、消费者对旅游产品或服务的价值理解、细分市场的行为模式及市场竞争等因素因人、因时、因地持续调整定价的方法。因此这种定价方法能最大限度地挖掘销售量，实现收益的最大化，也更容易得到消费者的认可。但因为需要对市场需求和用户需求进行分析预测，所以也是难度较大的一种定价方法。该方法主要适用于易逝产品，即产品或者服务需要在特定的时间点被销售，否则产品或服务的价值就会消失，如航空、旅游、酒店等行业的产品都属于易逝产品。市场导向定价方法主要有需求价格弹性系数定价法、边际分析定价法等。

1. 需求价格弹性系数定价法

收益管理是最著名的经济学定价模型，综合考虑价格和销量，追求整体收益的最大化。收益管理是根据市场营销学的 4P 理论，制定科学的定价策略，从而保证将客房以合理的价格水平在合适的时间和地点提供给目标客户。定价和客房容量是两个相互影响的因素，收益管理意在根据需求价格弹性中价格与市场需求的关系影响顾客，从而控制顾客需求。

依据需求价格弹性，需求增大导致价格上升；而需求减小则会引起价格下降。从另一个角度看，企业也可以根据这种关系，通过价格的升降来作用于市场需求。在其他条件不变的情况下，某种产品的需求量随其价格的升降而变动的程度就是需求价格弹性系数。其计算公式为：

$$E=\frac{\Delta Q/Q_0}{\Delta P/P_0}$$

式中，E 表示某种产品的需求价格弹性系数，ΔP 表示价格变动量，ΔQ 表示需求变动量，P_0 表示基期单位产品价格，Q_0 表示基期需求量。

运用需求价格弹性系数确定产品的销售价格时，其基本计算公式为：

$$P=\frac{P_0\,Q_0^{(1/|E|)}}{Q^{(1/|E|)}}$$

式中，P_0 表示基期单位产品价格，Q_0 表示基期销售数量，E 表示需求价格弹性系数，P 表示单位产品价格，Q 表示预计销售数量。

案例 6-1

从收益管理动态定价角度看 2021 年五一酒店价格暴涨

2021 年五一假期可谓市场火爆，全国众多热门旅游目的地和景区在假期首日就迎来客流高峰。国内各大景区游人爆满，北京、上海以及一线城市的商业街、美食街等也被游客挤得水泄不通。

同程旅行大数据显示，5 月 1 日，同程旅行平台景区单日出票量创历史新高，同比增长 410%，相比 2019 年同期增长 120%；酒店住宿同比增长 200%，相比 2019 年同期增长 54%。可见，2021 年五一假期国内旅游市场更像“报复性反弹”，被称为史上最“热”的五一。

收益管理在我国酒店业的普及，为酒店管理者及早预测市场需求提供了有效的方法和保障。事实上，在新冠肺炎疫情得到有效控制和防控政策逐步放开后，今年年初不少酒店管理者已预测到五一市场将会有较大的反弹，并通过收益管理大数据分析、价格敏感度分析和竞争态势评估提前制定了五一的房价，而五一市场需求的大幅度增长正是导致酒店普遍提高房价的主要原因。

从总体来看，多数酒店房价制定得还算合理，与其客房交换价值相匹配，也得到了消费者的普遍认可。但也有一些酒店房价涨幅过大，有的甚至涨了几倍，偏离了客房交换价值的轨道，这些酒店被视为在“报复性涨价”。为此，各地市场监管部门也加大了对五一期间酒店房价的监管力度，对不明码标价、坐地起价、串通涨价、虚假宣传等违法违规行为给予了及时的整治。

案例启示：

酒店自主定价是法律赋予的权利。我们知道，价格是商品价值的货币表现，酒店房价是客房产品在经济市场中作为商品价值的货币表现，属于服务价格范畴。

商品的价值是由生产该商品的社会必要劳动时间决定的，分为使用价值和交换价值。水有巨大的使用价值，生活中处处需要水，但只有极小的交换价值；钻石使用价值很小，仅能用来装饰，却具有极大的交换价值。消费者的需求是决定商品交换价值的重要原因，交换价值不仅反映了商品的边际成本，更反映了这种产品给消费者带来的边际效用。

酒店客房的动态定价正是基于这一经济学原理来实施的，符合经济市场规律。当酒店外部市场需求发生变化时，其客房产品的交换价值也会随之发生变化，因此价格就会发生变化，通过价格这一杠杆来调节市场的供需平衡，从而来优化客房收入。就 2021 年五一假期来看，由于市场出现需求的剧增，酒店客房的交换价值也随之提高，房价上涨也就不足为怪了。

市场监管部门对酒店五一期间房价的监管和调控也是非常必要的。对通过抬高房价而牟取暴利的酒店实施整治，以维护酒店房价市场的良好秩序和正常运行。从收益管理动态定价的角度看，房价是随着市场需求的变化而变化的；但变化的幅度应与客房交换价值的变化相匹配，在规定的幅度范围内波动，受到市场供需关系的制约，最终达到供需平衡。即使房价在波动中产生少量的溢价，也应控制在市场允许的范围内，不应出现房价无序暴涨或暴跌而导致供需关系失衡，破坏了产品资源的合理配置，损害了消费者的利益。

资料来源：微信“环球旅讯”公众号。

2. 边际分析定价法

边际分析定价法，是指基于微分极值原理，通过分析不同价格与销售量组合下的产品边际收入、边际成本和边际利润之间的关系进行定价决策的一种定量分析方法。

边际是指每增加或减少一个单位所带来的差异。那么，产品边际收入、边际成本和边际利润就是指销售量每增加或减少一个单位所形成的收入、成本和利润的差额。按照微分极值原理，如果利润函数的一阶导数等于零，即边际利润等于零，边际收入等于边际成本，那么，利润将达到最大值。此时的价格就是最优销售价格。

当收入函数和成本函数均可微时，直接对利润函数求一阶导数，即可得到最优售价；当收入函数或成本函数为离散型函数时，可以通过列表法，分别计算各种价格与销售量组合下的边际利润，那么，在边际利润大于或等于零的组合中，边际利润最小时的价格就是最优售价。

四、旅游企业定价策略

（一）折让定价策略

折让定价策略是指在一定条件下，以降低产品的销售价格来刺激购买者，从而达到扩大销售量的目的。旅游企业的折让定价主要表现为价格折扣，主要有数量折扣、现金折扣、团购折扣、预购折扣、季节折扣，另外还有增加附加值定价策略。

1. 数量折扣

是指旅游企业按购买者购买数量的多少给予不同的折扣优惠，购买金额越大，数量越多，折扣也就越大。如饭店客房的团体折扣、旅游景区的团体票价等。运用数量折扣策略的难点是如何结合产品特点、成本水平、商业惯例等因素制定合适的折扣标准和折扣比例。

2. 现金折扣

是指旅游企业为了提高结算保障，对在一定期限内付款的购买者给予的折扣，其目的是鼓励购买者提前付款，降低财务风险。采用现金折扣一般要考虑折扣比例、给予折扣的时间限制以及付清款项的期限。

3. 团购折扣

是指通过团购集合足够人数，便可以优惠价格购买或使用第三方公司的物品、优惠券或服务。如各种团购平台的美食团购折扣、住宿团购折扣等。

4. 预购折扣

是指对预先向企业订购或购买产品给予的折扣。如提前预订机票、提前订购旅游产品等享受的价格折扣。

5. 季节折扣

是指企业给予非季节性热销产品的购买者的一种价格折扣。旅游产品的消费具有明显的季节性，为了调节供需矛盾，可以对在淡季购买旅游产品或服务的顾客提供一定的优惠，以增加企业总收益。如景区在一年中分别执行淡、旺季价格，酒店客房周末价格、节假日价格与平时价格都有差别。

6. 增加附加值

收益管理的核心思想在于最大限度地满足饭店和市场的需要，形成双赢的局面。旅游企业除了通过价格折扣来提高出租率、增加收益外，还可以通过增加附加值来提升顾客满意度，增加营业收入。如某饭店为入住客人提供免费早餐、牛奶、果盘、洗衣等服务。

（二）心理定价策略

心理定价策略是指针对购买者的心理特点而采取的一种定价策略，主要有尾数定价、声望定价、双位定价、招徕定价等。

1. 尾数定价

是指旅游企业制定非整数价格，价格的尾数取接近整数的数（如客房价格 199 元），在直观上给消费者一种便宜的感觉，或带有一定谐音的数（如 521 旅游套餐）等，从而激起消费者的购买欲望，促进产品销售量的增加。

2. 声望定价

是指企业按照其产品在市场上的知名度和被消费者的信任程度来制定产品价格的一种方法。一般地，声望越高，价格越高，这就是产品的“名牌效应”。这一策略适用于一些知名度高、有较大市场影响的产品，如米其林餐厅。

3. 双位定价

是指在向市场以挂牌价格销售时，采用两种不同的标价来促销的一种定价方法，如原价 2 000 元的云南 6 日游，促销价 1 450 元。

4. 招徕定价

是指旅游企业为了迎合消费者的心理，将某几种商品的价格定得非常高或非常低，在引起消费者的好奇心理和观望行为后，带动其他商品的销售。如有些饭店餐饮部每天推出明显低于成本的特价菜来吸引顾客，有些旅行社推出的一些特价游商品，有些酒店推出的特价客房等。

（三）组合定价策略

组合定价策略是针对相关产品组合所采取的一种方法。它根据相关产品在市场竞争中的不同情况，使互补产品价格有高有低，或使组合售价优惠。对于具有互补关系的相关产品，可以采取降低部分产品价格而提高互补产品价格，以促进销售，提高整体利润，如一些主题乐园旅游景区推出的项目套票。

任务三

旅游企业营业收入的日常管理

旅游企业收入是企业生产经营成果的货币表现，对于实现企业利润，保障企业生产经营正常运转具有重要意义。旅游企业收入的日常管理工作应围绕客人消费及营业收入实现流程加以全过程控制。

一、旅游企业营业收入的回收方式

（一）预收方式

预收是指在向客人提供服务之前，提前收取全部或部分费用，如一般酒店在客房预订确定以后，向客户收取的预订金；还包括通过 OTA 渠道预订客房，客户提前支付的房费等。

（二）现收方式

现收是指在提供服务的同时收取费用。如饭店提供餐饮服务以及旅行社旅游产品销售基本都采用现收的方式进行结算。

（三）事后结算方式

事后结算是指在向客人提供服务以后，定期或者最后一次性向客人收取费用。如饭店客房的签单消费方式就属于事后结算方法，在客人离店时收取全部消费费用或者定期收取部分消费费用。饭店和旅行社之间、组团社与地接社之间也常采用事后结算的方式。

二、旅游企业营业收入管理的基本要求

（一）正确核算营业收入

营业收入核算正确与否直接关系到盈利的准确性。一般来说，营业收入的核算有权责发生制和收付实现制。权责发生制又称应收应付制，它要求凡是本期取得的收入，不论其款项是否已收回，均视为本期收入；凡不属于本期的收入，即使款项在本期收到，也不作为本期收入。而收付实现制又称现收现付制，它是以货币的实际收到为标准来确定营业收入的归属期，凡在本期实际收到的款项，不论是否归属于本期，都作为本期的收入；反之，即使是属于本期的收入，只要实际款项并未收到，就不作为本期的收入。由于权责发生制能更加准确地反映特定会计期间实际的财务状况和经营业绩，我国《企业会计准则》规定，企业会计核算应当以权责发生制为基础。

（二）及时办理结算，尽早收回营业收入

如前所述，旅游企业营业收入的取得有预收、现收和事后结算三种方式，不同的收费方式要用不同的方法进行管理，对于预收定金的客人到期未消费，定金不再退还。采用现收方式时要严格各收银点的管理，做好记录，及时入账。对于事后结算方式要加强管理，及时办理结算，对结算期过长的款项要设专人催收，减少资金占压。

（三）广开渠道，扩大销售来源

旅游企业经营利润的增加一方面取决于成本费用的降低，另一方面就是营业收入的增加。在增加营业收入方面应该运用开放性经营思维，广开渠道，以强烈的服务意识不断开创特色服务，提供多项目服务。一方面，现代旅游企业发展不再满足于为客人提供住宿、餐饮、交通等传统店内服务，其扩大收入的主要途径往往是主动出击，开发新顾客，唤醒顾客新的需求，如我国目前大多数饭店提供的外卖业务。另一方面，OTA 平台（在线旅行社）已成为旅游住宿、出行、消费等旅游产品销售的主渠道，旅游企业必须利用好各类 OTA 平台拓宽销售渠道，增加营业收入。

【案例 6-2】

海昌海洋公园公布 2020 年业绩

2021 年 3 月 26 日，海昌海洋公园公布的 2020 年全年业绩报告显示，受新冠肺炎疫情影响，海昌海洋公园实现总收入 11.68 亿元，同比减少 58.31%，其中公园运营分部的

门票销售为6.35亿元，而2019年则为19.41亿元。公告称，在疫情影响下，海昌海洋公园也进行了品牌多维创新。不仅突破空间想象，开启了景区云游园+短视频模式，还有两大OTA平台携程、美团战略签约深度互通，优化合作模式、创新产品类型，互联网在线渠道销售高速增长，占比超六成。

案例启示：

广开渠道，扩大销售来源是增加企业收入，提升企业盈利能力和竞争优势的重要举措。

资料来源：微信"执惠"公众号。

知识拓展

OTA（Online Travel Agency）是指在线旅行社，是旅游电子商务行业的专业词语。指"旅游消费者通过网络向旅游服务提供商预订旅游产品或服务，并通过网上支付或者线下付费，即各旅游主体可以通过网络进行产品营销或产品销售"。OTA的出现将原来传统的旅行社销售模式放到网络平台上，更广泛地传递了线路信息，互动式的交流更方便了客人的咨询和订购。国内主流OTA平台主要有携程、去哪儿、同程旅行、艺龙、美团、大众点评、飞猪旅行等。

三、旅游企业营业收入的日常管理

（一）饭店客房收入的日常管理

客房是旅游饭店的主体，近年来尽管酒店其他方面如餐饮等收入呈上升趋势，但客房营业收入在饭店营业收入中所占的主导地位并未动摇，而且客房的出租还可以带动或增加其他经济收入。加强客房营业收入的核算和管理，对提高饭店的经济效益有着极其重要的意义。

1. 为客人提供准确的一次性结账服务

酒店一般采用一次性结账的收费办法，即客人一旦入住酒店，就可在酒店内部赊账消费。酒店应建立起与之相配套的管理办法和控制制度。如客人总账单上的每一笔账目都应附有客人签字的原始附件，各营业点应将客人已消费的信息及时、准确地传递到总台结账处。同时应规定最高限额，一旦超过限额，应及时催促客人付款。在客人办理离店结账手续时，前台收款员应取出客人分户账单及客人的所有消费账单、凭证进行汇总，防止跑账、漏账。

2. 各营业点收款管理

酒店应加强对各营业点的收款控制。客人在饭店各营业点的消费通常采用签单消费方式，营业点收款员应及时将账单传递到前台结账处。饭店应建立起专人负责账单发放的管理制度，对发出的账单进行编号登记，逐笔逐号审核账单。各营业点收款员在每日下班前填报"收入日报表"和"交款单"等，酒店据此检查收回的账单与交来的表单是否相符等。

3. 应收账款管理

应收账款是指酒店已经销售但款项尚未收回的赊销营业收入。它是一种以商业信用提供商品或服务而被买方占用的一项资金。酒店提供商业信用，一方面有利于增加销售，使市场占有率扩大；另一方面又可减少存货，使存货管理成本降低。

酒店应收款项的多少通常取决于企业外部的大环境和企业内部自身的营销方针。酒店的信用政策包含信用期限、现金折扣、信用标准和收款方式等内容。放松信用政策可以刺激消费，增加收入，但也增加了应收账款的数额和信用风险；收紧信用政策虽可以减少应收账款，降低信用风险，但也相应减少了收入，酒店必须采取合理的信用政策，严格控制应收账款，确保营业收入款项的回收，避免产生坏账损失。

4. 坚持营业收入稽核制度

为防止在经营过程中作弊、贪污等现象出现，酒店应建立营业收入稽核制度，确保营业收入的收回，维护酒店的收益。为此，酒店应设立收入稽核岗位。根据稽核内容和工作时间的不同，将稽核岗位分为夜间稽核和日间稽核。日间稽核时各项数据在不断地变动，所以一般夜间是做稽核工作最好的时间。夜间稽核一般是将房费和晚上发生的费用入账，编制“营业收入日报表”，核查当日收入的实现状况是否正确，避免由于赊账业务而产生账实不符的情况，确保当天账目的正确性。日间稽核岗位主要是对夜间稽核进行复核，核对无误后将“营业收入日报表”转财务处。

营业收入日报表是反映旅游企业营业收入状况的重要报表，通过它，管理人员可以了解企业各部门的经营状况，同时可以了解旅游企业营业收入中现收与应收的状况及各部门的收入状况，为合理调度资金、平衡营业收入、做好货币资金预算奠定基础。以饭店企业为例，营业收入日报表的基本格式如表 6-1 所示。

表 6-1　饭店营业收入日报表

年　月　日

项目	本日收入	本月累计收入			与上年同期比较			
		计划	实际	占计划 %	同日收入	%	同月累计收入	%
一、客房收入								
1. 房租收入								
团队客房收入								
散客房费收入								
2. 客房杂项								
二、餐饮收入								
1. 食品收入								
2. 饮料收入								
3. 其他收入								
三、商场收入								
四、汽车收入								
五、其他部门收入								
1. 洗衣收入								
2. 美容收入								
3. 美发收入								
4. 其他经营收入								
合　计								

（二）饭店餐饮收入的日常管理

1. 餐饮收入日常管理的必要性

（1）餐厅种类多，收银点也多。饭店设置各种类型的餐厅，如中餐厅、西餐厅、自助餐厅、宴会厅、酒吧、大堂吧等，日常管理难度较大。

（2）餐厅服务项目繁多，价格差异较大。各种类型的餐厅提供的服务项目繁多，有食品、菜肴、酒水、饮料、香烟及其他有关服务。各服务项目收费标准不一，有的是高消费，有的是低消费，有的要给予折扣，名目繁多，价格差异较大。

（3）餐厅空间大，人员流动性大。餐厅的服务和管理需要较多人员，根据餐饮特点，客人和服务人员都处于流动之中，因此给控制餐饮收入的发生、计算及取得增加了一定的难度。

2. 餐饮收入日常管理手段

（1）单据控制。必须设计和运用适当种类及数量的单据，如应用取菜单、餐费账单、内部交款单、收银日报单等来控制餐饮收入的发生、取得和入账。特别要做到单单相扣、环环相接，任何一单一环的短缺，都会使整个控制产生脱节，然后错误和舞弊可能会随之而来。

（2）“三线两点”方法。餐饮收入“三线两点”控制方法和程序：所谓“三线两点”是指把钱、单、物分离成三条互相独立的线进行传递，即物品传递线、餐单传递线、现金传递线。在三条线的两个终端设置两个核对点，即取菜单与餐单核对点、餐单与现金核对点，以连接三线进行控制。餐饮收入活动涉及钱、单、物三个方面。物品消耗掉，账单开出去，现金收进来，完成餐饮收入活动的全过程。其中物品是前提，有物品消耗掉才有单和钱；钱是中心，因为所有控制都是紧紧围绕款项收进而进行的，保证正确无误地将款收进是内部控制的基本任务；单据是手段，物品是根据单据制作和发出的，钱是根据单据计算和收取的，失去了单据，控制就失去了依据。因此将钱、单、物三者既进行有机联系又分开单独进行控制就成为“三线两点”的控制方法。

（3）收银机的控制。凡是菜点、账款等资料应全部输入收银机，有关人员不得改动，一有改动，收银机应留下改动的相应记录，在稽核人员清机审查时，收银机里的所有记录都将会全部被打印出来，容易发现有疑点的记录。这会大大增强收银机的控制作用，杜绝餐饮收入跑漏现象。

【思政园地】

杭野缘何“瞒豹”

出逃 25 天，第 3 只金钱豹依然下落不明。全城追豹的同时，“瞒豹”事件仍在发酵——“主谋”杭州野生动物世界因此关停。杭州野生动物世界，这个“瞒豹”事件的主角，究竟在做着怎样的“动物生意”?

我们先简单回顾下这件事的始末：2021 年 5 月 6 日杭州转塘山林疑似发现豹子，要求当地动物园自查并上报情况。杭野回应：园内没有动物逃逸，接到林业部门通知后，派人配合救助。5 月 7 日杭州金苑山庄小区的监控中，发现有豹子出没。5 月 8 日上午，杭野发布关园公告，称“园区发生安全问题需及时处理和维护，故暂停开放”，中午被媒体发现公告已删除。下午，富阳通报杭州野生动物世界发生金钱豹外逃事件。杭野随后发布致歉声明，解释称“因考虑到出逃的未成年金钱豹攻击性较弱，担心事件公布会引起恐慌，未及时公布有关信息”。5 月 10 日，杭州野生动物世界有限公司相关人员因“金钱豹外逃事件”涉嫌犯罪，杭州市公安局富阳区分局依法对其立案调查，依法对公司法定代表人、总经理张德全等五人采取刑事强制措施。

消息发布后，有网友晒照表示，金钱豹出逃当日，曾看到许多春游的小学生正排队入园。而杭野并未及时关园搜捕，其背后暗藏的危险性不言而喻。明知危险，杭野为何先后两次隐瞒实情?

园方认为，若如实对外公布并上报主管部门“豹出逃”事件，将严重影响五一期间营业。而让杭野“只认金钱不认豹”的这笔营收，有多可观？

据杭州市文广旅游局消息，五一期间，杭野累计接待游客 9.77 万人次。若按其 180 元的门票均价粗略估算，假期 5 天，杭野仅门票收入就能达到 1 760 万元左右。诱人的利润成为杭野以身试法的主因，为了眼前的利益，根本没将游客和动物的生命安全放在眼里。所幸豹子出逃的这段时间里未对人类造成什么实质性的伤害，否则便是无法挽回的悲剧。

因此，企业获取利益应以不损害人民和动物生命安全为前提，切勿利欲熏心。希望全国各地的野生动物园都能坚守责任，多一份对动物的关怀，让动物园成为人类与野生动物沟通的桥梁，所有的生命都有自己存在的意义，所有的生命都值得被尊重。

【项目小结】

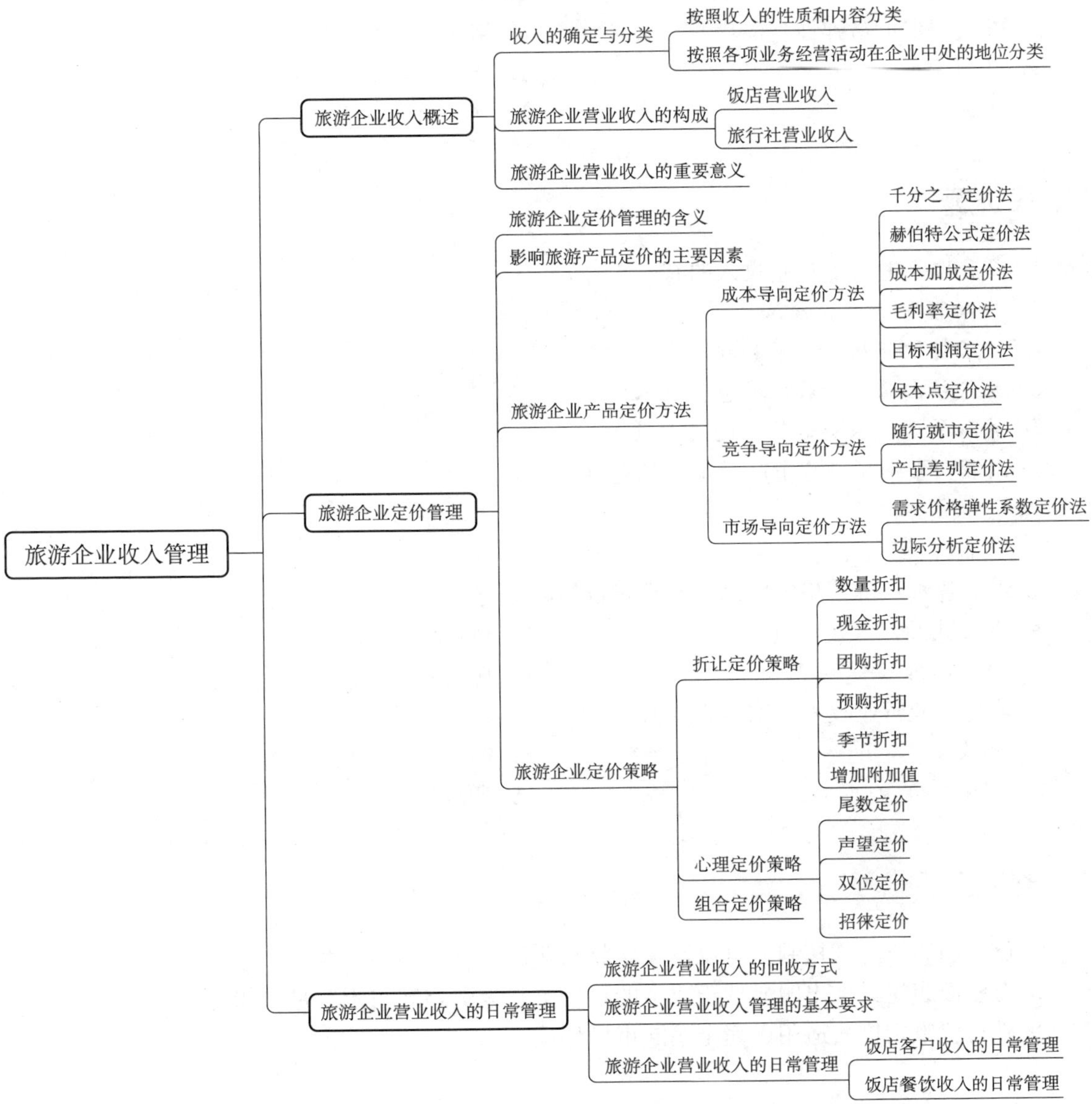

※ 应知考核 ※

一、单选题

1. 以下定价方法属于市场导向的是（　　）。
A. 千分之一定价法　　B. 成本加成定价法
C. 随行就市定价法　　D. 需求价格弹性系数定价法
2. 机票预订越早，折扣力度越大，属于（　　）定价策略。
A. 数量折扣　　B. 团购折扣
C. 预购折扣　　D. 季节折扣
3. 根据需求价格弹性，需求减小会导致产品价格（　　）。
A. 上升　　B. 下降
C. 不变　　D. 不确定

二、多选题

1. 以下收入中属于营业收入的有（　　）。
A. 饭店客房部房费收入
B. 饭店餐饮部收取的菜品收入
C. 旅行社向旅游者收取的包价收入
D. 旅游景区向旅游者收取的门票收入
2. 以下因素中影响旅游产品定价的有（　　）。
A. 产品成本　　B. 市场供求
C. 产品价值　　D. 竞争
3. 以下各种定价策略中，属于心理定价策略的有（　　）。
A. 尾数定价　　B. 预购折扣
C. 双位定价　　D. 现金折扣
4. 旅游企业营业收入的回收方式有（　　）。
A. 预收　　B. 现收
C. 应收　　D. 事后结算

三、判断题

1. 旅游酒店收入稽核制度可以避免作弊与贪污，维护酒店收益。（　　）
2. 有些饭店每天推出明显低于成本的特价菜来吸引顾客属于数量折扣定价策略。（　　）
3. 随行就市定价法适用于完全垄断市场环境。（　　）

※ 应会考核 ※

背景材料（一）

海天地悦旅集团有限公司是美国位于西太平洋地区的属地塞班及关岛的主要休闲旅游集团之一，注册地为开曼群岛。目前有三大业务板块，酒店及度假村分部、高端旅游零售分部及目的地服务分部，塞班和关岛的收益占比分别为 62.1%、37.3%。根据 Frost & Sullivan 的研究数据，在 2017 年塞班酒店及度假村已售房间数量中，海天地悦旅占比 24.5%，市场占有率排名第一。一个更突出的数据是，截至 2018 年上半年，海天地悦旅旗下四家酒店及度假村平均出租率为 93%。

这一数据堪称“魔幻”，背后的秘密是什么？

平均 93%的酒店客房出租率是什么概念？

我国文化和旅游部的数据显示，2018 年第一季度，国内各省市星级酒店的平均出租率为 50.55%，最高的为海南的 71.43%。以锦江股份为例，其 2018 年第三季度旗下酒店平均出租率为 82.65%。另外同期如家经济型酒店的平均出租率为 87.9%。海天地悦旅是怎么做到的？

首先，塞班、关岛客流量增长是一大因素。大量韩国及中国游客进入塞班，拉动塞班休闲旅游市场（特别是酒店及度假村行业）积极增长。

其次是销售，其客房销售有多个渠道。招股书显示，海天地悦旅与旅行社订立年度销售协议，给予旅行社获得大量预留房间的权利。其每年根据旅行社经营需要及销售能力，与旅行社商讨以向其分配房间晚数，一般按季节性分类的固定价格定价。旅行社能获得房间数目及静态（固定）价格取决于多个因素，包括酒店同业的习惯、旅行社所在地的市场需求，以及多年来的房间购买量，按年计，海天地悦旅在往绩记录期内约 60%可用房间晚数分配到旅行社，向旅行社提供的 ARR（平均房租）一般有 9.4%的折扣，一般每月两次向旅行社发出订单，信贷期为 30 天。

旅行社的一个销售策略是将住宿捆绑为假期组合，通过自己的线上及线下销售网络，或通过其他旅游代理向客户销售。假期组合指交通与住宿服务由旅行社一并销售的旅游产品，比如将机票、中转及住宿服务捆绑销售，也包括租车及观光活动等其他服务。假期组合使得酒店及度假村在淡季时也可维持一定的出租率。

海天地悦旅其他的销售渠道还包括 TTA、OTA。TTA 一般为有实体零售经营的离线旅游代理，这一渠道的作用已愈加弱化，OTA 的重要性在提升。比如与 Expedia、Booking.com、Agoda 及携程合作，主要触达更难接触到的国际市场、无法通过旅行社或 TTA 预订假期的部分顾客，以及暂没有依赖也不积极推广的市场等。另外就是海天地悦旅自身的预订渠道，主要是官方网站（PC 端、移动端）以及酒店现场直订。这些预订渠道实现了广泛客户覆盖，包括中老年人和年轻人等。

针对客房价格，海天地悦旅也有定价策略，其向旅行社提供的静态定价根据季节性分类，尤其是周日及暴风雨季节等需求较低期间，在与对手竞争时能够维持一定的出租率。静态定价意在管理成本及优化出租水平，以及建立和维持与旅行社的长远关系。

海天地悦旅也通过定价激励（或可理解为“优惠”）来鼓励直接预订，对象包括美军、当地政府官员及公司等，以省去通过渠道预订产生的代理佣金或成本。

通过其他渠道预订的为动态定价，以优化旅行社基础之外的收益及 RevPAR（平均可出租客房收入），保持在应对市场供需变化、航班时间表以及竞争对手定价策略等的灵活性上。

资料来源：微信“执惠”公众号。

考核要求

海天地悦旅集团有限公司在运营中使用了哪些定价方法与策略？分别有什么优势？

背景材料（二）

2016 年开始，迪士尼采用了季节性定价策略，即在旅游旺季提高票价。2018 年 9 月底，迪士尼首次公布了在具体日期游玩迪士尼乐园的价格。根据这一新的政策，单日票的最高价格并未变化，但最低价格却有所上涨。迪士尼表示，新的定价系统的目的是更好地管理用户以保证全年（而不仅仅是在夏季和假期等高峰时段）游客数量。迪士尼在一篇博客中表示：“基于日期的门票定价可以帮助我们更好地分配全年游客数量，从而继续改进并提供体验。”

自 2020 年 6 月 6 日起，上海迪士尼度假区将调整上海迪士尼乐园目前的三级票价结构，采用全新的四级票价结构。新的四级票价结构分别为：常规日、特别常规日、高峰日和特别高峰日。对应的门票价格如下：“常规日”门票价格维持不变，仍为 399 元，涵盖冬季和秋季的大部分日期；“特别常规日”将涵盖春季大部分日期和部分周末，门票价格为 499 元；“高峰日”将涵盖夏季大部分日期、部分周末及部分节假日，门票价格为 599 元；“特别高峰日”主要包括部分超高客流的法定节假日及其相关调休或假日，以及一些国际性节日，门票价格为 699 元。上海迪士尼度假区方面表示，全新的四级票价结构将有助于更有效地管理贯穿全年的季节性客流分布，从而更大程度地优化游客体验。同时价格日历从现行的提前 30 天发布调整为提前 90 天滚动发布，便于游客有更多时间规划行程，并根据各自的不同需求进行选择。

2021 年 3 月起，东京迪士尼度假区引进门票浮动价格制，在预计人多拥挤的时期提高价格，缩小淡旺季入园人数的差距。

资料来源：微信“环球旅讯”公众号。

考核要求

迪士尼的定价策略呈现什么样的趋势？改进后的定价策略有什么优点？

项目七

旅游企业成本管理

【知识目标】

(1) 了解旅游企业成本控制的基本方法；
(2) 熟悉旅游企业成本费用的内容与分类；
(3) 熟悉旅游企业日常成本控制的环节与手段；
(4) 掌握旅游企业成本管理的主要内容；
(5) 掌握本量利分析的假设与原理；
(6) 掌握保本分析与目标利润分析的原理与方法。

【技能目标】

(1) 学会应用本量利分析方法进行成本管理；
(2) 学会使用旅游企业日常成本控制的方法与手段。

【素质目标】

培养学生进行成本管理的能力和勤于思考的学习习惯。

【引入案例】

同程艺龙业绩超预期背后的原因

同程艺龙发布了2020年第二季度及上半年财报。其中显示，2020年第二季度同程艺龙实现营收12亿元；经调整，净利润从一季度的7 800万元扩大到二季度的1.96亿元，净利润率达16.3%。相较之下，国内外在线旅游巨头已纷纷陷入亏损泥潭。受疫情扩大化与长期化影响，国外OTA平台二季度经营数据进一步恶化。虽受益于国内市场快速恢复，国内OTA平台业绩复苏势头显著，但连续两个季度持续盈利者，同程艺龙是独一家。同程艺龙的两次“例外”，在行业整体境况的映衬下有着相对更光鲜的“底色”，这个“底色”的更深层次探究，关乎文旅市场正在发生的变革。在同业还在盈利线下挣扎时，同程艺龙第二季度实现了16.3%的净利润率，基本恢复至2019年同期水平；月活跃用户1.76亿，环比增长了18.3%；月付费用户1 860万，环比增长25.7%。分板块来看，住宿预订业务与交通票务业务依然是同程艺龙主要收入来源，分别占总收入的32%、60.5%。第二季度住宿业务收入3.84亿元，恢复至2019年同期的七成水平，环比第一季度更大幅提升了70%；交通业务收入7.26亿元，同比恢复近八成。

财报发布后，同程艺龙股价随之拉升，提振了资本市场的信心。但对于行业而言，更重要的或许是弄清同程艺龙业绩超预期背后的原因。

首要原因是抓住了低线市场的机遇。财报显示，截至2020年6月30日，同程艺龙约85.9%的注册用户居住于中国非一线城市；约63.1%的微信平台新付费用户来自中国三线以下城市。当前，疫情阴影尚未完全散去，国外和国内高线城市的疫情控制并不稳定，而低线城市人口流动小，受疫情影响小，增长空间巨大，对于早已发力下沉市场的同程艺龙而言是巨大的优势。同程艺龙方面表示，凭借中国低线城市的广泛覆盖及经验，同程艺龙借助复苏商机推出针对低线城市用户的定制推荐及推广活动，第二季度低线城市售出的间夜数同比上升约15%。在刚刚过去的2020年七夕，同程艺龙国内酒店预订量同比增长了25%，低线城市预订量同比增长近40%，创下历史新高。

另一大原因则是控制成本。财报数据显示，第二季度同程艺龙销售成本为3. 325亿元，同比下降了40.8%。其中，因交易额减少，订单处理成本从2.44亿元大幅降至1.34亿元。

此外，人力支出与投放运营是成本的两大构成部分。

其中，人力成本的显著降低依赖于同程艺龙的科技化转型。同程艺龙首席财务官范磊表示，在同程网络与艺龙旅行网合并之初，整个公司就从运营切入科技导向，从OTA平台（在线旅行社）向ITA（智能出行管家）转型。在B端订单履约方面，当前同程艺龙住宿订单履约有90%以上都是无人触碰自动完成，通过技术与酒店直连，整个订单服务状态完全自动化。在交通票务领域，这一比例高达95%。在用户端，同程艺龙通过发力在线客服，已实现80%的问题由机器人回答。科技手段大幅提高了同程艺龙的运营效率。2019年，同程艺龙的GMV超过1 600亿，而呼叫中心只有1 500名客服，整个公司约5 400名员工，平均产能超过3 000万。范磊认为，同程艺龙应该是全球人效比最高的一家OTA公司。

市场投放方面，2019年，同程艺龙市场投放超10亿元，平均每月投放近1亿元。疫情暴发后，同程艺龙管理层判断疫情非常严峻，立即决定收紧包括品牌广告、效果类广告在内的一切市场投放。2月市场投放仅几十万元，3月有所回升，但仍只有几百万元。灵活的成本措施提升了同程艺龙的经营业绩，依靠强大的流量优势和精准的市场洞见，同程艺龙显示出高于同业的盈利能力和抗风险能力。

资料来源：微信“执惠”公众号。

【问题】

1. 你了解成本控制吗？此案例中同程艺龙主要从哪几个方面进行成本控制？

2. 通过此案例思考成本控制在成本管理中的重要地位以及成本控制对于旅游企业经营的重要意义。

任务一

旅游企业成本管理概述

旅游企业成本是旅游企业营运过程中的一种耗费，是旅游企业向顾客提供游览、客房、餐饮、交通、购物、娱乐等旅游产品及服务过程中所支付的现金或现金等价物，包括营业成本和期间费用等项目。

旅游企业成本管理是指旅游企业在营运过程中实施成本预测、成本决策、成本计划、成本控制、成本核算、成本分析与成本考核等一系列管理活动的总称。成本管理对于旅游企业运营有着重要意义，有助于企业实现目标利润，提高经济效益。

一、旅游企业成本费用的内容与分类

（一）旅游企业成本费用的内容

1. 营业成本

旅游企业营业成本是指旅游企业在提供旅游产品及服务过程中发生的与营业收入配比的直接支出。主要分饭店营业成本与旅行社营业成本。

（1）饭店营业成本。

会计制度规定，为简化饭店的会计核算，除出售商品和耗用原材料、燃料的商品部、餐饮部销售的商品成本和耗用的原材料、燃料计算营业成本外，其他各种服务性的经营活动，均不核算营业成本，而将其因提供服务而发生的各种支出分别计入“营业费用”“管理费用”“财务费用”账户。饭店营业成本主要包括以下项目：

①餐饮成本，是指餐饮部在实际烹饪过程中耗用的食品原材料、配料、调料的价值。

②商品成本，即商品进价成本，又可分为国内购进商品进价和国外购进商品进价。国内购进商品进价是指商品购进过程中支付的全部价款和价外费用；国外购进商品进价是指商品在进口过程中支付的价款、运杂费、手续费、进口税金等成本。

③商务成本，是指能够直接带来收入的相关传真、复印、电话等服务成本。

④洗涤成本，是指洗涤部门洗涤时耗用的用品、用料等成本。

⑤其他成本，是指除上述项目以外，其他应计入营业成本的营业项目支出。

（2）旅行社营业成本。

旅行社营业成本是指旅行社为旅游者提供各项服务过程中所发生的各种直接支出。对于组团社而言，是指组团社向旅游者收取但在以后需要拨付给接团社的各项直接支出；对于接团社而言，则是指接团社从组团社收取但又要支付给为客人提供住宿、餐饮、交通、游览等服务部门的各项直接支出。主要包括以下项目：

①房费，是指为旅游者支付的房费、房差费、退房损失费等。

②餐费，是指为旅游者支付的餐费、餐差费、退餐损失费等。

③交通费，是指为旅游者支付的各项车船费、机票费用等。

④行李托运费，是指为旅游者搬运和托运行李支付给交通部门或其他部门的费用等。

⑤文杂费，是指旅游者参加文娱活动、游览景点等支付的门票费、游览途中的饮料费等。

⑥陪同费，是指支付的陪同人员的房费、交通费、伙食补贴等。

⑦票务费，是指支付给交通部门的订货手续费、包车费用、退票损失等。

⑧保险费，是指为旅游者支付的人身保险费用。

⑨机场建设费，是指为旅游者支付的机场建设费用。

⑩地游及加项费，是指加收旅游者去参观点的综合服务费、专业活动费、超公里费、游江、游湖和风味餐费等。

2. 期间费用

期间费用是指企业为管理和组织经营活动所发生的劳动耗费的货币表现，是保证经营业务顺利进行、提高服务质量必不可少的支出。旅游企业的期间费用按发生的环节和经济性质的不同，可分为管理费用、营业（销售）费用、财务费用三类。

（1）管理费用。管理费用是指旅游企业行政管理部门为组织和管理生产经营活动而发生的各项费用，以及由企业统一负担的费用。管理费用主要包括公司经费、劳动保险费、董事会费、咨询费、诉讼费、聘请中介机构费、税金、排污费、绿化费、研究开发费、技术转让费、无形资产摊销、业务招待费、固定资产折旧费等。

（2）营业（销售）费用。营业（销售）费用是指旅游企业各营业部门在经营过程中发生的各项费用。

旅行社营业费用是指旅行社各营业部门在经营业务过程中发生的各项费用，包括邮电费、差旅费、展览费、广告宣传费、折旧费、业务部门人员的工资、福利费、服务费及其他费用。

饭店营业费用包括客房部为提供客房服务发生的工资、电费、燃料费、折旧费、物料消耗费等，还有餐饮部除原料成本以外的各项费用，如工资、物料消耗、水费、电费、折旧费、包装费等。

（3）财务费用。财务费用是指企业为筹集生产经营等而发生的各项费用，包括利息净支出、汇兑净损失、金融机构手续费等。

（二）旅游企业成本的分类

1. 按照成本性态分类

按照成本性态可分为固定成本、变动成本与混合成本三大类。

（1）固定成本：是指在特定业务量范围内不受业务量变动影响，总额保持相对稳定的成本。包括基本工资、折旧费、租金、利息、财产保险、取暖费等。如酒店客房折旧费不会因出租客房数量增减而增减。由于固定成本总额的稳定性，如果从单位产品分摊的固定成本来看则正好相关，随业务量增加，单位固定成本下降。

（2）变动成本：是指在特定业务量范围内其总额随业务量变动而正比例变动的成本。包括直接材料、加工费、销售佣金等。如酒店餐饮部原材料支出会随就餐客人的增加而增加。这类成本受业务量影响，两者保持正比例关系，比例系数稳定，该比例系数为单位产品变动成本。

（3）混合成本：是指除固定成本和变动成本以外的成本，它们因业务量变动而变动，但不成正比例变动。包括维修修理费、电话费、整车运输费、销售人员工资等。混合成本可以采用一定的方法将其分解为固定成本与变动成本。

2. 按照成本是否可控分类

按照成本是否可控可分为可控成本与不可控成本。

（1）可控成本：是指凡成本的发生能明确归属某一单位权责范围内，而且能加以控制的成本。如采购费用属于采购部门的可控成本。

（2）不可控成本：是指凡成本的发生不能明确归属某一单位权责范围内，而且不能加以控制的成本。如采购费用属于销售部门的不可控成本。

一般来说，可控成本和不可控成本是相对而言的，应从权责上加以划分，没有真正意义上的不可控成本。成本分可控和不可控，主要意义在于明确成本责任，评价或考核责任单位的工作业绩，使其增强成本意识，积极采取有效措施，促使其可控成本不断下降。

二、旅游企业成本管理的意义

成本管理是旅游企业日常经营管理的一项中心工作，旅游企业成本管理的意义主要体现在以下几个方面：

（1）通过成本管理降低成本，为旅游企业扩大再生产创造条件。

（2）通过成本管理增加企业利润，提高旅游企业经济效益。

（3）通过成本管理帮助企业取得竞争优势，增强旅游企业的竞争能力和抗风险能力。

三、旅游企业成本管理的目标

从成本管理活动所涉及的层面来看，旅游企业成本管理的目标可以分为总体目标和具体目标两个方面。

（一）总体目标

旅游企业成本管理的总体目标服从于企业的整体经营目标，在竞争性经济环境中，主要依据企业竞争战略制定：成本领先战略中，成本管理的总体目标是追求成本水平的绝对降低；差异化战略中，成本管理的总体目标则是在保证实现产品、服务等方面差异化的前提下，实现成本的持续降低。

（二）具体目标

旅游企业成本管理的具体目标是对总体目标的进一步细分，主要包括成本计算的目标和成本控制的目标。

成本计算的目标是为所有内、外部信息使用者提供成本信息。外部信息使用者关注的信息主要是资产价值和盈亏情况；内部信息使用者使用成本信息，除了了解资产价值及盈亏情况外，重点用于经营管理。

成本控制的目标是降低成本水平。实施成本领先战略的企业中，成本控制的目标是在保证一定产品质量和服务的前提下，最大限度地降低企业内部成本，表现为对营业成本和经营费用的控制。实施差异化战略的企业中，成本控制的目标则是在保证企业实现差异化战略的前提下，降低产品全生命周期成本，实现持续性的成本节省。

四、旅游企业成本管理的原则

旅游企业进行成本管理，一般应遵循以下原则：

（一）全过程原则

旅游企业成本管理是一个持续而全面的过程，应以企业业务模式为基础，全领域、全层次、全环节进行成本管理，做到责任到人、控制到位、考核严格、目标落实。

（二）经济性原则

旅游企业在应用成本管理相关工具方法时应讲求经济效果，因推行成本管理而发生的成本，不应超过因成本管理而增加的收益。

（三）重要性原则

旅游企业成本管理应重点关注对成本具有重大影响的项目，对于不具有重要性的项目可以适当简化处理。

五、旅游企业成本管理的主要内容

旅游企业成本管理一般按照事前、事中、事后等程序进行，具体包括成本预测、成本决策、成本计划、成本控制、成本核算、成本分析和成本考核七项内容。

（一）成本预测

成本预测是在现有条件和历史成本资料的基础上，根据未来可能发生的变化，利用科学的方法，对未来的成本水平及其发展趋势进行描述和判断的成本管理活动，是做出成本决策和编制成本计划的前提。成本预测有助于将未知因素转化为已知因素，掌握未来的成本水平及其变化趋势。

（二）成本决策

成本决策是在成本预测及有关成本资料的基础上，综合经济效益、质量、效率和规模等指标，对各个成本方案进行分析并选择最优方案的成本管理活动。成本决策不仅是成本管理的重要职能，还是企业营运决策体系中的重要组成部分。

（三）成本计划

成本计划是以营运计划和有关成本数据、资料为基础，根据成本决策所确定的目标，通过一定的程序，运用一定的方法，针对计划期企业的生产耗费和成本水平进行的具有约束力的成本筹划管理活动。通过成本计划与控制，分析实际成本与计划成本之间的差异，指出有待加强控制和改进的领域，以此评价有关部门的业绩，推动增产节约。

（四）成本控制

成本控制是成本管理者根据预定的目标，对成本发生和形成过程以及影响成本的各种因素施加主动的影响或干预，将实际成本控制在预期目标内的成本管理活动。成本控制的关键是选取适用于本企业的成本控制方法，它决定着成本控制的效果。成本控制方法主要有标准成本法、目标成本法、作业成本法及责任成本法等。

（五）成本核算

成本核算是根据成本核算对象，按照国家统一的会计制度和企业管理要求，对营运过程中实际发生的各项耗费按照规定的成本项目进行归集、分析与结转，取得各成本核算对象的总成本和单位成本，向有关使用者提供成本信息的成本管理活动。成本核算的关键是核算方法的选择。成本核算方法包括品种法、分批法、分步法三种基本方法和定额法、分类法等辅助方法，另外还有变动成本法、标准成本法、作业成本法等管理成本核算方法。

（六）成本分析

成本分析是利用成本核算提供的成本信息及其他有关资料，分析成本水平与构成的变动情况，查明影响成本变动的各种因素和产生的原因，并采取有效措施控制成本的成本管理活动。成本分析方法主要有对比分析法、连环分析法和相关分析法等。通过成本分析，可以深入了解成本变动的规律，寻求成本降低的途径，为成本规划和经营决策提供参考依据。

（七）成本考核

成本考核是对成本计划及其有关指标实际完成情况进行定期总结和评价，并根据考核结果和责任制的落实情况，进行相应奖励和惩罚，以监督和促进企业加强成本管理责任制，提高成本管理水平的成本管理活动。成本考核的关键是评价指标体系的选择和评价结果与约束激励机制的衔接。

任务二

旅游企业本量利分析

一、本量利分析概述

（一）本量利分析的定义

本量利分析，是指以成本性态分析和变动成本法为基础，运用数学模型和图式，对成本、业务量、利润等因素之间的依存关系进行分析，发现变动的规律，为企业进行预测、决策、计划和控制等活动提供支持的一种方法。

其中，“本”指成本，包括固定成本与变动成本；“量”指业务量；“利”一般指营业利润。本量利分析的内容主要有保本点分析、目标利润分析、敏感性分析等。

（二）本量利分析的基本假设

在本量利分析中，成本、业务量和利润之间的数量关系建立在一系列假设基础上，这些假设有助于利用简单的数学模型来反映成本、业务量与利润之间的关系。本量利分析主要基于以下四个假设：

1. 总成本由固定成本与变动成本两部分组成

该假设要求企业所发生的全部成本可以按其性态分为变动成本和固定成本，且固定成本总额与单位变动成本在相关范围内保持不变。

2. 销售收入与业务量呈完全线性关系

该假设要求销售量在相关范围内变化时，产品单价保持不变，销售收入随业务量变化而变化，且保持完全线性关系。

3. 产销平衡

该假设假定每期生产的产品总是能在当期全部售出，产销平衡，不考虑存货变动对利润的影响。

4. 产品产销结构稳定

该假设假定同时生产销售多种产品的企业，其销售产品的品种结构不变，产品的产销总量发生变化时，原来各产品的产销额在全部产品的产销额中所占比重不变。

（三）本量利分析的基本原理

本量利分析的基本原理是根据有关产品的销售数量、销售单价、变动成本和固定成本等因素同目标利润之间的相互关系，通过分析计量而确定企业目标利润，或者给定目标利润，计算出目标产量。可以用以下公式来反映：

利润＝销售收入－总成本

＝销售收入－（变动成本＋固定成本）

＝销售量×单价－销售量×单位变动成本－固定成本

＝销售量×（单价－单位变动成本）－固定成本

二、旅游企业保本分析

保本分析（也称盈亏平衡分析）是指分析、测定保本点（又称盈亏平衡点），以及有关因素变动对保本点的影响等，是本量利分析的核心内容。保本分析的原理是通过计算企业在利润为零时处于盈亏平衡的业务量，当企业业务量等于保本点业务量时，企业处于盈亏平衡状态；当企业业务量高于保本点业务量时，企业处于盈利状态；当企业业务量低于保本点业务量时，企业处于亏损状态。

（一）保本点

保本分析的关键是保本点的确定。保本点，是指企业达到盈亏平衡状态的业务量，即企业一定时期的总收入等于总成本，利润为零时的业务量。保本点有两种表现形式：保本销售量和保本销售额。

根据本量利分析基本公式：

利润＝销售量×（单价－单位变动成本）－固定成本

当利润为零时，

$$\text{保本点销售量}=\frac{\text{固定成本}}{\text{单价}-\text{单位变动成本}}=\frac{\text{固定成本}}{\text{单位边际贡献}}$$

若用销售额来表示，

$$保本点销售额=保本点销售量\times 单价$$

或

$$保本点销售额=\frac{固定成本}{\frac{单价-单位变动成本}{单价}}=\frac{固定成本}{1-变动成本率}=\frac{固定成本}{边际贡献率}$$

从保本点的计算公式可以看出，降低保本点的途径主要有降低固定成本总额、降低单位变动成本和提高销售单价。

（二）旅游企业保本点计算

旅游企业保本点是指旅游企业所获得的营业收入在扣减变动成本后的余额，要先用来补偿固定成本，余额与固定成本相等的点即为保本点。进行保本分析时，要先明确“边际贡献”这一概念。

1. 边际贡献

边际贡献是指产品的销售收入减去变动成本后的余额。

$$\begin{aligned}边际贡献总额&=销售收入-变动成本\\&=销售量\times（单价-单位变动成本）\\&=销售量\times 单位边际贡献\\&=销售收入\times\frac{单位边际贡献}{单价}\\&=销售收入\times 边际贡献率\end{aligned}$$

$$\begin{aligned}单位边际贡献&=单价-单位变动成本\\&=单价\times 边际贡献率\end{aligned}$$

$$\begin{aligned}边际贡献率&=\frac{边际贡献总额}{销售收入}=\frac{单位边际贡献}{单价}\\&=1-变动成本率\end{aligned}$$

2. 客房保本点计算

【例题 7-1】 某酒店有客房 200 间，每天分摊固定成本 15 000 元，客房出租房价为 180 元，单位变动成本为 30 元，计算客房月保本销售量和月保本销售额为：

$$月保本销售量=\frac{15\,000\times 30}{180-30}=3\,000（间）$$

$$月保本销售额=\frac{15\,000\times 30}{180-30}\times 180=540\,000（元）$$

客房出租率是酒店非常关注的综合经营效果指标，计算出保本销售量后，就可以计算保本出租率。本例中的客房保本出租率为：

$$\begin{aligned}客房保本出租率&=\frac{客房保本出租量}{可供出租客房数\times 计算期天数}\times 100\%\\&=\frac{3\,000}{200\times 30}\times 100\%=50\%\end{aligned}$$

3. 餐厅保本点计算

对餐厅进行保本分析时，由于食品菜肴品种较多，价格比较复杂，因此可直接计算保本点销售额。

$$保本点销售额=\frac{固定成本}{边际贡献率}$$

餐饮材料成本是最典型的变动成本，另外还有牙签、餐纸、水电燃料费用等也属于变动成本。毛利率的计算与边际贡献率的计算如下：

毛利=营业收入−食品原料成本

边际贡献=销售收入−变动成本

毛利率=毛利/营业收入

边际贡献率=边际贡献/营业收入

为了简化计算手续，一般用毛利率取代边际贡献率计算保本点。因此，餐饮部的保本点销售额可调整为：

$$保本点销售额=\frac{固定成本}{毛利率}$$

【例题 7-2】 某酒店餐饮部预算期月固定成本为 100 000 元，毛利率为 50%，则：

$$保本点销售额=\frac{100\ 000}{50\%}=200\ 000(元)$$

（三）本量利关系图

在进行本量利分析时，不仅可以通过数据计算出保本点的销售额和销售量，还可以通过绘制本量利关系图（见图 7-1）进行分析。借助本量利关系图不仅可以得到保本点销售额和销售量，还可以一目了然地观察到相关因素变动对于利润的影响，从而有助于管理者做出各种短期经营决策。

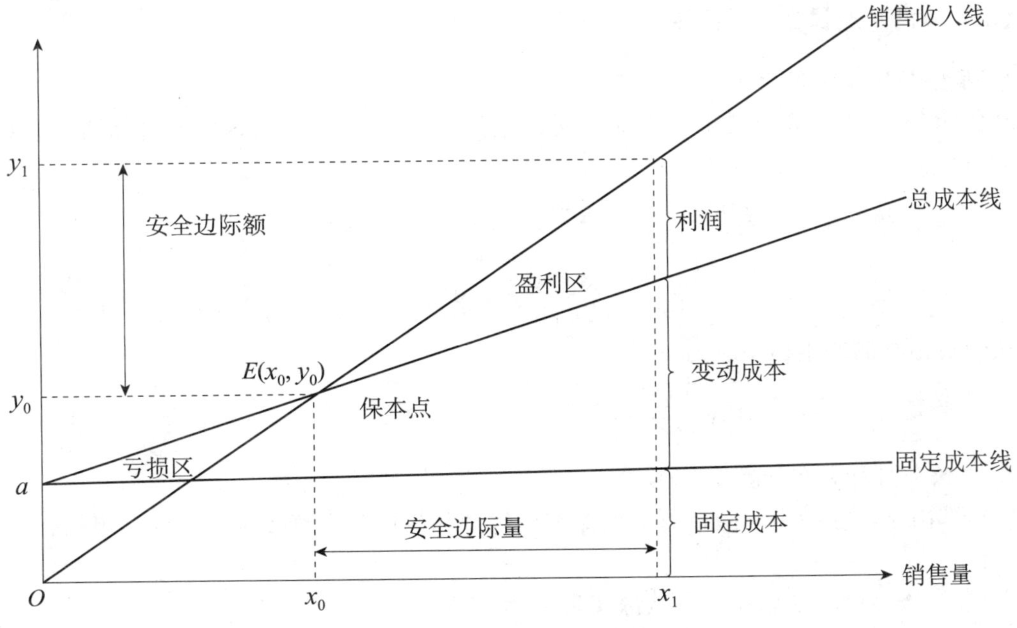

图 7-1 本量利关系图

第一，固定成本线与横轴之间的区域为固定成本，它不因产量增减而变动，总成本线与固定成本线之间的区域为变动成本，与产量呈正比例关系。

第二，销售收入线与总成本线的交点是保本点，从本量利关系图可以直观地看到保本点的销售量和销售额。

第三，保本点右侧销售收入线与总成本线相夹的区域为盈利区，保本点左侧的销售收入线与总成本线相夹的区域为亏损区。

三、旅游企业目标利润分析

保本分析是假定企业在盈亏平衡、利润为零的状态下进行的本量利分析。但盈亏平衡并不是旅游企业经营的最终目的，在竞争市场经济中，企业经营的目的是追求利润，目标利润是本量利分析的核心要素。因此，企业更注重盈利条件下的本量利分析。

（一）目标利润分析基本原理

目标利润分析是在本量利分析方法的基础上，计算为达到目标利润所需达到的业务量、销售额和成本的一种利润规划方法。通常情况下企业要实现目标利润，在其他因素不变时，销售量或销售单价应当提高，而固定成本或单位变动成本则应下降。计算公式如下：

目标利润＝销售量×(单价－单位变动成本)－固定成本

因此，

目标利润销售量＝（固定成本＋目标利润)÷(单价－单位变动成本)

目标利润销售额＝目标利润销售量×单价

＝（固定成本＋目标利润）÷边际贡献率

（二）旅游企业目标利润实现

1. 客房部目标利润计算

在例题 7-1 中，如果要求客房部实现目标利润 30 万元，那么客房的目标销售量和目标销售额分别为：

$$目标销售量=\frac{15\ 000\times 30+300\ 000}{180-30}=5\ 000（间）$$

$$目标销售额=\frac{15\ 000\times 30+300\ 000}{180-30}\times 180=900\ 000（元）$$

实现目标利润的出租率应为：

$$目标利润出租率=\frac{5\ 000}{200\times 30}\times 100\%=83.33\%$$

2. 餐饮部目标利润计算

餐饮部由于经营种类不同，可根据保本销售额和目标利润直接计算目标销售额。

在例题 7-2 中，如果要求餐饮部实现目标利润 150 000 元，则

目标销售额＝200 000＋150 000＝350 000（元）

任务三

旅游企业日常成本控制

一、旅游企业成本控制概述

旅游企业成本控制是旅游企业在生产经营过程中，根据设定的成本控制目标对成本进行全过程指导、监督和限制，并采取有效措施及时纠正偏差，以保证成本控制目标实现的成本管理活动。

对于旅游企业来说，其产品具有生产和消费的同一性，只有顾客前来消费，旅游企业的生产才真正开始，在此之前更大量的工作是处于直接对客服务做准备或预生产阶段。只有对成本发生、形成、变动的全过程进行控制，才能真正达到成本控制的目的。

二、旅游企业成本控制方法

（一）标准成本法

标准成本法是以标准成本为基础，将实际成本与标准成本进行对比，解释成本差异形成的原因和责任，进而采取措施，对成本进行有效控制的管理方法。标准成本法的流程一般应包括如下五个步骤，即确定应用对象、制定标准成本、实施过程控制、成本差异计算与动因分析以及标准成本的修订与改进。

标准成本是指在正常的生产技术水平和有效的经营管理条件下，企业经过努力应达到的产品成本水平。企业在确定标准成本时有理想标准成本与正常标准成本两种类型，可根据自身技术条件和经营水平进行选择。

（1）理想标准成本。这是一种理论标准，是指在现有条件下所能达到的最优成本水平，即在生产过程中无浪费、机器无故障、人员无闲置、产品无废品等假设条件下制定的成本标准。

（2）正常标准成本。是指在正常情况下，企业经过努力可以达到的成本标准，这一标准考虑了生产过程中不可避免的损失、故障、偏差等。

通常来说，理想标准成本小于正常标准成本。由于理想标准成本要求异常严格，一般很难达到，而正常标准成本具有客观性、现实性、激励性等特点，所以，正常标准成本在实践中应用广泛。

（二）作业成本管理

作业成本管理是以“作业消耗资源、产出消耗作业”为原则，按照资源动因将资源费用追溯或分配至各项作业，计算出作业成本，然后再根据作业动因将作业成本追溯或分配至各成本对象，最终完成成本计算的过程。

作业成本管理是基于作业成本法，它通过对作业及作业成本的确认、计量，最终计算产品成本，同时将成本计算深入到作业层次，对企业所有作业活动进行追踪并动态反映的成本控制方法，此外还要进行成本链分析，指导企业有效地执行必要的作业，消除和精简不能创造价值的作业，以降低成本、增加企业利润。

以旅行社为例，旅行社的产出为旅游产品，作业中心可以分为产品研发中心、产品销售中心、接待服务中心、管理活动中心等，消耗的资源比如产品研发中心包括研发人员的工资、差旅费、通信费等。作业成本管理是通过成本动因分析与作业分析找出非增值作业，以作业消除、作业选择、作业减少和作业共享等途径尽量消除或减少非增值作业，最大化利用增值作业，减少不必要的耗费，提升经营效率。例如：产品研发工作人员外出调研会产生差旅费，产品研发人员可委托销售部人员在出差开展业务时完成调研，减少不必要的耗费，降低旅行社经营成本。

（三）责任成本管理

责任成本管理是指将企业内部划分为不同的责任中心，明确责任成本，并根据各责任中心的权、责、利关系来考核其工作业绩的一种成本管理模式。其中，责任中心也叫责任单位，是指企业内部具有一定权利并承担相应工作责任的部门或管理层次，按照企业内部责任中心的权责范围以及业务活动的不同特点，责任中心一般可以划分为成本中心、利润中心和投资中心三类。责任成本管理的流程如下：

（1）划分责任中心，明确责任范围；

（2）编制责任预算，制定考核标准；

（3）跟踪记录信息，进行责任结算；

（4）评价、考核工作业绩，编制责任报告。

三、旅游企业日常成本控制

（一）餐饮业务成本控制

餐饮业务是旅游企业经营的重要项目，由于餐饮的经营相对灵活，降低成本的潜力也相对较大，因此需要制定有效的餐饮成本管理制度，实行严格的成本控制，减少不必要的耗费，降低成本，提升经济效益。

对餐饮成本的控制要结合餐饮产品生产、服务、销售各个流程实施全过程成本控制，将每一环节及环节之间的衔接点控制好，降低消耗，提高生产效率。

1. 原料采购环节

原料成本是餐饮成本的最大支出，因此采购是成本控制的源头。采购应制定严格的采购标准，包括质量标准、数量标准和价格标准，严格按照采购标准进行成本控制和监督。

质量标准应包括材料的规格、等级、新鲜度等，只有合乎质量要求的原料才能提高原料的利用率，降低单位成本，提高毛利率，也更有利于企业的长期发展。

数量标准可以通过制定订货点、经济订货量等模型来完成，使得采购进货成本与保管仓储成本总和最低。

对于价格标准的制定，采购部门应严格执行询价制度和周期性市场调查，对供应商进行评级管理，及时调整供应商。另外，尽量以批量采购为主，降低采购成本。采购价格会直接影响餐饮部门成本和经营成果。

2. 验收入库环节

首先明确验收员的职责权限，验收人员要对采购材料的数量、质量和价格跟购货清单进行逐一清点和验货，对于不符合采购要求或手续不齐全的原料验收员有权拒收，把好成本控制第一关。

3. 仓储保管环节

仓储保管工作是餐饮成本控制的重要环节，仓储保管质量直接影响餐饮成本。仓储管理的基本任务是数量安全、质量保证、信息提供。为保证仓储质量，实现目标，必须建立定期盘点制度，对盘点存在的问题进行分析并及时处理。

仓储环节的日常控制主要应做好以下几点：一是分类存放，防止原料串味、变潮，影响质量；二是合理码放，贯彻先进先出的原则；三是保质期控制，及时将相关信息反馈给生产部门，及时消化存放时间较长的原料；四是安全保证，防止原料存放中不安全事故的发生，减少损失和浪费。

4. 领料出库环节

首先，需要严格实行领发料制度，健全领料单制度，以便准确反映原料的消耗情况，明确材料领用的责任。

其次，对发出原料的计价要选择适当的方式，如先进先出法、加权平均法、移动加权平均法和个别计价法。先进先出法是指将先入库的材料先发出，这种计价方式比较符合餐饮业原料领用的顺序。加权平均法是指以本月期初库存原料成本加上本月采购入库原料成本去除本月全部原料数量计算出原料的加权平均单位成本，从而确定原料发出成本和库存成本的方法。移动加权平均法是指本次入库原料的成本假设期初原料成本除以本次入库原料数量加原有库存原料数量，据以计算加权平均单价的计价方法。利用移动加权平均法每次进货后都要重新计算材料加权平均单位成本。个别计价法是指通过逐一辨别各批发出原料所属的采购批次，以其购入时的成本作为发出原料成本的方法。

5. 生产环节

餐饮部门应制定标准化的操作体系，明确每道菜所需的各种原料、配料、调料的固定分量、比例标准、制作成本和烹饪方法等，加强材料的粗加工、配菜、烹饪全过程的质量和成本控制。如果实际成本超过标准成本，进一步分析原因，提出改进措施，从而提高成本控制水平。

6. 销售服务环节

销售服务环节包括领发菜、进餐服务和收银等环节。销售服务环节要在保证服务质量的前提下优化人员配置，降低人工成本。提升销售服务质量可以提高顾客满意度，降低相对成本。领发菜环节要注意调控菜品的制作及上菜的速度，检查控制菜肴的质量，减少差错率和降低投诉率；进餐服务环节要按照标准服务程序提供服务，提高顾客满意度；收银环节要健全客账单控制体系，防止丢失和逃账。

（二）客房业务成本控制

客房业务是旅游酒店的主体，客房成本在酒店总成本中占比较大，加强客房业务成本控制与管理，对降低整个酒店的成本支出具有重要意义。客房成本主要包括客房折旧费、客房消耗品成本、维修成本等，根据成本习性可分为固定成本和变动成本，固定成本总额保持不变，单位固定成本随出租率提高而降低，如折旧费；变动成本总额随出租率提高而呈正比例增加，单位变动成本保持不变，如牙刷、拖鞋等消耗品成本。因此控制客房业务成本支出，也需从固定成本与变动成本两个方面入手：

1. 降低单位固定成本

其途径是提高客房出租率，通过增加客房出租数量降低单位固定成本。

$$客房出租率=\frac{计算期实际出租客房数量}{计算期可出租客房数量}$$

2. 控制单位变动成本

其主要是通过客房消耗品定额控制单位变动成本。消耗品定额必须按照饭店的不同档次，制定消耗品的配备数量和配备规定。对一次性消耗品的配备数量，要按照客房出租情况进行责任划分。另外，对于客房物品的领用和分发要实施严格的管理和监督，以便对每个人管辖的客房消耗品支出进行对比和考核，并根据成本控制情况给予适当奖惩。

（三）旅行社成本控制

旅行社的成本是指在产品设计、产品开发、产品生产、产品销售以及旅游接待等方面所发生的成本。旅行社要对成本费用形成的全过程进行控制和监督，及时纠正所发生的偏差，尽量减少不必要成本，降低经营成本，提升旅行社市场竞争力。旅行社成本控制的主要手段有：

1. 进行标准成本控制与分析

首先旅行社根据现有经营管理水平和市场环境，确定各旅游产品标准成本，通过标准成本与实际成本的比较，揭示分析标准成本与实际成本差异形成的原因和责任，进而采取措施，对成本进行有效控制。

2. 实施责任成本制度

旅行社本身并不生产产品，其提供的产品是相关企业产品的组合，因此，在成本控制的过程中具有很多不确定因素。为了加强成本控制，旅行社可以实行责任成本制度，在旅行社内部划分不同的责任中心，明确责任成本，根据责任中心的权、责、利关系来考核其工作业绩，提高部门和员工节约成本、减少耗费的积极性和主动性。

3. 建立成本控制信息系统

旅行社经营方式灵活，行业门槛较低，并且旅行社采购产品涉及行业较多，所以各项成本比较繁杂。因此，旅行社尤其需要建立科学的成本控制信息系统。一般来说，成本控制信息系统主要包括三部分：成本指标、标准、定额等输入系统；核算、控制、反馈系统；分析预测系统。这三个系统构成一个整体，就会发挥提供、传递与反馈成本信息的作用，并成为旅行社成本控制的有效手段。

【思政园地】

跟荀子学成本效益思维——“强本而节用”

（一）原文出处

该句出自《荀子·天论》。荀子说：“天行有常，不为尧存，不为桀亡。应之以治则吉，应之以乱则凶。强本而节用，则天不能贫；养备而动时，则天不能病；修道而不贰，则天不能祸。”

（二）译文

大自然运行变化有一定的常规，不会因为尧统治天下就存在，也不会因为桀统治天下就消亡。用正确的治理措施适应大自然的规律，事情就办得好；用错误的治理措施对抗大自然的规律，事情就会办糟。加强农业生产而又节约开支，那么天不可能使人贫穷；生活资料充足而又能适应天时变化进行生产活动，那么天也不可能使人生病；认清规律，加强修养。自觉遵守而又坚定不移，那么天也不可能使人遭祸。

（三）引申

从会计文化的角度讲，荀子说的“强本而节用，则天不能贫；养备而动时，则天不能病；修道而不贰，则天不能祸”有三层要义：一是厉行节约，加强成本费用核算，提高成本效益意识，把有限的资金花在刀刃上；二是坚持谨慎性原则，充分估计可能的风险和不利因素，主动提取各种准备资金，以应对不测的影响；三是不仅要认识和掌握客观事物规律，而且要养成很好的职业素养和职业操守能力，坚定理念和信仰，一以贯之。

资料来源：郭传章．会计文化［M］．北京：高等教育出版社，2019.

【项目小结】

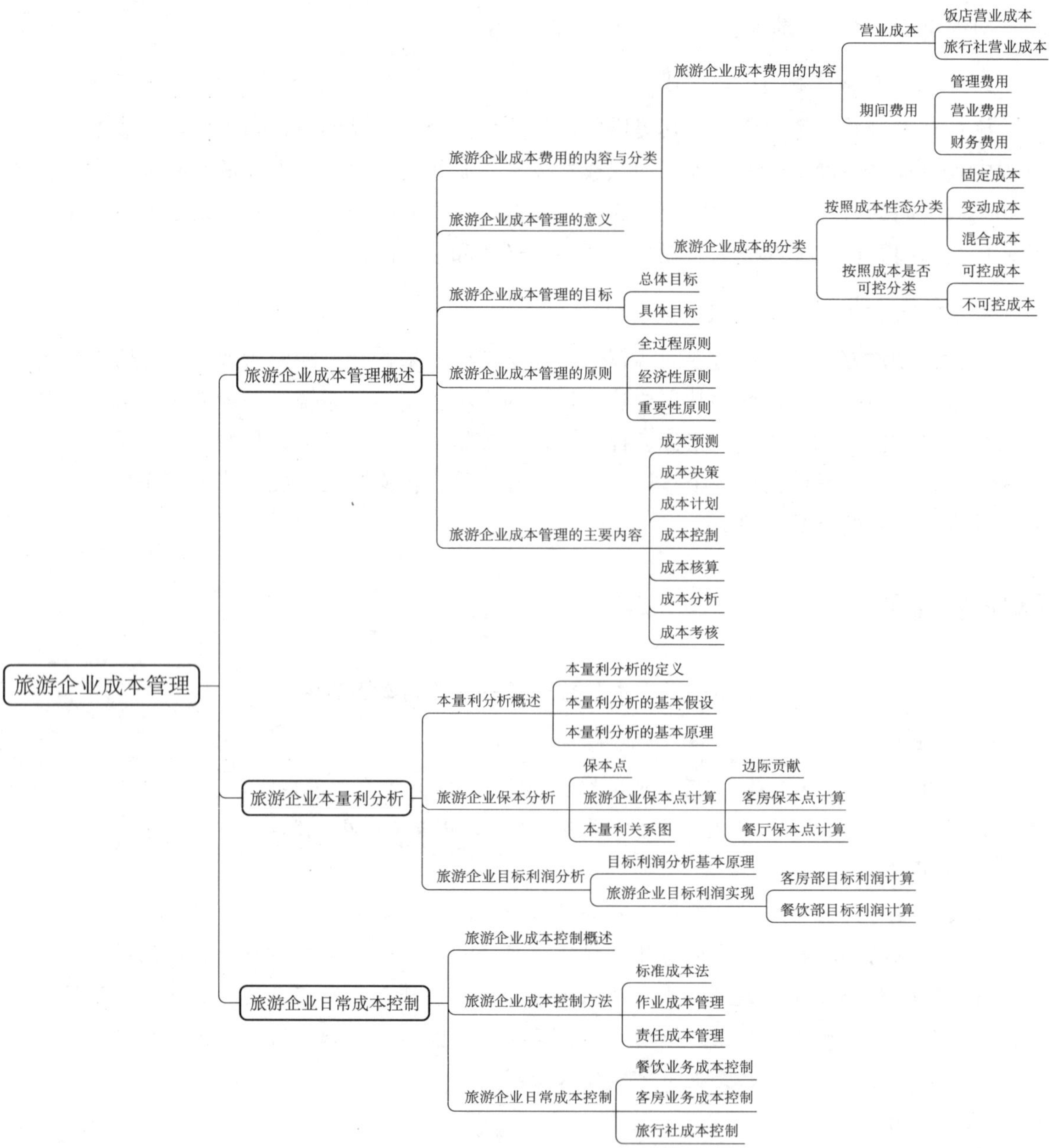
旅游企业成本管理
旅游企业成本管理概述
旅游企业成本费用的内容与分类
旅游企业成本费用的内容
营业成本
饭店营业成本
旅行社营业成本
期间费用
管理费用
营业费用
财务费用
旅游企业成本的分类
按照成本性态分类
固定成本
变动成本
混合成本
按照成本是否可控分类
可控成本
不可控成本
旅游企业成本管理的意义
旅游企业成本管理的目标
总体目标
具体目标
旅游企业成本管理的原则
全过程原则
经济性原则
重要性原则
旅游企业成本管理的主要内容
成本预测
成本决策
成本计划
成本控制
成本核算
成本分析
成本考核
旅游企业本量利分析
本量利分析概述
本量利分析的定义
本量利分析的基本假设
本量利分析的基本原理
旅游企业保本分析
保本点
旅游企业保本点计算
边际贡献
客房保本点计算
餐厅保本点计算
本量利关系图
旅游企业目标利润分析
目标利润分析基本原理
旅游企业目标利润实现
客房部目标利润计算
餐饮部目标利润计算
旅游企业日常成本控制
旅游企业成本控制概述
旅游企业成本控制方法
标准成本法
作业成本管理
责任成本管理
旅游企业日常成本控制
餐饮业务成本控制
客房业务成本控制
旅行社成本控制

※ 应知考核 ※

一、单选题

1. 以下各项内容属于事后成本管理的是（　　）。

A. 成本预测　　B. 成本计划

C. 成本控制　　D. 成本分析

2. 以下途径不能降低保本点的是（　　）。

A. 降低固定成本总额　　B. 降低单位变动成本

C. 降低销售单价　　D. 提高销售单价

3. 以下关于边际贡献总额的计算公式，不正确的是（　　）。

A. 销售收入－变动成本　　B. 销售收入－固定成本

C. 销售收入×边际贡献率　　D. 销售量×单位边际贡献

二、多选题

1. 旅游企业以下各项支出中，应计入营业成本的有（　　）。

A. 餐饮部烹饪耗用的原材料　　B. 客房部房屋建筑物的折旧费

C. 旅行社为旅游者支付的房费　　D. 旅游景区管理部门人员的工资

2. 旅游企业期间费用包括（　　）。

A. 管理费用　　B. 营业费用

C. 财务费用　　D. 生产费用

3. 旅游企业成本按成本性态可分为（　　）。

A. 固定成本　　B. 变动成本

C. 可控成本　　D. 混合成本

4. 本量利分析的假设有（　　）。

A. 总成本由固定成本与变动成本两部分组成

B. 销售收入与业务量呈完全线性关系

C. 产销平衡

D. 产品产销结构稳定

三、判断题

1. 可控成本与不可控成本是相对而言的，对整个企业来说，所有成本都是可控的。（　　）

2. 差异化战略下，成本管理的总体目标是追求成本水平的绝对降低。（　　）

3. 理想标准成本比正常标准成本更容易达到，应用也更为广泛。（　　）

※ 应会考核 ※

背景材料（一）

A旅行社主要从事出境游批发、零售业务，兼营入境旅游业务和国内旅游业务。公司整合机票、境外接待服务、酒店餐饮、签证、境外交通、出境旅游保险等旅游产业链各要素资源，业务目的地覆盖欧洲、大洋洲、非洲、美洲、亚洲等全球主要目的地国家和地区。

A旅行社企业运营过程中发生的固定成本，有如下几项：

（1）房屋租赁费 700 000 元。

（2）旅行社强制责任保险 15 000 元：目的是承保旅行社在组织旅游活动过程中因疏忽、过失造成事故所应承担的法律赔偿责任的险种，是每个旅行社必须购买的险种。

（3）各类办公设备的折旧费 170 000 元：计算机、打印机、复印机、扫描仪等。

（4）无形资产的摊销费 35 000 元：为提高内部信息交流的效率，提高办公效率，减轻工作负担，节省办公费用，A旅行社委托开发的ERP类办公软件。

（5）水费、电费、物业费、暖气费等合计 920 000 元。

（6）办公费用、差旅费、交通费、业务招待费、快递费等合计 137 000 元。

（7）其他咨询服务费等 149 000 元。

综上计算，该旅行社企业每年发生的固定成本为 1 570 000 元。

A旅行社运营过程中发生的变动成本有如下几项：

（1）机票成本：假设各地区综合平均机票成本为 4 000 元。

（2）地接成本：为减少成本和方便银行付汇，目前A旅行社企业还未大量从境外直采酒店和旅游巴士车，一般都通过境外旅行社企业（以下简称“地接社”）采购，与境外地接社签订采购合同，由该境外地接社负责A旅行社企业的各团团期需要的酒店和旅游巴士，并派出当地地陪随团服务。综合来计算平均每个游客的地接成本 3 000 元。

（3）小交通成本：主要是客人从各自常住地去签证中心提供生物特征识别数据（即录入指纹和拍照）产生的国内火车费、国内巴士费等。经过计算，这部分交通成本为平均每个游客 140 元。

（4）签证成本：综合平均每个游客的签证成本为 440 元。

（5）保险成本：旅行社企业为减少其自身风险，提高应付各类团队意外事故的能力，还会为团队的每位游客购买与出行日期相符的团队意外保险，一是做到对游客的保护，一旦出现旅行社企业因自身风险诸如破产倒闭、跑路、无法兑付的现象，游客在出团旅行过程中发生意外事故，保险公司会依据保险条例按照相应的保费给予游客一定的赔偿。二是对旅行社企业自身风险做到一些规避和转移。综合平均每个游客的保险成本为 25 元。

（6）团队杂费：这部分成本为除了以上主要成本以外的跟团队相关的其他直接成本，这部分成本经计算平均每个游客为 20 元；

综上所述，目前A旅行社企业每年的单位变动成本是 7 625 元。假设A旅行社只经营一种旅游产品，单价为 10 770 元。

资料来源：董黎丽．本量利分析在旅游企业中的应用——以A旅行社为例[D]．首都经济贸易大学．

考核要求

1. 简单阐述固定成本与变动成本的不同特征。

2. 计算A旅行社的保本点销售量和保本点销售额。

3. 如果A旅行社的目标利润为400 000元，则目标利润销售量和目标利润销售额分别是多少？

背景材料（二）

游乐园是不少人的梦想乐园，可以让人忘却很多烦恼。但事实上，并不是所有的游乐园都是盈利的，即便是同样的产品，在不同操盘者手里也有可能走向截然不同的命运。

以迪士尼乐园为例。法国巴黎的迪士尼开业至今25年的时间里，有23年都是亏损的。相较而言，东京迪士尼的表现则可圈可点，凭借着95%的回头率，书写了全球最能盈利迪士尼的行业传奇。

这背后精细化运营的能力无疑至关重要。东京迪士尼并不是世界上最大的迪士尼乐园，但无疑它是全世界客流量最大、盈利能力最好的一家迪士尼乐园。背后原因有哪些呢？

除了拥有非常自由的独立经营权、不依赖门票收入、超强复游率以外，还有一个非常重要的原因就是东京迪士尼有一个非常精准的数据系统，每天入园人数的预测和最后到底卖了多少张票，误差极小。在东京迪士尼，系统可以根据入园的人数来精准地设定员工出勤的人数，并且能够做到按时段精确地调整。在此基础上，东京迪士尼打造了一套依靠“兼职”就可以实现运营的体系。系统可以根据客人的波动数据来灵活调整员工出勤的时长，做到人工成本的精确控制。而在如此特殊的人力结构下，迪士尼的工作流程和工作文化建设就显得异常重要。除此之外，迪士尼餐厅的每一款菜品数量甚至都有精确的规划。比如说某一款甜品，餐厅根据入园人数来判断准备了610个，最后的情况是卖掉了608个，仅有两个没有卖出去，大大减少了原材料的浪费。这样精确的控制，在普通的餐厅是无法做到的，在减少原材料浪费的基础上，大大提高了园内餐厅的利润。

资料来源：微信“劲旅网”公众号。

考核要求

1. 精准的数据系统对于东京迪士尼成本管理和运营体系产生了什么有利影响？

2. 国内景区和主题公园等旅游企业应如何借鉴东京迪士尼的运营方式提升企业成本管理水平和获利能力呢？

项目八

旅游企业利润及分配管理

【知识目标】

（1）掌握利润的构成及其分配顺序。
（2）熟悉股份制企业股利支付方式、政策制定的要求。
（3）了解股利支付程序，比较股利支付方式。
（4）了解股票分割对股东权益、每股收益、股份单价和总额以及对股东公司的阻碍。

【技能目标】

了解企业收益分配的基本原则和程序，理解不同股利政策的含义与适用性，能在实务中确定和运用恰当的股利政策。

【素质目标】

具有一定的统计分析能力、写作能力和较强的学习能力。培养良好的职业道德和敬业精神，树立团队合作意识。

【引入案例】

峨眉山旅游股份有限公司2019年年度权益分派实施公告

本公司及董事会全体成员保证信息披露内容的真实、准确和完整，没有虚假记载、误导性陈述或重大遗漏。

峨眉山旅游股份有限公司（以下简称“本公司”或“公司”）2019年年度权益分派方案已获2020年5月15日召开的2019年年度股东大会审议通过，股东大会决议公告已于2020年5月16日刊登在《中国证券报》《证券时报》和巨潮资讯网（http：//www.cninfo.com.cn）上，现将权益分派事宜公告如下：

一、股东大会审议通过利润分配方案情况

（1）本公司2019年年度利润分配方案为：以公司2019年12月31日总股本526 913 102股为基数，向全体股东每10股派1.00元现金（含税），送红股0股（含税），不以公积金转增股本。本次利润分配方案实施时，如享有利润分配权的股本总额发生变动，则以实施分配方案股权登记日时享有利润分配权的股本总额为基数，按照现金分配比例不变的原则对现金分红金额进行调整。

（2）本次分派方案自披露之日起至实施期间公司股本总额未发生变化。

（3）本次实施的分派方案与股东大会审议通过的分派方案一致。

（4）本次实施分派方案距离股东大会审议通过的时间未超过两个月。

二、权益分派方案

本公司2019年年度权益分派方案为：以公司现有总股本526 913 102股为基数，向全体股东每10股派1.00元现金（含税；扣税后，通过深股通持有股份的香港市场投资者、

QFII、RQFII 以及持有首发前限售股的个人和证券投资基金每 10 股派 0.900 000 元；持有首发后限售股、股权激励限售股及无限售流通股的个人股息红利税实行差别化税率征收，本公司暂不扣缴个人所得税，待个人转让股票时，根据其持股期限计算应纳税额【注：根据先进先出的原则，以投资者证券账户为单位计算持股期限，持股 1 个月（含 1 个月）以内，每 10 股补缴税款 0.200 000 元；持股 1 个月以上至 1 年（含 1 年）的，每 10 股补缴税款 0.1000 000 元；持股超过 1 年的，不需补缴税款】持有首发后限售股、股权激励限售股及无限售流通股的证券投资基金所涉及红利税，对香港投资者持有基金份额部分按 10%征收，对内地投资者持有基金份额部分实行差别化税率征收）。

三、股权登记日与除权除息日

本次权益分派股权登记日为 2020 年 6 月 4 日，除权除息日为 2020 年 6 月 5 日。

四、权益分派对象

本次分派对象为：截至 2020 年 6 月 4 日下午深圳证券交易所收市后，在中国证券登记结算有限责任公司深圳分公司（以下简称中国结算深圳分公司）登记在册的本公司全体股东。

五、权益分派方法

（1）本公司此次委托中国结算深圳分公司代派的 A 股股东现金红利将于 2020 年 6 月 5 日通过股东托管证券公司（或其他托管机构）直接划入其资金账户。

（2）以下 A 股股东的现金红利由本公司自行派发：

序号	股东账号	股东名称
1	08＊＊＊＊＊596	四川省峨眉山乐山大佛旅游集团总公司
2	08＊＊＊＊＊620	四川省峨眉山乐山大佛旅游集团总公司
3	08＊＊＊＊＊556	乐山市红珠山宾馆

在权益分派业务申请期间（申请日 2020 年 5 月 26 日至登记日 2020 年 6 月 4 日），如因自派股东证券账户内股份减少而导致委托中国结算深圳分公司代派的现金红利不足的，一切法律责任与后果由我公司自行承担。

六、其他咨询事项

咨询机构：峨眉山旅游股份有限公司董事会办公室

咨询地址：四川省峨眉山市名山南路 639 号

咨询联系人：张华仙　刘海波

咨询电话：0833－5544568　传真电话：0833－5526666

七、备查文件

（1）公司第五届董事会第一百零一次会议决议；

（2）公司 2019 年年度股东大会决议；

（3）中国结算深圳分公司确认有关权益分派时间安排的具体文件；

（4）深交所要求的其他文件。

特此公告

峨眉山旅游股份有限公司董事会

2020 年 5 月 29 日

随着社会的发展，旅游企业已成为全球经济发展中势头最强劲和规模最大的产业之一，旅游企业的发展为促进国民经济发展起到了重要的作用。利润是旅游企业在一定会计期间的经营成果，综合反映了期间的经营业绩和获利能力，也是旅游企业生存和发展的基础。追逐利润是旅游企业经营的根本动力，在旅游企业的经营管理中，特别是财务管理中具有十分重要的意义。

利润是企业生存发展的核心指标，不论是投资人、债权人还是企业经理人员都非常关心企业的盈利能力，而且利润管理是企业目标管理的重要组成部分，其行为结果会直接或间接地影响各经济主体的利益。利润管理是在法律允许的范围内进行的，既是法律制度所允许的，也体现了法律制度对企业相关利益主体不同利益的认可和尊重。适度的利润管理对企业的不断成长起着举足轻重的作用，过度的利润管理将会给企业带来一些不利的影响，不利于企业经营决策，同时也会使会计信息的真实性和决策的相关性失真。因此利润管理一定要适度，要将其限制在合理的范围之内。

任务一

利润总额的构成与利润分配程序

一、利润总额的构成

利润是旅游企业在一定生产经营期间从事生产经营活动的最终成果，是收入与费用相抵后的差额。利润总额全面反映了旅游企业生产经营活动各方面的经济效益，从某种意义上来说，利润总额是评价旅游企业在一定时期内生产经营活动的好坏、衡量企业生产经营管理活动的业绩的一项重要的综合性指标。

我国《企业会计准则》和《企业会计制度》规定，旅游企业的利润总额是指营业利润加上投资净收益、补贴收入、营业外收入，减去营业外支出的金额。

（一）营业利润

营业利润是旅游企业在一定生产经营时期内从事经营活动取得的利润，是企业利润最主要的来源。在数量上，营业利润是指营业收入减去营业成本、减去税金及附加、减去销售费用、减去管理费用、减去财务费用、减去资产价值损失、加上（减去）公允价值变动收益（损失）、加上（减去）投资收益（损失）后的净额。即：

营业利润＝营业收入－营业成本－税金及附加－销售费用－管理费用－财务费用
－资产减值损失＋公允价值变动收益（－公允价值变动损失）
＋投资收益（－投资损失）

1. 营业收入

营业收入是指旅游企业在经营活动中由于提供服务或销售商品等取得的收入。例如：客房收入、餐饮收入、旅行社接团收入、商品销售收入，以及康乐、商务、会议中心、汽车租赁等收入，由于旅游企业提供的服务项目有所不同，不同的旅游企业营业收入的具体构成项目也有差异。旅行社代收代付的费用应全部计入营业收入总额。

营业收入＝主营业务收入＋其他业务收入

2. 营业成本

营业成本是指旅游企业为获得上述各项营业收入而花费的直接支出，包括：

（1）企业直接耗用的原材料、调料、配料、辅料、燃料等直接材料，包括饭店餐饮部和餐馆耗用的食品、饮料的原材料、调料、配料成本；餐馆、浴池耗用的燃料成本；饭店洗衣房、照相馆、洗染店、修理店耗用的原材料、辅料成本。

（2）旅行社已计入营业收入总额的房费、餐费、交通费、文娱费、行李托运费、票务费、门票费、专业活动费、签证费、陪同费、劳务费、宣传费、保险费、机场费等代收代付费用。

（3）商品进价成本。分为国内购进商品进价成本和国外购进商品进价成本。国内购进商品进价成本是指购进商品原价。国外购进商品进价成本是指进口商品在购进中发生的实际成本。包括进价、进口税金、购进外汇价差、支付委托外贸部门代理进口的手续费等。

（4）其他成本，指企业出售无形资产、存货（不包括商品）的实际成本。

营业成本＝主营业务成本＋其他业务成本

3. 税金及附加

税金及附加是指旅游企业按照税法的规定因从事经营业务而应负担的税金及附加，包括城市维护建设税和教育费附加。按照国家规定，企业需要在缴纳流转税的基础上，再计算这一时期应该缴纳多少城市维护建设税、多少教育费附加等。根据我国基本的规定，按所缴纳流转税的7%计算应交城市维护建设税，按所交纳流转税的3%计算应交教育费附加。

4. 销售费用

销售费用是指各营业部门在经营中发生的各项费用，包括运输费、装卸费、包装费、保管费、保险费、燃料费、水电费、展览费、广告宣传费、邮电费、差旅费、洗涤费、清洁卫生费、低值易耗品摊销、物料消耗、经营人员的工资（含奖金、津贴和补贴）、职工福利费、工作餐费、服装费以及其他营业费用。工作餐费指旅游饭店按规定为营业部门职工提供工作餐而支付的费用。服装费指旅游企业按规定为营业部门职工制作工作服装而发生的费用。

5. 管理费用

管理费用是指旅游企业为组织管理经营活动而发生的行政费用以及由企业统一负担的费用，包括公司经费、工会经费、职工教育经费、劳动保险费、待业保险费、劳动保护费、董事会费、外事费、租赁费、咨询费、审计费、诉讼费、排污费、绿化费、土地使用费、土地损失补偿费、技术转让费、研究开发费、税金、燃料费、水电费、折旧费、修理费、无形资产摊销、低值易耗品摊销等。

6. 财务费用

财务费用是指旅游企业为筹集生产经营所需资金和进行资金结算而发生的费用，具体包括企业经营期间发生的利息净支出、汇兑净损失、金融机构手续费、加息及筹资发生的其他费用等。

7. 资产减值损失

资产减值损失是指因资产的账面价值高于其可收回金额而造成的损失。新会计准则规定资产减值范围主要是固定资产、无形资产以及除特别规定外的其他资产减值的处理。比如旅游企业的某项固定资产，账面上还有 10 万元的金额，但是因为该固定资产已经部分损坏，其可回收金额只有 6 万元，则应该将其中的差额 4 万元当成资产减值损失。

8. 公允价值变动收益（损失）

公允价值也可以理解为“市场价”，旅游企业同一项资产在不同的时间点上的价值是不同的。比如旅游饭店 5 年前购买布草需要 20 元，而现在买却要用 50 元，20 元和 50 元是两个不同时期的公允价值。这说明该项资产随着时间的推移，它的市场销售价格也会发生变动，这个变动或许含有通货膨胀率、货币的时间价值、科技成分等因素。这两个公允价值正体现了同一资产在两个不同时点上的公允价值。公允价值随着时间的变动不断变动，就会形成公允价值变动。

公允价值变动损益就是因公允价值的变动而导致财务状况上的“损”或“益”，即公允价值变动损失或收益。

9. 投资收益（损失）

投资收益是指企业在一定的会计期间对外投资所取得的回报。投资收益包括对外投资所分得的股利投资收益和收到的债券利息，以及投资到期收回的或到期前转让债权取得款项高于账面价值的差额等。投资活动也可能遭受损失，如投资到期收回的或到期前转让所得款低于账面价值的差额，即为投资损失。

随着企业握有的管理和运用资金的权力日益增大、资本市场的逐步完善，投资活动中获取收益或承担亏损，虽不是企业通过自身的生产或劳务供应活动所得，却是企业营业利润的重要组成部分，并且其比重呈越来越大的趋势。

（二）投资净收益

旅游企业的投资活动有对内和对外投资，此处所指投资净收益是指旅游企业对外投资取得的收益减去对外投资损失后的余额，即：

投资净收益＝对外投资收益－对外投资损失

对外投资收益包括旅游企业对外投资分得的利润、股利、债券利息收入、投资到期收回或者中途转让取得款项高于投资账面净值的净收益，以及按照权益法核算的股权投资在被投资单位增加的净资产中应享有的份额等。

对外投资损失包括对外投资到期收回或者中途转让取得款项低于投资账面净值的净损失，以及按照权益法核算的股权投资在被投资单位减少的净资产中所分担的份额等。

（三）补贴收入

补贴收入是企业从政府或某些国际组织得到的补贴，一般是企业履行了一定的义务后得到的定额补贴。我国企业的补贴收入，主要是按规定应收取的政策性亏损补贴和其他补贴，一般将其作为企业的非正常利润处理。

具体有以下几类：

（1）企业实际收到的先征后返的增值税款。

（2）企业实际收到的按销量或工作量等，依据国家规定的补助定额计算并按期给予的定额补助。

（3）属于国家财政扶持的领域而给予的其他形式的补助。

（四）营业外收入

营业外收入与旅游企业营业收入是相对应的，虽然与旅游企业生产经营活动无直接的关系，但与企业又有一定联系的收入，包括固定资产盘盈和变卖的净收益、罚款净收入、确实无法支付而按规定程序经批准后转做营业外收入的应付款、礼品折价收入、其他收入等。

（五）营业外支出

相对于旅游企业生产经营的耗费而言，营业外支出是与生产经营没有直接联系的各种支出，包括固定资产盘亏和毁损、报废的净损失、非常损失、赔偿金、违约金、罚息、公益救济性捐赠等。

营业外收支净额是指与旅游企业生产经营活动无直接关系的各项收入减去各项支出后的余额。即：

营业外收支净额＝营业外收入－营业外支出

综上所述，旅游企业利润总额的计算公式可归纳为：

利润总额＝营业利润＋投资净收益＋补贴收入＋营业外收入－营业外支出

当利润总额为负时，企业一年经营下来，其收入还抵不上成本开支及应缴的增值税，这就是通常所说的企业发生亏损。当利润总额为零时，企业一年的收入正好与支出相等，企业经营不亏不赚，这就是通常所说的盈亏平衡。当利润总额大于零时，企业一年的收入大于支出，这就是通常所说的企业盈利。

二、企业所得税和净利润的计算

1. 企业所得税的计算与缴纳

企业所得税是指对我国境内的企业和其他取得收入的组织的生产经营所得和其他所得征收的一种所得税。正确计算与及时、足额缴纳所得税是企业对国家和社会应尽的义务。旅游企业应纳所得税的计算公式是：

应纳税额＝应纳税所得额×适用税率

所得税率一般分成基础征收率25％、可用征收率20％、可用征收率15％和可用征收率10％。

应纳税所得额为旅游企业在一个纳税年度内获得的按税法规定的应税总收入减去准予扣除项目金额后的余额。由于我国当前会计法规和税法对收益的确认原则、口径有差别，在计税实务中，通常以会计上的总收益（利润总额）为基础，再对企业财务会计处理与税法规定不一致的方面进行调整，即：

应纳税所得额＝利润总额±税收调整项目金额

按我国现行税法规定，旅游企业缴纳所得税采取按期预缴、年终汇兑清缴的办法。如果企业无法准确核算出整个纳税年度应纳所得税，先采取按一个月或一个季度内应纳税所得额的实际发生数计算缴纳税款，或者按上年的月份或季度平均数计算缴纳税款。在年度终了后，对全年应纳税所得额进行结算，多退少补。

2. 净利润的计算

旅游企业在一个年度内通过上述方式计算出的利润总额，减去企业所得税后的余额，即为旅游企业净利润，也称为税后利润，形成了当年年度内企业实现的可供分配的利润。

净利润＝利润总额－所得税

旅游企业营业利润、利润总额、净利润计算公式汇总如下：

营业利润＝营业收入－营业成本－税金及附加－销售费用－管理费用－财务费用－资产减值损失＋公允价值变动收益（－公允价值变动损失）＋投资收益（－投资损失）

利润总额＝营业利润＋投资净收益＋补贴收入＋营业外收入－营业外支出

净利润＝利润总额－所得税

【例题8－1】某旅游公司2020年度取得主营业务收入11 602万元，其他业务利润130万元，投资净收益36万元，营业外收入6万元；发生主营业务成本8 398万元，税金及附加43万元，销售费用774万元，管理费用466万元，财务费用21万元，营业外支出3万元；所得税率25%。计算利润和所得税。

主营业务利润＝主营业务收入－主营业务成本－税金及附加＝11 602－8 398－43＝3 161（万元）

营业利润＝主营业务收入－主营业务成本－税金及附加－销售费用－管理费用－财务费用－资产减值损失＋公允价值变动收益（－公允价值变动损失）＋投资收益（－投资损失）＝3 161＋130－774－466－21＝2 030（万元）

利润总额＝营业利润＋投资净收益＋补贴收入＋营业外收入－营业外支出＝2 030＋36＋6－3＝2 069（万元）

所得税＝企业利润总额×所得税税率＝2 069×25%＝517.25（万元）

净利润＝利润总额－所得税＝2 069－517.25＝1 551.75（万元）

三、利润分配的程序

利润分配的程序就是旅游企业按照国家相关财务法规、制度和企业章程的规定支配和使用企业利润的步骤和顺序。根据《公司法》《企业财务通则》和《旅游、饮食服务企业财务制度》等的规定，旅游企业缴纳所得税后的利润，除国家另有规定外，按以下顺序进行分配。

1. 抵补被没收的财产损失，支付各项税收的滞纳金和罚款

被没收的财产损失包括因违反经营范围、违反合同、走私等被国家有关部门处以罚款或没收财产的损失；企业因欠税、偷税、抗税等违反税法规定的行为，被税务机关处以罚款或滞纳金等。

2. 弥补以前年度发生的亏损

旅游企业亏损弥补分为税前弥补和税后弥补。按照现行制度规定，企业发生的年度亏损，可以用下一年度的税前利润弥补，下一年度利润不足以弥补的，可以在连续 5 年内用税前利润弥补，5 年内仍不足以弥补的，只能使用税后利润弥补。同时还规定税前利润弥补亏损可以使用企业筹建期间的汇兑收益，税后利润弥补亏损可以使用以前年度提取的“法定公积金”和“任意公积金”。

3. 提取法定公积金

公积金是企业按规定从税后利润中提取形成的，主要用于弥补企业亏损、扩大企业生产经营规模或直接增加企业资本金，是企业留存收益的主要部分。公积金分为法定公积金和任意公积金。法定公积金是企业按税后利润的 10%提取，当累计金额达到企业注册资本的 50%时，可以不再继续提取。法定公积金主要用于弥补亏损和增加资本金，但转增资本金后，企业的法定公积金余额不得低于注册资本金的 25%。任意公积金是否需要提取及提取的比例，由企业股东大会根据需要决定。

4. 向投资者分配利润

企业当年实现的净利润经过上述步骤的分配后，再加上以前年度未分配的利润，即为当年向所有者可分配的利润。企业可根据实际选择适当的利润分配政策，制定当年度向投资者分配多少以及如何分配的利润分配方案。

对于股份制企业，根据《公司法》的规定，企业当年无利润时，原则上不得向投资者分配利润，但在用公积金弥补了亏损后，经过公司股东大会特别决议，可以按照不超过公司股票面值的 6%的比例用公积金分配股利，当然，使用这一方法，同样必须保证在分配股利后法定公积金的余额不低于注册资本金的 25%这一规定。

上述为一般企业进行净利润分配的法定顺序，但对股份有限公司，根据《公司法》和《企业会计准则》规定，其在提取法定公积金后，按以下顺序分配利润：

（1）支付优先股股利；

（2）按公司章程或股东会议决议提取任意公积金；

（3）支付普通股股利。

任务二

股利支付的方式与股利分配政策

一、股利分配政策的影响因素

根据股利分配的相关理论，公司股利分配政策的确定要受来自宏观法律、企业内部、股东和其他因素的影响。

（一）宏观法律

为了保护债权人和股东的利益，有关法规对公司的股利分配做出如下限制：

（1）资本保全。规定公司不能用资本（包括股本和资本公积）发放股利。

（2）企业积累。规定公司必须按净利润的一定比例提取法定盈余公积金。

（3）净利润。规定公司年度累计净利润必须为正数时才可发放股利，以前年度亏损必须足额弥补。

（4）超额累计利润。由于股东接受股利缴纳的所得税高于其进行股票交易的资本利得税，因此许多国家规定公司不得超额累计利润。一旦公司的保留盈余超过法律认可的水平，将被加征额外税额。我国法律对公司累积利润尚未做出限制性规定。

（二）企业内部

就公司的财务需要来讲，也存在一些限制股利分配的因素：

1. 盈余的稳定性

公司是否能获得长期稳定的盈余，是其股利决策的重要基础。盈余相对稳定的公司能够较好地把握自己，有可能支付比盈余不稳定的公司较高的股利；而盈余不稳定的公司一般采取低股利政策，对于盈余不稳定的公司来讲，低股利政策可以减少因盈余下降而造成的股利无法支付、股价急剧下降的风险，还可将更多的盈余再投资，以提高公司权益资本比重，减少财务风险。

2. 资产的流动性

较多地支付现金股利，会减少公司的现金持有量，使资产的流动性降低；而保持一定的资产流动性，是公司经营所必需的。

3. 举债能力

具有较强举债能力（与公司资产的流动性相关）的公司因为能够及时地筹措到所需的现金，有可能采取较宽松的股利政策；而举债能力弱的公司则不得不多滞留盈余，因而往往采取较紧的股利政策。

4. 投资机会

有着良好投资机会的公司，需要有强大的资金支持，因而往往少发放股利，将大部分盈余用于投资；缺乏良好投资机会的公司，保留大量现金会造成资金的闲置，于是倾向于支付较高的股利。正因为如此，成长中的公司多采用低股利政策；陷于经营紧缩的公司多采取高股利政策。

5. 资本成本

与发行新股相比，保留盈余不需花费筹资费用，是一种比较经济的筹资渠道，所以，从资本成本考虑，如果公司有扩大资金的需要，也应当采取低股利政策。

6. 债务需求

具有较高债务偿还需要的公司，可通过举借新债、发行新股筹集资金偿还债务，也可直接用经营积累偿还债务。如果公司认为后者适当的话（比如，前者资本成本高或受其他限制难以进入资本市场），将会减少股利的支付。

（三）股东

股东从自身经济利益需要出发，对公司的股利分配往往产生这样一些影响：

1. 稳定的收入和避税

一些依靠股利维持生活的股东，往往要求公司支付稳定的股利。若公司留存较多的利润，将受到这部分股东的反对。另外，一些高股利收入的股东又出于避税的考虑（股利收入的所得税高于股票交易的资本利得税），往往反对公司发放较多的股利。

2. 控制权的稀释

公司支付较高的股利，就会导致留存盈余减少。这又意味着将来发行新股的可能性加大，而发行新股必然稀释公司的控制权，这就是公司原有的持有控制权。这是公司原有的持有控制权的股东们所不愿意看到的局面。因此，若他们拿不出更多的资金购买新股以满足公司的需要，宁肯不分配股利而反对筹集新股。

（四）其他因素

影响公司股利政策的其他因素主要包括不受法律规范的债务合同约束和通货膨胀。

1. 债务合同约束

公司的债务合同，特别是长期债务合同，往往有限制公司现金支付程度的条款，这使公司只得采取低股利政策。

2. 通货膨胀

在通货膨胀的情况下，公司折旧基金的购买力下降，会导致没有足够的资金来源重置固定资产。这时盈余会被当作弥补折旧基金购买力水平下降的资金来源。因此在通货膨胀时期公司股利政策往往偏紧。

由于存在上述种种影响股利分配的限制，股利政策与股票价格不是无关的，公司的价值或者说股票价格不会仅仅由其投资的获利能力决定。

二、股利分配政策的主要类型

（一）剩余股利政策

通过上述影响股利分配政策的因素分析可知，股利分配与公司的资本结构相关，而资本结构又是由投资所需资金构成，因此实际上股利政策要受到投资机会及其资金成本的双重影响，剩余股利政策就是在公司有着良好的投资机会时，根据一定的目标资本结构（最佳资本结构）测算出投资所需的权益资本，先从盈余当中留用，然后将剩余的盈余作为股利予以分配。

采用剩余股利政策时，应遵循四个步骤：①设定目标资本结构，即确定权益资本与债务资本的比率，在此资本结构下，加权平均资本成本将达到最低水平；②确定目标资本结构下投资所需的股东权益数额；③最大限度地使用保留盈余来满足投资方案所需的权益资本数额；④投资方案所需权益资本已经满足后若有剩余盈余，再将其作为股利发放给股东。

【例题 8-2】某旅游公司 2019 年税后利润 400 万元，2020 年年初公司讨论决定股利分配的数额，预计 2020 年需要再增加投资资本 500 万元，公司的目标资本结构是权益资本占 60%，债务资本占 40%，2020 年继续保持。则按照保持目标资本结构的需求，公司投资方案所需要的权益资本为：

权益资本＝500×60%＝300（万元）

2020 年公司可分配股利为：

股利分配额＝400－300＝100（万元）

剩余股利政策的优点是：能保持公司确定的最佳资本结构的实现，同时由于公司只用剩余的盈余发放股利，使加权平均资本成本最低。其缺点是：在采用剩余股利政策时，公司股利受税后利润和投资额双重影响，会出现有时税后利润很高而股利很低或者有时税后利润很低而股利却很高的情况，导致公司股票价格对价值的歪曲反映。

（二）固定或稳定增长的股利政策

这一股利政策是将每年发放的股利固定在某一固定的水平上并在较长的时间内保持不变，只有当公司认为未来盈余会显著地、不可逆转地增长时，才会提高年度的股利发放额。不过，在通货膨胀的情况下，大多数公司的盈余会随之提高，且大多数投资者也希望公司能提供足以抵消通货膨胀不利影响的股利，因此在长期通货膨胀的年代里也应提高股利发放额。

固定或稳定增长股利政策的主要目的是避免出现由于经营不善而削减股利的情况，采用这种股利政策的优点是：

（1）稳定的股利时常传递着公司正常发展的信息，有利于树立公司的良好形象，增强投资者对公司的信心，稳定股票的价格。

（2）稳定的股利有利于投资者安排股利收入和支出，特别是那些对股利有着很高依赖性的股东更是如此。而股利忽高忽低的股票则不会受这些股东的欢迎，股票价格会因此而下降。

（3）稳定的股利政策能吸引诸如保险公司、退休基金、信托基金等重要的机构投资者。在国外某些国家，法律明确规定这些机构投资者的投资对象必须具有稳定的股利记录。

该股利政策的缺点在于股利的支付与盈余相脱节，当盈余较低时仍要支付固定的股利，这可能导致资金短缺，财务状况恶化，同时不能像剩余股利政策那样保持较低的资本成本。

（三）固定股利支付率政策

固定股利支付率政策，是公司确定一个股利占盈余的比率，长期按比率支付股利的政策，在这一股利政策下，各年股利额随公司经营的好坏而上下波动，获得较多盈余的年份股利额高，获得较少盈余的年份股利额低。

主张实行固定股利支付率的人认为，这样做能使股利与公司的盈余紧密地配合，以体现多盈多分、少盈少分、无盈不分的原则，才算真正公平地对待了每个股东。但是，在这种政策下，如果公司各年盈利变化较大，会导致股利变动较大，极易造成公司的不稳定，对于稳定股票的价格不利。

（四）低正常股利加额外股利政策

低正常股利政策，是公司一般情况下每年只支付固定的数额较低的股利，在盈余多的年份，再根据实际的情况向股东发放额外的股利，但额外股利并不固定，不意味着公司永久地提高了规定的股利率。

（1）这种股利政策使公司具有较大的灵活性，当公司盈余较少或投资需用较多资金时，可维持设定的较低但正常的股利，股东不会有股利跌落感；而当盈余有较大幅度增加时，则可适度增发股利，把经济繁荣的部分利益分配给股东，使他们增强对公司的信心，这有利于稳定股票的价格。

（2）这种股利政策可使那些依靠股利度日的股东每年至少可以得到虽然较低，但比较稳定的股利收入，从而吸引住这部分股东。

以上各种股利政策各有所长，公司在分配股利时应借鉴其基本决策思想，制定适合自己实际情况的股利政策。

案例 8-1

峨眉山旅游股份有限公司关于2019年度利润分配预案的公告

本公司及董事会全体成员保证信息披露内容的真实、准确和完整，没有虚假记载、误导性陈述或重大遗漏。

峨眉山旅游股份有限公司（以下简称公司）于2020年4月20日召开的第五届董事会第一百零一次会议、第五届监事会第八十五次会议审议通过了公司《2019年度利润分配预案》，现将相关情况公告如下：

一、2019年度利润分配预案的基本情况

经信永中和会计师事务所（特殊普通合伙）审计，公司2019年度实现归属于上市公司股东的净利润22 617.64万元，年初未分配利润119 453.75万元，提取法定盈余公积金2 313.23万元，应付普通股股利5 269.13万元，2019年可供股东分配利润为134 489.03万元，母公司2019年度实现净利润23 132.29万元，年初未分配利润123 841.30万元，提取法定盈余公积金2 313.23万元，应付普通股股利5 269.13万元，2019年母公司可供股东分配利润139 391.22万元。

根据《关于进一步落实上市公司现金分红有关事项的通知》《上市公司监管指引第3号——上市公司现金分红》等有关规定及《公司章程》等相关规定，为回报全体股东，与股东共享公司经营成果，在保证公司正常经营和长远发展的前提下，公司2019年度利润分配预案如下：拟以截至2019年12月31日的总股本526 913 102股为基数，向全体股东按每10股派发现金股利1.00元（含税），预计派发现金股利52 691 310.2元，不转增资本公积金，不送红股。

二、已履行的相关审议程序及意见

1. 董事会审议情况及意见

公司第五届董事会第一百零一次会议以5票同意、0票反对、0票弃权。审议通过了

《关于2019年利润分配的方案的议案》，独立董事发表了独立意见，本议案尚需提交公司2019年年度股东大会审议。

董事会认为，本次利润分配方案是在保证公司正常经营和长远发展的前提下，充分考虑全体投资者回报情况之下提出的，符合《公司法》《公司章程》等规定确定的利润分配政策、股东长期回报规划，兼顾了股东的既得利益和长远利益，与公司经营业绩及未来发展相匹配，不会造成公司流动资金短缺，不存在损害中小股东利益的情形。

2. 独立董事意见

独立董事认为，公司提出的利润分配预案，符合公司现阶段发展情况，充分考虑了对投资者的合理投资回报和公司现阶段发展的相互平衡，有利于公司快速发展，有利于实现公司可持续发展和股东利益的最大化，同意该预案，并同意将该议案提交公司2019年年度股东大会审议。

三、其他说明

本预案尚需提交公司2019年年度股东大会审议通过后方可实施，存在不确定性，敬请广大投资者注意投资风险。

四、备查文件

1. 第五届董事会第一百零一次会议决议
2. 第五届监事会第八十五次会议决议
3. 独立董事关于第五届董事会第一百零一次会议相关事项的独立意见

特此公告

峨眉山旅游股份有限公司董事会

二〇二〇年四月二十三日

任务三

股利支付的程序和方式

一、股利支付的程序

股利支付程序即指股利有限公司向股东支付股利的过程，根据《公司法》的规定，该过程主要经历：股利宣告日、股权登记日和股利支付日。

（1）股利宣告日：即公司董事会将股利支付情况予以公告的日期，公告中将宣布每股支付的股利、股权登记期限、股利支付日期等事项。

（2）股权登记日：即有权领取股利的股东有资格登记的截止日期。只有在股权登记日前在公司股东名册上登记的股东才有权分享股利。

（3）股利支付日：即向股东发放股利的日期。

股利支付程序可举例说明如下：

假定某旅游股份有限公司 2019 年 11 月 15 日发布公告：“本公司董事会在 2019 年 11 月 15 日的会议上决定，本年度发放每股 5 元的股利；本公司将于 2020 年 1 月 2 日将上述股利支付给已在 2019 年 12 月 15 日登记为本公司股东的人士。”

上例中，2019 年 11 月 15 日为某旅游公司的股利宣告日；2019 年 12 月 15 日为其股权登记日；2020 年 1 月 2 日则为其股利支付日。

二、股利支付的方式

股利支付的方式有多种，常见的有以下几种：

（一）现金股利

现金股利是以现金支付的股利，它是股利支付的主要方式，为大多数现金充足的公司所采用。在国外有多数国家法律明确规定上市公司必须发放现金股利。公司支付现金股利除了要有累计盈余（特殊情况下可用弥补亏损后的盈余公积金支付）外，还要有足够的现金，因此公司在支付现金股利前需筹备足够的现金。

（二）股票股利

股票股利是公司以增发的股票作为股利的支付方式。发放股票股利，通常是按照现有股东持有的股份比例派发的，它不会增加公司股东的财富和公司价值，但会引起公司所有者权益结构的变化。

【例题 8-3】某旅游公司在发放股票股利前，股东权益情况见表 8-1。

表 8-1　发放股利前某公司股东权益结构表　　单位：元

普通股（面额 1 元，已发行 200 000 股）	200 000
资本公积	400 000
未分配利润	2 000 000
股东权益合计	2 600 000

假定该旅游公司宣布发放 10%的股票股利，即发放 20 000 股普通股股票，并规定现有股东每持有 10 股可得 1 股新发放股票，若该股票当时市价 20 元，随着股票股利的发放，需从“未分配利润”项目划转出的资金为：

$$20\times200\ 000\times10\%=400\ 000\text{（元）}$$

由于股票面额（1 元）不变，发放 20 000 股，普通股只应增加“普通股”项目 20 000 元，其余的 380 000 元（=400 000−20 000）应作为股票溢价转至“资本公积”项目，而公司股东总额保持不变。发放股票股利后，公司股东权益各项目如表 8-2 所示。

表 8-2　发放股利后某公司股东权益结构表　　单位：元

普通股（面额 1 元，已发行 220 000 股）	220 000
资本公积	780 000
未分配利润	1 600 000
股东权益合计	2 600 000

可见，发放股票股利，不会对公司股东权益总额造成影响，但会发生资金在各股东权益

项目间的再分配。

发放股票股利后，如果盈利总额不变，会由普通股股数增加而引起每股收益和每股市价的下降；但又由于股东所持有股份的比例不变，每位股东所持有股票的市场价值总额仍保持不变。举例说明如下：

【例题 8－4】假定上述旅游公司本年盈余为 440 000 元，某股东持有 20 000 股普通股，发放股票股利对该股东的影响如表 8－3 所示。

表 8－3　股利分配前后主要财务指标对照表　　单位：元

项目	发放额	发放后
每股收益（EPS）	440 000÷200 000＝2.2	440 000÷220 000＝2
每股市价	20	20÷（1＋10%）＝18.18
持股比例	（20 000÷200 000）×100%＝10%	（22 000÷220 000）×100%＝10%
所持股总价值	20×20 000＝400 000	18.18×22 000≈400 000

发放股票股利对每股收益和每股市价的影响，可以通过对每股收益、每股市价的调整直接算出：

发放股票股利后的每股收益$=E_0/(1+D_S)$

式中：E_0——发放股票股利前的每股收益；

D_S——股票股利发放率。

发放股票股利后的每股市价$=M/(1+D_S)$

式中：M——股利分配权转移日的每股市价；

D_S——股票股利发放率。

依上例资料：

发放股票股利后的每股收益＝2.2/（1＋10%）＝2（元）

发放股票股利后的每股市价＝20/（1＋10%）＝18.18（元）

尽管股票股利不直接登记股东的财富，也不增加公司的价值，但对股东和公司都有特殊的意义。

1. 股票股利对股东的意义

（1）事实上，有时公司发放股票股利后其股价并不成比例下降；一般在发放少量（如 2%～3%）股票股利后，大体不会引起股价的立即变化，这可使股东得到股票价值相对上升的好处。

（2）发放股票股利通常由成长中的公司所为，因此投资者往往认为发放股票股利预示着公司将会有较大发展，利润将大幅度增长，足以抵消增发股票带来的消极影响，这种心理会稳定住股价甚至略有上升。

（3）在股东需要现金时，还可以将分得的股票股利出售，有国家税法规定出售股票所需交纳的资本利得（价值增值部分）税率比收到现金股利所需交纳的所得税率低，这使得股东可以从中获得纳税上的好处。

2. 股票股利对公司的意义

（1）发放股票股利可使股东分享公司的盈余而无须分配现金，这使公司留存了大量现金，便于进行再投资，有利于公司长期发展。

（2）在盈余和现金股利不变的情况下，发放股票股利可以降低每股市价，从而吸引更多的投资者。

（3）发放股票股利往往会向社会传递公司将会继续发展的信息，从而提高投资者对公司的信心，在一定程度上稳定股票价格，但在某些情况下，发放股票股利也会被认为是公司资金周转不灵的征兆，从而降低投资者对公私的信心，加剧股价的下跌。

（4）发放股票股利的费用比发放现金的费用大，会增加公司的负担。

（三）财产股利

财产股利是以现金以外的资产支付的股利，主要是以公司所拥有的其他企业的有价证券，如债券、股票，作为股利支付给股东。

（四）负债股利

负债股利是公司以负债支付的股利，通常以公司的应付票据支付给股东。在不得已的情况下有发行公司债券抵付股利的。

财产股利和负债股利实际上是现金股利的替代。这两种股利方式目前在我国公司实务中很少使用，但并非法律所禁止。

任务四

股票分割与股票回购

一、股票分割

股票分割也称为股份拆细或折股，是指将面额较高的股票交换成面额较低的股票的行为。如将原来公司的一股股票交换成两股股票。股票分割不属于某种股利方式，但其所产生的效果与发放股票股利近似。

股票分割对股份公司的影响是：发行在外的股数增加，使得每股面值、每股盈余、每股净资产和每股市价下降；但公司价值不变，股东权益总额、权益各项目的金额及其相互间的比例也不会改变。

【例题 8－5】某旅游股份有限公司原发行面值 2 元的普通股 200 000 股，若按 1 股换 2 股的比例进行股票分割，分割前后的股东权益项目如表 8－4、表 8－5 所示。

表 8－4　股票分割前的股东权益　　单位：元

普通股（面值 2 元，已发行 200 000 股）	400 000
资本公积	800 000
未分配利润	4 000 000
股东权益合计	5 200 000

表 8－5　股票分割后的股东权益　　单位：元

普通股（面值 1 元，已发行 400 000 股）	400 000
资本公积	800 000
未分配利润	4 000 000
股东权益合计	5 200 000

假定旅游公司本年净利润440 000元，那么股票分割前的每股盈余为2.2元（=440 000÷200 000)，每股净资产为26元（=5 200 000÷200 000)。

假定股票分割后公司净利润不变，分割后的每股盈余为1.1元（=440 000÷400 000)，每股净资产为13元（=5 200 000÷400 000)。

因为分割后每股盈余下降，每股市价也会因此而下降。

从实践效果看，由于股票分割与股票股利非常接近，因此一般根据证券管理部门的具体规定对两者加以区分。例如：有的国家证券交易机构规定，发放25%以上的股票股利即属于股票分割。

对于公司来说，实行股票分割的主要目的在于通过增加股票股数降低每股市价，从而吸引更多的投资者，此外，股票分割往往是成长中公司的行为，所以宣布股票分割后容易给人一种“公司正处于发展之中”的印象，这种有利信息会对公司有所帮助。

股票分割对于股东的影响是：股票分割后各股东持有数增加，但持股比例不变，持有股票的总价值不变。不过，只要股票分割后每股现金股利的下降幅度小于股票分割幅度，股东仍能多获现金股利。例如：假定某旅游公司股票分割前每股现金股利2元，某股东持有100股，可分得现金股利200元（=2×100)；公司按1换2的比例进行股票分割后，该股东股数增加为200股（=100×2)，若现金股利降为每股1.1元，该股东可得现金股利220元（=1.1×200)，仍然大于其股票分割前所得的现金股利。另外，股票分割向社会传播的有利信息和降低了的股价，可能导致购买股票的人数增加，反使其价格上升，进而增加股东财富。

尽管股票分割与发放股票股利都能达到降低公司股价的目的，但一般地讲，只有在公司股价爆涨且预期难以下降时，才采用股票分割的办法降低股价，而在公司股价上涨幅度不大时，往往通过发放股票股利将股价维持在理想的范围之内。

相反，若公司认为自己股票的价格过低，为了提高股价，会采取反分割（也称股票合并）的措施。反分割是股票分割的相反行为，即将数股面额较低的股票合并为一股面额较高的股票。例如：若上例中原面额2元，发行200 000股，市价20元的股票，按2股换成1股的比例进行分割，该公司的股票面额将成为4元，股数将成为100 000股，股价也将上升。

二、股票回购

股票回购是指股票发行企业在二级市场上购回发行在外的股票的行为。此方式最终也像现金股利一样向股东支付了现金，因此也有人认为它是现金股利的一种替代方式。目前不同国家的法律对公司股票回购的具体规定有不同的要求：在美国，法律允许发行企业以25%限额回购公司发行在外的股票；在英国，购回发行在外的普通股必须以盈余公积为限；而在我国，当前的法律尚不允许企业在二级市场购买自己发行的股票。

（一）股票回购的动因

股票回购行为的实施将直接导致企业流通在外的股票数量减少，回购的股票既可以注销也可以作为企业库藏股票，其根本动因有：

1. 分配企业超额现金

如果企业当前现金持有量超过其投资对现金的需要量，考虑股东利益，可以使用回购股票的方式向股东支付现金，与现金股利一样，股东获得了现金收益，但同时，股票回购将导致市场上流通的股票数量减少，如果回购不影响公司收益的话，会使股票的每股收益上升，最终导致股票价格上涨。假定股票市盈率也保持不变，则股东持有股份的总价值也会因此而增加，这是现金股利所无法取得的效果。

2. 满足认股权的行使

如果企业有发行可转换债券、认股权证或股票期权计划以及职工持股计划，如果发行新股则会稀释公司每股净收益，降低每股市价，而股票回购则可以避免这种稀释效应的产生。

3. 满足企业兼并与收购的需要

企业兼并与收购过程中，产权交换的支付方式不外乎现金购买或以股票换投票。如果企业有库藏股并使用其进行股票交换，同样也可以避免由于兼并、收购带来的对每股收益的稀释效应。

（二）股票回购的方式

在西方实务中，股票回购按其具体的操作方式又可以分为以下 4 种常见类型：

1. 公开市场收购

即公司在股票公开交易市场，以普通投资者的身份按照公司股票当前市场价格收购公司的股票的方式。

2. 固定价格要约回购

是公司为了在较短时间内完成股票的回购，在某一时间点发出以高于市场股票价格水平的固定回购价格及回购数量的要约。股东有权决定是以固定价格出售股票还是继续持有。在要约的期限内，如果全部股东提供的股票数量超过公司最初计划回购的数量，则公司有权决定购买或放弃购买部分或全部的超额供给。通常情况下，固定价格回购的成本要高于公开市场收购。在此方式下，回购价格是确定的，但最终能回购的数量取决于股东的意愿，是不确定的。

3. 荷兰式拍卖回购

是公司向股东详细说明将要回购的股票数量及回购的价格区间范围（用上、下限表示），通常回购的最低价格会稍高于股票当前市场价格；股东以投标方式说明愿意以某一特定价格（在公司价格要约范围内）出售的股票数量；公司在汇总所有股东提交的价格和数量后，并根据实际回购数量确定最终的回购价格。在此方式下，最终的回购数量和回购价格在事前都是不确定的。

4. 其他回购方式

在西方股票回购实务中还曾使用过诸如交换要约、私下协议批量购买等其他回购方式。交换要约是指公司可以向股东发出债券或优先股的交换要约；私下协议批量购买则是一种公开市场收购的补充。批量购买的价格通常会低于股票当前的市场价格。

【思政园地】

利润分配应“公开公平公正”

股东财富的追求需实现股东财富、社会财富与其他利益相关者财富的平衡与统一。资本创造价值要公平合理分配，如果只考虑到股东财富最大化，容易损害各方利益。

一方面，由于公司制企业为所有权与控制权相分离，管理层过度使用自由决策权，其结果不管是管理层获取自身居高不下的薪酬，还是过度讨好员工而超额支付员工薪酬，这些都将有损股东财富最大化。同时，由于公司激励机制不健全，诱发管理层盈余管理动机，容易产生有账面盈余却没有实际现金分红能力的局面；另一方面，由于权责发生制与现金流动制相背离，股东财富最大化未必确保其他利益相关者财富最大化，如公司拖欠员工薪酬、国家税金、银行利息等。为此，现在所奉行的股东财富最大化的股东至上分配理念，只有实现惠及资本所有者、利益相关者等共同分享的利润分配理念，股东财富最大化才具有现实意义。

【项目小结】

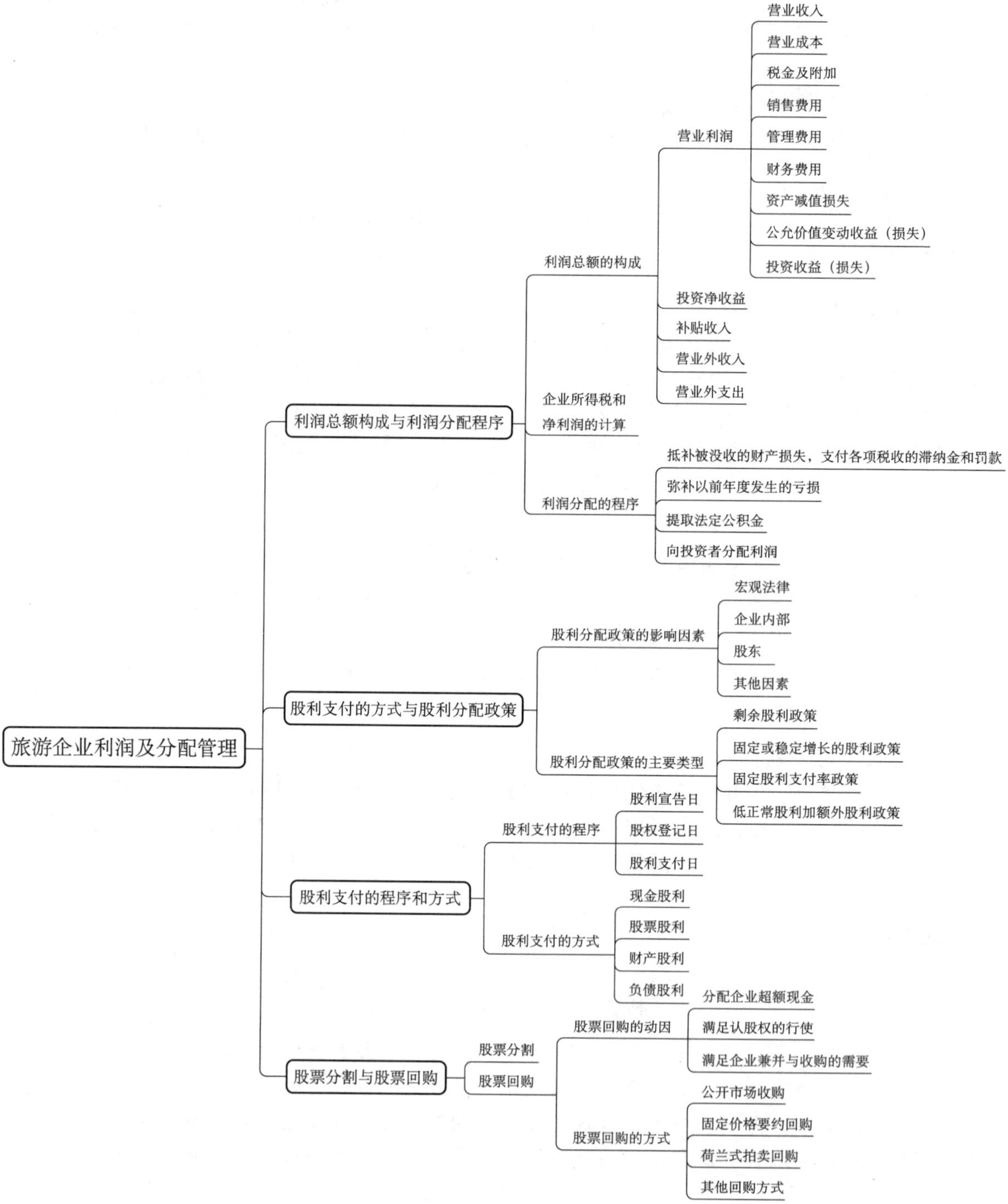

※ 应知考核 ※

一、单选题

1. 股利分配涉及的方面很多，如股利支付程序中各日期的确定、股利支付比率的确定、股利支付形式的确定、支付现金股利所需资金的筹集方式的确定等，其中，最主要的就是确定（　　）。

A. 股利支付程序中各日期　　B. 股利支付比率
C. 股利支付形式　　D. 支付现金股利所需资金

2. 关于股利分配政策，下列说法不正确的是（　　）。

A. 剩余股利分配政策能充分利用筹资成本最低的资金资源，保持理想的资本结构
B. 固定或持续增长的股利政策有利于公司股票价格的稳定
C. 固定股利支付率政策体现了风险投资与风险收益对等
D. 低正常股利加额外股利政策不利于股价的稳定与上涨

3. 公司董事会将有权领取股利的股东有资格登记截止日称为（　　）。

A. 股利宣告日　　B. 股利支付日
C. 股权登记日　　D. 除息日

4. 公司采用剩余股利政策进行利润分配的根本理由就是（　　）。

A. 稳定股东各年收益　　B. 体现风险投资与风险收益对等
C. 使公司利润分配灵活性较大　　D. 降低加权平均资本成本

二、多选题

1. 下列说法不正确的是（　　）。

A. 只要本年净利润大于0，就可以进行利润分配
B. 只要可供分配利润大于0，就必须提取法定公积金
C. 不存在用公积金支付股利的可能
D. 提取公积金的基数就是本年的税后利润

2. 法定公积金可以用于（　　）。

A. 弥补亏损　　B. 发放股利
C. 扩大公司生产经营　　D. 转增资本

3. 股利支付的方式包括（　　）。

A. 现金股利　　B. 财产股利
C. 负债股利　　D. 股票股利

4. 下列关于发放股票股利的说法不正确的就是（　　）。

A. 直接增加股东的财富
B. 对公司股东权益总额产生影响

C. 改变每位股东所持股票的市场价值总额
D. 改变股东权益内部项目的比例关系
5. 发放股票股利对股价的影响包括（　　）。
A. 可能不会引起股价立即变化　　B. 可能会稳定住股价甚至会略有上升
C. 可能加剧股价的下跌　　D. 可能导致股价大幅上涨

三、判断题

1. 可以用资本发放股利，但不能在没有累计盈余的情况下提取公积金。（　　）
2. 为了保护投资者的利益，我们国家不允许发放负债股利。（　　）
3. 由于股东接受股利缴纳的所得税高于其进行股票交易的资本利得税，因此我国法律规定不得超额累积利润。（　　）
4. 依靠股利维持生活的股东，往往要求公司支付较高的股利。（　　）
5. 具有较高债务偿还需要的公司，一定会减少股利的支付。（　　）

四、简答题

1. 旅游企业利润总额主要由哪几部分构成？
2. 简述旅游企业法定的利润分配程序。
3. 目前常用的股利政策有哪几种？各有何特点及适用性？
4. 股票分割与股票股利对股份公司的影响有何异同？
5. 旅游企业实行股票回购有什么好处？

※ 应会考核 ※

背景材料

2019 年 3 月，某旅游公司有关账户的登记额如下：

账户名称	金额	账户名称	金额
主营业务收入	440 000	主营业务成本	120 000
其他业务收入	30 000	税金及附加	30 000
投资收益	28 000	管理费用	110 000
营业外收入	30 000	销售费用	50 000
		财务费用	12 000
		营业外支出	10 000
		其他业务成本	50 000
		资产减值损失	18 000

考核要求

请逐一计算出该旅游公司的营业收入、营业成本、营业利润、利润总额、所得税费用。(税率 25%)

项目九

旅游企业财务分析

【知识目标】

（1）理解财务分析的概念和方法。
（2）掌握财务预测理论基础，能够进行趋势分析与预测分析。
（3）掌握各项财务指标的分析计算方法，运用这些方法对旅游企业的财务状况进行分析与评价。

【技能目标】

熟练进行企业财务报表分析，并对企业盈利能力、营运能力、偿债能力、发展能力等方面进行分析评价，能够对企业进行综合分析与评价，能够进行趋势分析与预测分析，对企业价值评估有所了解。

【素质目标】

具有一定的统计分析能力、写作能力和较强的学习能力；培养良好的职业道德和敬业精神，具有团队合作意识。

【引入案例】

我国旅游企业财务效益分析

大众旅游时代，国民旅游需求持续释放，旅游企业投资快速增长，旅游企业规模日渐壮大，旅游企业社会贡献日渐凸显，旅游企业进入快速扩张长周期，已成为经济新常态下新的增长点和发展动力。

一、旅游企业经营规模情况

从纳入国家旅游局旅游企业财务数据库编报范围的 2 万多家旅游企业统计数据看，近年来我国旅游企业总资产规模、固定资产规模、营业总收入均有较大增长，尤其是旅游集团进入快速扩展的发展阶段。

资本规模方面，近年来全国旅游企业平均实收资本净额规模增长显著，旅游投资保持快速增长的态势，旅游饭店、旅游集团和旅游景区平均吸纳旅游投资最多，是各地旅游业投资的重点。2015 年，纳入编报范围的全国旅游企业实收资本净额平均为 1 284 万元，相比 2014 年继续保持增长态势（2014 年旅游企业平均实收资本净额为 1 237.18 万元）。从业态结构上看，旅游企业吸纳资本主要分布在旅游饭店中，其占据绝对比例（2015 年为 50.5%），旅游集团吸纳旅游投资所占比例为 14.2%，旅游景点吸纳旅游投资所占比例为 25.8%。

总资产方面，2015 年纳入编报范围全国旅游企业平均总资产 5 442.32 万元，比 2014 年增加 690.05 万元，旅游企业总资产继续保持较大规模增幅。其中，旅游集团的平均总资产最大，为 532 536.74 万元，远超旅游企业平均水平；其次是旅游景区，其平均总资产为 18 027.89万元；再次是旅游饭店，其平均总资产为 5 358.51 万元。旅行社企业总资产规模最小，平均总资产仅为 517.86 万元。当前，越来越多的非旅企业和社会资本进入旅游业，旅游企业兼并、整合、重组步伐加快，旅游企业集团化趋势明显，旅游企业资产实力更加雄厚。2015 年，纳入编报范围的旅游集团平均总资产从 2014 年的 323 699.97 万元增长至 2015 年的532 536.74万元，增幅达 208 836.77 万元，呈现快速扩张态势。

固定资产方面，2015 年纳入编报范围的全国旅游企业平均固定资产净值为 1 437.66 万元，相比 2014 年的 1 338.90 万元有小幅增长。其中，2015 年旅游集团的企业平均固定资产净值最大，为 105 427.94 万元，远超过旅游企业的平均水平。旅游景区和旅游饭店，其平均固定资产净值分别为 4 865.10 万元和 2 104.11 万元，旅行社类旅游企业的平均固定资产净值最小，为 44.61 万元。

营业收入方面，2015 年纳入编报范围的全国旅游企业平均营业总收入为 2 655.35 万元，比 2014 年（2 448.43 万元）有较大增长。不同业态内部，旅游集团企业经营水平仍然具有绝对优势，2015 年纳入编报范围的旅游集团平均营业总收入明显高于平均水平，远高于其他业态旅游企业，为 221 318.40 万元。相对来说，旅游景区、旅游饭店和旅行社的经营规模较小，旅游景区平均营业收入为 2 535.48 万元，旅游饭店和旅行社平均营业收入不足 2 000 万元。从时间纵向看，2015 年各类业态旅游企业的平均营业总收入均有不同程度增长。其中纳入编报范围的旅游集团平均营业总收入增长最快，增幅达 72 597.47 万元，其他三类业态旅游企业平均营业总收入增长幅度较小。旅游饭店内部，除一星级和二星级饭店之外，三星级以上饭店的平均营业总收入均出现下滑，特别是五星级饭店降幅达 545.23 万元。旅游景区也存在类似问题，除 1A 级旅游景区之外，2A 级以上旅游景区平均营业总收入也均出现下滑，5A 级旅游景区下降幅度达 294.07 万元。相对来说，无论是经营出境业务的旅行社，还是经营非出境业务的旅行社平均营业总收入都呈现增长态势，经营出境业务的旅行社增长幅度远大于经营非出境业务的旅行社。

从业人数方面，2015 年纳入编报范围的全国旅游企业以小型企业为主，旅游企业年末从业人数平均为 56 人，其中，旅游集团年末从业人数平均为 2 960 人，相比 2014 年增幅明显；旅游饭店和旅游景点年末从业人数平均分别为 99 人和 98 人，旅行社年末从业人数最少，平均仅为 13 人。

二、旅游企业财务效益情况

近年来，经济新常态下，我国经济发展迎来结构性调整。旅游企业围绕供给侧结构性改革，适应市场需求变化，推进结构性调整，尽管旅游企业收益出现小幅下滑，但内部各业态呈现分化特征，整体经营状况保持良好势头，仍处于快速扩张的长周期中。

1. 旅游企业经营效益出现小幅下滑

为应对市场需求变化，旅游企业推进结构性改革，新旧业务和模式处于转换调整过程。从纳入国家旅游局旅游企业财务数据库编报范围旅游企业统计数据上看，2015 年我国旅游企业净资产收益率、总资产报酬率、销售利润率、净利润率、成本费用利润率等效益指标相比 2014 年都有小幅下降，但旅游企业的均营业利润和平均净利润均实现小幅增长，旅游企业整体经营状况保持良好势头。

净资产收益率方面，2015 年纳入编报范围的全国旅游企业净资产收益率平均为 3.52%，与 2014 年 3.91%相比有小幅降低，但高于 2013 年的收益水平。其中，旅行社平均净资产收益率最高，为 6.92%，其次是旅游集团，为 5.84%，旅游景区净资产收益率为 3.64%。相对来说，旅游饭店净资产收益率最低，仅为 1.01%。时间纵向比较看，相比 2014 年，除了旅游饭店净资产收益率有所提高之外，其他业态旅游企业的净资产收益率均出现了不同程度的下降。值得一提的是，旅游景区净资产收益率虽然有小幅下降，但整体盈利能力较好，特别是高等级旅游景区的净资产收益率相对较高，2015 年 5A 级旅游景区净资产收益率为 7.19%，遥遥领先于其他等级的旅游景区。其他等级旅游景区净资产收益率相对较低，且出现小幅下降趋势。

企业销售（营业）利润率方面，2015 年纳入编报范围的全国旅游企业销售（营业）利润率平均为 3.43%，其中旅游景区销售（营业）利润率最高为 10.53%，其次是旅游集团为 6.13%，旅游饭店为 1.79%，旅行社最低，不足 1%。总体上看，旅游企业销售（营业）利润率与 2014 年（3.65%）相比有小幅滑落。旅行社和旅游集团销售（营业）利润率均出现小幅下降，分别从 2014 年的 0.9%和 7.18%下降至 2015 年的 0.59%和 6.13%，这两类旅游企业盈利能力有所降低。与此相对，旅游饭店和旅游景区的销售（营业）利润率却呈现同比增长态势，特别是旅游饭店增幅明显，从 2014 年的 0.99%增长至 2015 年的 1.77%，反映出旅游饭店盈利状况有显著改善，五星级饭店销售（营业）利润率最高，达 6.33%，虽然三星级、四星级饭店的销售（营业）利润率仍然为负数，处于亏损状态，但相比 2014 年其销售（营业）利润率也有显著增加，亏损幅度正逐渐收窄。旅游景区销售（营业）利润率呈现小幅增长，其中 5A 级旅游景区销售（营业）利润率最高，从 2014 年的 19.09%增长至 2015 年的 23.60%，显示出高等级旅游景区的较强盈利能力，相比之下低等级的旅游景区的盈利能力较低，4A 级旅游景区销售（营业）利润率仅为 5.65%，旅游景区盈利能力内部也呈现两极分化现象。

营业利润方面，2015 年纳入编报范围的全国旅游企业平均营业利润和平均净利润均实现小幅增长，分别为 91.15 万元和 73.76 万元（2014 年分别为 89.32 万元和 72.87 万元）。其中，旅游集团、旅游景区等旅游企业经营水平仍然具有绝对优势，2015 年这两类旅游企业的营业利润和净利润明显高于整体平均水平，特别是旅游集团的平均营业利润更是达到亿元级别（2015 年达 13 565.47 万元），旅游景区平均营业利润为 267.1 万元，旅行社和旅游饭店营业利润相对较低，平均在 100 万元以下。除旅行社外，旅游集团、旅游景区、旅游饭店等业态旅游企业营业利润和净利润均呈现增长态势，特别是旅游集团营业利润和净利润的高速增长。

2. 旅游行业处于上升增长的长周期中

尽管旅游企业经营效益有小幅回落，在宏观经济下行压力加大、社会投资增速下降的大环境下，旅游企业整体上依然保持了强劲增长态势。2015 年纳入编报范围的旅游企业销售增长率、总资产增长率、资本积累率都实现了较快的增长速度，反映出旅游业较强的企业增长态势。2015 年纳入编报范围的全国旅游企业销售增长率平均为 10.09%，资本积累率平均为 12.85%，总资产增长率平均为 13.22%，旅游企业各类发展指标继续保持在两位数的快速增长轨道，仍处于快速扩张周期之中。

销售增长率方面，2015 年纳入编报范围的旅行社销售增长率最大，平均为 15.72%，与 2014 年的 8.75%相比增长了近一倍，其中经营出境业务旅行社销售增长率达 15.87%。除旅游景区之外，其他类型的旅游企业销售增长率与 2014 年相比也均有较大幅度的增长，2015 年旅游集团的销售增长率为 10.40%（2014 年为 8.48%），旅游饭店尽管相比 2014 年销售状况有所增长，但销售增长率依然为负数，2015 年销售增长率为−0.81%（2014 年为−4.06%），旅游饭店转型效果开始显露。相比之下，旅游景区 2015 年的销售增长率出现小幅下降，从

2014 年的 12.66%下降至 2015 年的 10.73%，5A 级旅游景区仍保持较高增长率（2015 年为 13.58%）。

总资产增长率方面，2015 年纳入编报范围的旅游集团总资产增长率最大，平均为 24.35%，高于其他类型的旅游企业，与 2014 年相比有大幅增长（2014 年总资产增长率为 12.97%）。饭店、旅行社、旅游景区的总资产增长率相比 2014 年均有不同程度下降，旅行社下降幅度最大，从 2014 年的 26.54%下降至 2015 年的 15.50%，经营非出境旅游业务的旅行社总资产增长率更是从 2014 年的 35.77%下降至 2015 年的 6.33%，下降明显。旅游景区平均总资产增长率也从 2014 年的 16.29%下降至 2015 年的 13.21%。相比之下，旅游饭店的总资产增长率最低，2015 年仅为 1.06%，且相比 2014 年（2.16%）也有小幅下降。

3. 旅游集团经营效益抢眼，规模效应开始显现

现时，拥有巨量资本的旅游集团发展迅速，越来越多的资本进入旅游业中，兼并、收购、重组、租赁、托管、股票上市等手段频现市场，意在打造大规模的旅游集团，成为旅游发展中的新亮点。目前，全国排名前 5 位的房地产企业加快布局旅游产业，国内排名前 10 位的风险投资公司中，有 8 家涉足旅游业投资。能源、水利、电器、农业、保险等大型企业集团开始转型投资旅游业。在这之下，一批旅游集团成长起来。从数据上看，2015 年纳入编报范围的旅游集团平均实收资本净额为 49 027.99 万元，平均总资产规模增幅达208 836.77 万元，2014 年为 13 565.47 万元和 9 315.81 万元，平均营业利润和净利润增长迅速，平均营业利润更是达到亿元级别，远超过其他业态，其规模效益开始显现出来，引领中国旅游业向前发展。

4. 旅游饭店开始走出谷底，盈利水平和盈利能力回升

2008 年金融危机后，旅游饭店进入调整期，虽然 2010—2012 年出现短期复苏，2013 年后旅游饭店又面临多重压力，进入新一轮的调整期，转型和调整改革步伐加快。2015 年旅游饭店转型调整出现成效，呈现复苏迹象，财务效益好转，开始走出谷底。2015 年纳入编报范围的旅游饭店平均营业利润和净利润有小幅增加，旅游饭店净资产收益率和总资产报酬率止跌回升，在其他业态旅游企业的净资产收益率和总资产收益率出现不同程度下降的背景下，旅游饭店出现了较大幅度的提升，从 2014 年的 0.56%增长至 2015 年的 1.01%，五星级饭店净资产收益率增加了 0.15%，四星级以下饭店虽然净资产收益率仍然为负，处于亏损状态，但是其亏损幅度有所收窄；旅游饭店销售（营业）利润率增幅明显，从 2014 年的 0.99%增长至 2015 年的 1.77%；显示出旅游饭店经营效益出现显著改善。

一方面，适应新的消费群体和模式，旅游饭店经营业态和模式不断调整，向度假租赁、短租等非标准住宿转变，分时度假模式、分权度假模式等住宿业金融开始兴起，并不断推进线上线下业务融合，部分高星级饭店在投资上做减法，在服务上做加法，降低资本密集的地产投入，提供酒店授权、管理、托管和出租服务。2015 年纳入编报范围的五星级饭店平均总资产规模继续保持了较大幅度的下降态势，降幅达 1 230.44 万元，显示出饭店自身正处于结构调整转型之中。另一方面，旅游饭店调整经营策略，加强成本控制，降低经营成本。从数据上看，2015 年除四星级饭店之外，其他各类旅游饭店的平均从业人员均呈现下降态势，五星级饭店平均从业人员从 2014 年的 294 人下降至 264 人，显示出在经济新常态下，旅游企业为压缩成本雇员有减少趋势。

5. 旅行社面临成本压力，经营效益有所降低，面临转型升级问题

旅行社仍处于上升发展阶段，经营出境业务的旅行社和经营非出境业务的旅行社平均营业总收入都呈现增长态势，2015年纳入编报范围的旅行社销售收入增长率平均达15.72%，与2014年的8.75%相比增长了近一倍，其中经营出境业务的旅行社销售增长率达15.87%。但在盈利指标上，旅行社平均营业利润和净利润出现下降；旅行社的净资产收益率也降幅明显，从2014年的8.6%下降至2015年的6.29%，其中经营出境业务的旅行社净资产收益率从2014年的12.26%下降至2015年的7.75%；旅行社平均总资产报酬率从2014年的4%下降至2015年的2.98%，其中经营出境业务的旅行社的平均总资产报酬率降幅达2个百分点。2015年，经营出境业务的旅行社盈利状况遭遇下滑，很大程度上可能是由企业经营成本上升所致，从数据上看，2015年旅行社的成本费用利润率仅为0.76%，相比2014年有所降低，也从侧面反映出旅行社成本控制的问题。未来如何降低经营成本是旅行社需要面对的关键问题。

6. 旅游景区表现稳健，经营效益持续向好

旅游景区因其自身的资源优势，在旅游宏观市场持续扩大，游客人数井喷的时代下，经营效益持续向好。2015年纳入编报范围的旅游景区营业利润和净利润平均增长分别为33.27万元和16.27万元，旅游景区销售（营业）利润率为个体业态旅游企业中最高，达10.53%，特别是5A级旅游景区销售（营业）利润率最高，从2014年的19.09%增长至2015年的23.60%，显示出高等级旅游景区较强的盈利能力。

三、旅游企业的社会贡献情况

经济新常态下，旅游企业的社会贡献和社会效益日渐凸显，在推动经济发展、创造就业、提高人们生活水平等方面贡献突出。从纳入编报范围的旅游企业来看，旅游企业的人均增加值、人均财政贡献、人均职工工资等保持了较快增长势头。

人均增加值方面（按统计口径，增加值是企业固定资产折旧、劳动者报酬、生产税净额、营业盈余之和），2015年纳入编报范围的全国旅游企业人均增加值为12 510.25元，与2014年的11 664.95元相比，旅游企业人均增加值显著增长。旅游集团人均增加值最高，平均为255 462.65元，旅游景点和旅游饭店紧随其后，分别为118 134.63元和96 483.32元。相比2014年，各业态旅游企业人均增加值都有显著提升。

人均财政贡献方面（按统计口径，财政贡献是企业的各项税费之和），2015年纳入编报范围的全国旅游企业人均财政贡献相对较高，平均为23 989.20元，比2014年的22 160.47元有显著增加。其中，除旅游集团之外，各业态旅游企业人均财政贡献继续保持增长态势，相比2014年均有不同程度的增长。旅游集团人均财政贡献2015年有小幅下降，降幅为32.07万元。在旅游企业的带动下，旅游业对当地财税综合贡献显著。

人均职工工资和福利方面，2015年纳入编报范围的全国旅游企业年人均职工工资为44 062.92元，相比2014年的39 594.97元大幅增加。旅游集团人均职工工资依然位居第一，2015年达62 512.76元。饭店、旅行社、旅游景点人均职工工资水平相当，在4万元左右。与2014年相比，各旅游业态企业人均职工工资均实现了增长，特别是旅行社和旅游集团人均职工工资增长迅速，增幅分别达8 925.72元和6 870.89元。此外，2015年纳入编报范围的全国旅游企业人均福利支出平均为10 150.03元，比2014年的10 915.08元有小幅减少。从各个业态来看，旅游饭店人均福利支出下降明显，从2014年的11 066.61元降至2015年

的9 111.72元，其中五星级饭店人均福利支出降幅更是达10 059.79元。相比之下，旅游集团、旅游景区、旅行社的人均职工福利支出都有小幅增加。

总体上看，当前我国旅游企业投资快速增长，旅游企业规模日渐壮大，进入快速扩张的长周期，旅游企业社会贡献日渐凸显，已成为经济新常态下新的增长点和新动力。但在全面深化改革、推进供给侧结构性改革的大背景下，旅游企业历经转型调整，不断调整适应市场发展趋势，推进旅游企业结构性调整，正在迎来一个新的发展阶段。大众旅游时代，未来如何更好地增加有效供给，创新业态，改进经营模式，做好成本控制，是旅游企业提质增效需要面对的问题。

资料来源：https：//www.sohu.com/a/131723334_126204.

财务计划是对公司财务流量的分析。通过财务计划可以预计公司各项投资、筹资决策以及股利决策的可能后果，权衡得失。财务计划不仅要预测可能结果，而且要分析偏离可能结果的程度。财务计划的优点在于它能促使管理部门考虑到偏离计划的种种可能。

财务计划的内容包括：明确的战略、经营和财务目标；基本假设；战略描述；应付偶然情况的或有计划；按时间、部门和类型等编制的各种预算；按来源和类型等划分的筹资计划；逐期预计的财务报表。

财务分析是以企业财务报告反映的财务指标为主要依据，对企业的财务状况和经营成果进行评价和剖析，以反映企业在运营过程中的利弊得失、财务状况及发展趋势，为改进企业财务管理工作和优化经济决策提供重要的财务信息。

任务一

旅游企业财务分析概述

一、财务分析的起源与发展

财务分析的理论与实务已有近百年的历史。财务分析的初始形态是财务报表分析，产生于19世纪末20世纪初，是由美国银行界倡导的。当时，美国经济发展迅速，企业规模不断扩大，资本日渐聚集，股份公司纷纷建立；与此同时，市场环境日趋复杂，企业竞争日益加剧，一些企业破产消亡，经济危机时有发生。在这种情况下，企业贷款需求不断扩大，借贷资本在企业资本中的比重日益提高，而银行贷款不能收回的风险也随之加大。为此，银行家不能再像以往那样只根据企业经营者个人的信用品质来进行贷款决策，而需要了解企业的经营情况和财务状况，调查和分析企业的信用状况和财务实力，以评价与判断企业的偿付能力及违约风险，从而要求企业提供反映其财务情况的财务报表，作为其考察、评价企业信用状况的主要依据。因此，当时的财务分析主要是为银行服务的信用分析。

随着实践探索的深入与认识水平的提高，人们逐渐发现财务报表及其提供的数据资料存在一定的局限性，仅仅依据财务报表资料有时难以正确判断企业的真实情况与偿债能力，于是在实践中创造了基于财务报表的比率分析法等多种技术方法。20 世纪 20 年代以后，经过较认真地研究与总结，银行界的亚历山大、沃勒等发表了有关财务报表分析和信用分析的论著，财务分析从此成为一个独立的学科，且在以后的研究与实践中不断发展成一门多层次、宽领域、全方位的学科。

我国财务分析的建立与发展的历史较短。中华人民共和国成立以前由于经济不发达，技术又落后，西方财务会计虽有所引进，但缺乏建立和发展我国财务分析的条件。中华人民共和国成立后，为适应当时的经济发展需要，广大经营管理人员积极学习经济管理知识和经验。20 世纪 50 年代初期，苏联专家、学者将企业经济活动分析作为“有计划领导和管理社会主义企业的重要方法”引入我国。

二、财务分析的定义

财务分析的定义有多种表达，美国南加州大学教授 Water B. Meigs 认为，财务分析的本质在于搜集与决策有关的各种财务信息，并加以分析与解释的一种技术。美国纽约市立大学教授 Leopold A. Bernstein 认为，财务分析是一种判断的过程，旨在评估企业现在或过去的财务状况及经营成果，其主要目的在于对企业未来的状况及经营业绩进行最佳预测。我国台湾政治大学教授洪国赐认为，财务分析以审慎选择财务信息为起点，作为探讨的根据；以分析信息为重心，以揭示其相关性；以研究信息的相关性为手段，以评价其结果。

财务分析是以会计核算和报表资料及其他相关资料为依据，采用一系列专门的分析技术和方法，对企业等经济组织的过去和现在有关筹资活动、投资活动、经营活动、分配活动的盈利能力、营运能力、偿债能力和增长能力状况等进行分析与评价的经济管理。它是为企业的投资者、债权人、经营者及其他关心企业的组织或个人了解企业过去、评价企业现状、预测企业未来、做出正确决策提供准确的信息或依据的经济应用学科。

三、财务分析的主体

财务分析的主体具有多元性，可以是企业的投资人、债权人，也可以是企业经理人、政府机构有关人士及其他人士，他们出于不同目的使用财务信息，需要不同的信息，采用不同的分析程序。

1. 投资人

投资人是指公司的人即普通股东。普通股东投资公司的目的是扩大自己的财富。他们所关心的是偿债能力、收益能力以及风险等。权益投资人进行财务分析，是为了回答以下几个方面的问题：

（1）公司当前和长期的收益水平高低，以及公司收益是否容易受重大变动的影响？

（2）财务状况如何，公司资本结构决定的风险和报酬如何？

（3）与其他竞争者相比，公司处于何种地位？

2. 债权人

债权人是指借款给企业并得到企业还款承诺的人。债权人关心企业是否具有偿还债务的能力。债权人可以分为短期债权人和长期债权人。债权人的主要决策是决定是否为企业提供信用，以及是否需要提前收回债权。他们进行财务报表分析是为了回答以下几个方面的问题：

（1）公司为什么需要额外筹集资金？

（2）公司还本付息所需资金的可能来源是什么？

（3）公司对于以前的短期和长期借款是否能按期偿还？

（4）公司将来在哪些方面还需要借款？

3. 企业经理人

企业经理人是指被所有者聘用的、对公司资产和负债进行管理的个人组成的团体，有时称为“管理当局”。

经理人员关心公司的财务状况、盈利能力和持续发展的能力。经理人员可以获取外部使用人无法得到的内部信息。他们分析报表的主要目的是改善报表。

4. 政府机构有关人士

政府机构也是公司财务报表的使用人，包括税务部门、国有企业的管理部门、证券管理机构、会计监管机构和社会保障部门等。他们使用财务报表是履行自己的监督管理职责。

5. 其他人士

其他人士如职工、中介机构（审计人员、咨询人员）等。审计人员通过财务分析可以确定审计的重点；在一些国家，财务分析师已经成为专门职业，他们为各类报表使用人提供专业咨询。

四、财务分析的目的及作用

财务分析的目的受财务分析主体的制约，不同的财务分析主体进行财务分析的目的是不同的。财务分析的一般目的可以概括为：评价过去的经营业绩，衡量现在的财务状况，预测未来的发展趋势。

财务分析既是已完成的财务活动的总结，又是财务预测的前提，在财务管理的循环中起着承上启下的作用。

1. 财务分析是评价财务状况、衡量经营业绩的重要依据

通过对企业财务报表等核算资料进行分析，可以了解企业的偿债能力、营运能力和盈利能力，便于企业管理当局及其他报表使用人了解企业财务状况和经营成果，并通过分析将影响财务状况和经营成果的主观因素与客观因素、微观因素与宏观因素区分开来，以划清经济责任，合理评价经营者的工作业绩，并据此奖优罚劣，以促使经营者不断改进工作。

2. 财务分析是挖掘潜力、改进工作、实现理财目标的重要手段

企业理财的根本目标是努力实现企业价值最大化。通过财务指标的计算和分析，能了解企业的盈利能力和资金周转状况，不断挖掘企业改善财务状况、扩大财务成果的内部潜力，充分认识未被利用的人力资源和物质资源，寻找利用不当的部分及原因，发现进一步提高利用效率的可能性，以便从各方面揭露矛盾、找出差距、寻求措施，促使企业生产经营活动按照企业价值最大化的目标实现良性运行。

3. 财务分析是合理实施投资决策的重要步骤

投资者及潜在投资者是企业外部重要的报表使用人，而财务报表的局限性使他们必须借

助财务评价，以决定自己的投资方向和投资数额。投资者通过对财务报表的分析，可以了解企业获利能力的高低、偿债能力的强弱及营运能力的大小，可以了解投资后的收益水平和风险程度，并据此决定其授信额度、利率水准和付款条件等。

任务二

旅游企业财务预测

一、财务预测的界定和作用

预测是进行科学决策的前提，它是根据所研究现象的过去信息，结合该现象的一些影响因素，运用科学的方法预测现象将来的发展趋势，是人们认识世界的重要途径。财务预测就是财务工作者根据企业过去一段时期财务活动的资料，结合企业当前面临和即将面临的各种变化因素，运用数理统计方法，以及结合主观判断，来预测企业未来的财务状况。财务预测是财务计划的前提和基础。

财务预测对于提高公司经营管理水平和经济效益有着十分重要的作用。具体表现在以下几个方面：

1. 财务预测是进行经营决策的重要依据

管理的关键在决策，决策的关键是预测。通过预测为决策提供依据，以供决策者权衡利弊，进行正确选择。例如：公司进行经营决策时，必然要涉及成本费用、收益以及资金需要量等问题，而这些大多需要通过财务预测进行估算。“凡事预则立，不预则废”，因此，财务预测直接影响经营决策的质量。

2. 财务预测使公司合理安排收支，提高资金使用效益

公司做好资金的筹集和使用工作，不仅需要熟知公司过去的财务收支规律，还要善于预测公司未来的资金流量，即公司在计划期内有哪些资金流入和流出，收支是否平衡，要做到长远规划，使财务管理工作处于主动地位。

3. 财务预测是提高公司管理水平的重要手段

财务预测不仅为科学的财务决策和财务计划提供支持，也有利于培养财务管理人员的超前性、预见性思维，使之居安思危，未雨绸缪。同时，财务预测中涉及大量的科学方法以及现代化的管理手段，这无疑对提高财务管理人员的素质大有裨益。

二、账务预测的主要内容

财务预测的内容包括以下几个方面：

1. 投资预测

研究企业的投资环境，预测投资项目的规模和技术水平，估计各期投资额、投资回收期及各期回收额，分析各种不确定因素。

2. 销售收入预测

分析影响销售价格和销售数量的各种因素，研究企业各种收款方针对销售收入及收款速度的影响。

3. 成本预测

预测企业在现阶段技术水平下的成本状况、各种技术改进措施对降低成本的影响。

4. 利润分配预测

主要分析税前盈利水平、税收政策和企业税后利润分配政策等因素的影响。

5. 筹资预测

预测企业各种资金的动态需求量和期末应有额，决定筹资额度和方式，寻求企业最佳资本结构。

三、财务预测的原则

进行财务预测时一般遵循以下原则：

1. 连续性

财务预测必须具有连续性，即预测必须以过去和现在的财务资料为依据来推断未来的财务状况。

2. 关键因素

进行财务预测时，应首先集中精力于主要项目，而不必拘泥于面面俱到，以节约时间和费用。

3. 客观性

财务预测只有建立在客观性的基础上，才有可能得出正确的结论。

4. 科学性

进行财务预测时，一方面要使用科学方法（数理统计方法）；另一方面要善于发现预测变量之间的相关性和相似性等规律，进行正确预测。

5. 经济性

财务预测中讲究经济性，是因为财务预测要涉及成本和收益问题。所以要尽力做到使用最低的预测成本达到较为满意的预测质量。

四、财务预测的方法

财务预测和其他预测一样，不可能做到很准确，选用合适的预测方法是财务预测能否恰当反映企业未来经营状况的关键要素之一。财务预测方法可分为两类：定性方法和定量方法。为使预测结果更符合实际，提高预测质量，应用中一般是将两类预测方法结合使用，通常先作定性分析，再进行定量预测和定性预测，将定性预测和定量预测结果进行比较核对，分析其差异原因，根据理论分析和经验进行综合判断，只有利用定性分析对定量预测结果进行必要的修正和调整，才能取得良好效果。

（一）定性方法

定性方法主要用于企业缺少历史统计数据和原始资料或者经营项目和状况将发生重大转变的情况。在实际应用中，企业内部意见征询和专家调查这两种方式较为常见。当然，无论采用哪种方式，在人员要求上都应当相当熟悉业务并具有较强的综合判断能力。定性方法的主要缺点在于预测对象与相关因素之间没有明确的数量关系，预测过程和结果容易受到领导或权威的影响。

（二）定量方法

定量方法要求有较充足的统计数据和原始资料，人为主观因素很少等条件。

1. 销售百分比法

销售百分比法是假定各资金项目与销售收入总额之间存在确定的比例关系，可按照预测期销售额和相应关系预测资产、负债和所有者权益，在此基础上再来确定需要追加的资金量。该项内容在项目三旅游企业筹资管理中已做了详细讲解，此处不再解释，以例题做说明。

（1）预测销售增长时追加资金量。

【例题 9－1】某旅游企业×年简化了的资产负债表如表 9－1 所示。

表 9－1　某旅游企业×年资产负债表　　单位：万元

资产		负债及所有者权益	
货币资金	20	短期借款	20
应收账款	180	应付账款	80
存货	400	其他流动负债	100
流动资产小计	600	流动负债小计	200
长期投资	150	长期负债	300
固定资产净额	600	实收资本	290
无形资产	50	资本公积	10
		留存收益	600
合计	1 400	合计	1 400

该企业当年销售收入 2 000 万元，预计第 2 年销售收入达到 3 000 万元，计划销售净利率为 5%，股利支付率为 30%。生产经营规模在原生产经营能力之内无对外投资，第 2 年到期长期负债 100 万元。

资产增加：

资产销售百分比＝600/2 000＝30%

资产增加额＝资产销售百分比×新增销售额＝30%×1 000＝300（万元）

负债增加：

负债销售百分比＝200/2 000＝10%

负债增加额＝负债销售百分比×新增销售额＝10%×1 000＝100（万元）

留存收益增加：

留存收益增加＝计划销售净利率×计划销售额×（1－股利支付率）

=5%×3 000×（1－30%）=105（万元）

最后确定追加资金量：

预计资金追加量=资产增加－负债增加－留存收益增加+其他需追加资金额

=300－100－105+100=195（万元）

财务预测中销售百分比法较为简单实用，它的局限性在于假设资产、负债与销售收入等都与销售额成正比关系，由于市场竞争和规模经济效应的存在，它们与销售额的关系不一定就是正比关系。

（2）外部融资销售增长比。

企业实现销售增长，资金需求随之而生。资金的来源有两个基本途径：一是从企业上年度的保留盈余中提取，如果只依靠企业内部积累实现销售增长，企业本身的财力有限，可能很难保证各方面的资金需求；二是外部融资，包括增加债务和股东投资。适度负债有利于提高企业的资金运用效率，但负债扩大会使借款利息增加，筹资能力下降。而增加股东投入资本，可能会改变企业的股权结构，并且理性的投资者会考虑是否有更高的回报率。理想的方式是实现平衡增长，保持企业现有的财务结构，按股东权益的增长比例增加借款。

外部融资需求的多少不仅取决于销售的增长，还要看股利支付率和销售净利率。如果销售净利率不变，股利支付率越高，外部融资需求越大，反之越小；如果股利支付率不变，销售净利率越高，外部融资需求越小，反之越大。

（3）内部融资的增长率。

如果不能或不打算从外部融资，此时只能靠内部积累，从而限制了销售增长。此时销售增长率称为“仅靠内部融资的增长率”。

0=资产销售百分比－负债销售百分比－计划销售净利率×（1+增长率）/增长率×（1－股利支付率）

当上式中除增长率外其他各项条件已知时，即可求出此时的增长率。在企业预计增长率高于此增长率时，必须采用外部融资方式解决资金需求。

（4）可持续增长率。

可持续增长率是在不增发新股并保持目前经营效率和财务政策条件下公司销售所能达到的最大比率。

可持续增长率假设：公司的资本结构和股利政策将在一定时期内稳定延续；外部融资只通过借债方式来实现；经营效率（用销售净利率和资产周转率来体现）将维持当前水平。

满足以上条件时，销售的实际增长率等于可持续增长率。

可持续增长的思想不是说企业的增长不可以高于或低于可持续增长率。可持续增长率实际上提出了在目前状态下最为理想的平衡增长方式。高于可持续增长率超常发展只能是短期的，因为更大的资金需求只能以提高企业经营效率或改变财务政策来实现。它们都是企业决策的重大事项，既要受到企业内部的管理能力和水平等方面因素的影响，也要受外部环境制约。另外，如果销售增长长期低于可持续增长率，实际上降低了企业竞争能力，可能会使企业在同业竞争中处于不利地位。

根据可持续增长率的假设条件，可得如下等式：

可持续增长率=资产增长率=股东权益增长率

=股东权益本期增加额/期初股东权益

$$=\text{本期净利润}\times\text{本期收益留存率}/\text{期初股东权益}$$
$$=\frac{\text{本期净利润}}{\text{本期销售额}}\times\frac{\text{本期销售额}}{\text{期末总资产}}\times\frac{\text{期末总资产}}{\text{期初股东权益}}\times\text{收益留存率}$$
$$=\text{销售净利率}\times\text{总资产周转率}\times\text{收益留存率}\times\text{期初权益乘数}$$
$$=\text{资产净利率}\times\text{收益留存率}\times\text{期初权益乘数}$$

【例题 9－2】某旅游公司 2016 年—2020 年主要财务数据如表 9－2 所示：

表 9－2 2016—2020 年某旅游公司可持续增长率

单位：万元

年度	2016	2017	2018	2019	2020
收入	5 000	6 000	7 500	8 700	10 440
税后利润	250	300	375	435	522
股利	50	60	75	87	104.4
留存利润	200	240	300	348	417.6
股东权益	1 200	1 440	1 740	2 088	2 505.6
负债	800	960	1 260	1 392	1 670.4
总资产	2 000	2 400	3 000	3 480	4 176
销售净利率	5%	5%	5%	5%	5%
销售/总资产	2.5	2.5	2.5	2.5	2.5
总资产/期初股东权益	2	2	2.08	2	2
留存率	80%	80%	80%	80%	80%
可持续增长率	20%	20%	20.80%	20%	20%
实际增长率		20%	25%	16%	20%

根据可持续增长率公式计算如下：

可持续增长率（2018）＝销售净利率×总资产周转率×收益留存率×期初权益乘数
＝5%×2.5×0.8×2.08
＝20.8%

实际增长率（2018）＝（本年销售额－上年销售额）/上年销售额
＝（7 500－6 000）/6 000
＝25%

其他年份的计算方法与此相同。

例中，2018 年实际增长率大大超过根据 2017 年有关财务比率计算得出的可持续增长率，2019 年实际增长率由于要弥补借款资金缺口，降低了销售增长速度。在 2017 年和 2020 年实现的是平衡增长，实际增长率和可持续增长率相等，这种增长状态在资金上可一直持续下去。

2. 直线回归法

在预测工作中可使用的数理统计方法很多，而其中常用于财务预测的方法是直线回归法。直线回归法是对数理统计中最小二乘法的具体应用。它是假设销售收入总额与资产、负债等存在线性关系，如按销售收入量确定货币资金需要量，可列出直线方程 $y=a+bx$，其中因变量 y 代表货币资金，自变量 x 代表销售收入总额，然后根据历史资料和直线回归法系数计算公式可求出 a 和 b。再代入预期的销售收入即可预计货币资金的需要量。需要注意的是，判断一个线性回归模型做估计预测时是否有效，只有通过对该模型进行显著性检验后才能做出结论。

数理统计中已给出了 a、b 和相关系数 r 的计算公式：

$$b=\frac{(n\sum_{i=1}^{n}x_iy_i-\sum_{i=1}^{n}x_i\sum_{i=1}^{n}y_i)}{n\sum_{i=1}^{n}x_i^2-(\sum_{i=1}^{n}x_i)^2} \tag{9-1}$$

$$a=\frac{\sum_{i=1}^{n}y_i-b\sum_{i=1}^{n}x_i}{n} \tag{9-2}$$

$$r=\frac{(n\sum_{i=1}^{n}x_iy_i-\sum_{i=1}^{n}x_i\sum_{i=1}^{n}y_i)}{\sqrt{[n\sum_{i=1}^{n}x_i^2-(\sum_{i=1}^{n}x_i)^2][n\sum_{i=1}^{n}y_i^2-(\sum_{i=1}^{n}y_i)^2]}} \tag{9-3}$$

【例题 9-3】某旅游企业需根据销售收入情况预测第 12 年的应收账款数额，预计第 12 年的销售收入为 432 万元，其他有关资料如表 9-3 所示。

表 9-3　某旅游企业销售收入与应收账款对照表　　单位：万元

年	销售收入	应收账款
1	61	19.5
2	75	22.2
3	94	24.9
4	107	25.2
5	146	29.1
6	174	34.5
7	211	41.1
8	244	46.2
9	298	53.1
10	349	61.5
11	380	66.9
合计	2 139	424.2

可列出计算表如表 9-4 所示：

表 9-4　某旅游企业销售收入与应收账款计算表　　单位：万元

年	销售收入 x_i	应收账款 y_i	x_iy_i	x_i^2	y_i^2
1	61	19.5	1 189.5	3 721	380.25
2	75	22.2	1 665.0	5 625	492.84
3	94	24.9	2 340.6	8 836	620.01
4	107	25.2	2 696.4	11 449	635.04
5	146	29.1	4 248.6	21 316	846.81
6	174	34.5	6 003.0	30 276	1 190.25
7	211	41.1	8 672.1	44 521	1 689.21
8	244	46.2	11 272.8	59 536	2 134.44
9	298	53.1	15 823.8	88 804	2 819.61
10	349	61.5	21 463.5	121 801	3 782.25
11	380	66.9	25 422.0	144 400	4 475.61
合计	2 139	424.2	100 797.3	540 285	19 066.32

$b=18\ 309.68/124\ 346.73=0.147\ 2$

$a=424.2/11-0.147\ 2\times 2\ 139/11=9.939\ 9$

则有：

$y_i=9.939\ 9+0.147\ 2x_i$

$y_{12}=9.939\ 9+0.147\ 2\times 432=73.53$（万元）

$r=0.997\ 8$

模型的显著性检验（设显著性水平为 0.05）：

（1）相关系数的显著性检验：

$$t=\frac{r\sqrt{n-2}}{\sqrt{1-r^2}}=44.606\ 1>t_{0.025}\ (11-2)\ =2.262$$

（2）回归系数的显著性检验（t 检验）：

$$t=b/S_b=0.147\ 2/0.003\ 3=44.606\ 1>t_{0.025}\ (11-2)\ =2.262$$

以上检验过程均可说明在 95%可信度下，运用以上直线方程估计销售收入与应收账款的关系是合理的。如果检验未通过，这时回归模型不能用于预测，应分析原因，对回归模型重新加以处理。

更进一步地，可以根据在何种可信度下，计算出应收账款的估计范围。如上例中以 95%的可信度预测，第 12 年的应收账款 y_{12} 应为 73.53±3.31 万元。

3. 采用数量分析预测模型

对于大型企业而言，以上两种方法都过于简化，需要考虑的影响因素很多，此时采用计算机手段运用有关数量分析技术建立合理适用的预测模型就非常必要了。通常需要依据企业的管理要求和对未来财务信息的关注度提出需要进行哪些方面的财务预测，比如存货、应收账款、应付账款、费用以及短期投资、长期投资等。同时，在财务预测模型中还应体现关键业绩指标（KPI）和现在决策中使用的经济附加值（EVA）等相关信息。

在进行财务预测之前，业务计划和战略计划的制定是非常重要的。因为在进行财务预测中的重要因素，比如销售收入、销售产品构成、销售成本、各种费用、公司政策等都需要在战略计划和业务计划确认后才能够确认；同时，如果对于集团公司的财务预测，可以依据各个事业部和产品部门（按财务功能分类，一般将公司的各个业务部门或职能部门分为利润中心、成本中心、投资中心、费用中心），并依据不同的中心职能分别进行管理。在设计财务预测模型时，首先需要确认财务预测模型的基本结构，一般包括组织机构（事业部组织形式）和产品结构（各个产品线、产品系列）。

财务预测模型一般分为假设前提、分析计算、构造模型、模型调整四个阶段。其中最重要的问题就是将财务预测模型调整或修改为符合公司情况的模型，这一点是非常重要和必要的。如果希望能够通过该预测模型了解企业未来的财务情况，就需要对该模型当初设计的基本假设和目前假设变化情况的差异进行调整，这种调整包括：

（1）产品线的调整，可以依据目前公司的管理要求将财务预测产品结构进行调整，比如将以前的按产品类别的预测调整为按产品销售区域或销售方式的预测等；如果公司为事业部组织形式的公司，也可以将每个事业部作为一个经济中心进行预测。

（2）成本预测形式的调整，可以将成本预测由成本性态调整为产品类别、依据管理要求将成本调整为销售成本等，包括进行变动成本和固定成本的分类，计算保本点销售数量及销售价格。

预测模型产出成果，一般情况下，存货、应收账款、应付账款、固定资产、银行存款以及预计财务报表等情况都属于预测模型需要反映的必要信息，但在有些具有具体或其他要求的公司，可能需要的信息就远远不止以上所列举部分。比如正在进行长期投资的公司，安排合理的投资时期和投资计划可能就属于公司决策层关心的关键问题之一，可以在设计时以较为详细的投资表来反映长期投资对公司的影响。

设计财务预测模型的目的是满足公司现实的管理需求，因此在使用财务预测模型时，所获得的数据或输入的数据不应当全部来源于财务核算系统的数据。在该过程中的商业判断和职业分析能够保证财务预测模型输出成果有效性和能够反映未来情况。

任务三

旅游企业财务分析应用

一、财务分析的资料来源

财务分析不应当简单理解为会计报表分析，除了进行定期的报表分析以外，还应在平时针对各种特定情况进行专题分析，以解决相关的决策问题。内容真实、数字准确的资料是进行财务分析的前提条件。分析所涉及的资料主要包括：

（一）计划、定额、标准等资料

这些资料可用于与实际执行结果进行对比，检查执行情况。

（二）日常会计核算资料

在进行计划指标完成情况分析和对实际执行情况进行直观的观察时，都需收集平时实际执行的情况资料。对日常会计核算资料进行财务分析是一项基础性工作。质量好坏将直接影响财务分析工作的全面完整和准确性。

（三）定期的报表资料

企业需要定期编制的会计报表主要有资产负债表、利润表、现金流量表。

资产负债表是反映企业在某一特定时日（月末、季末、年末）财务状况的报表。资产负债表列示了企业在特定日期的资产、负债、所有者权益及其相关信息。通过资产负债表可以全面了解企业资产、负债和所有者权益的组成情况，用于分析企业的偿债能力和获利能力。

利润表是反映企业在一定时期内生产经营成果的财务报表。通过其反映的收入、成本和费用等情况能够反映企业生产经营的收益情况、成本耗费情况，表明企业生产经营成果；同时，通过利润表提供的不同时期的比较数字，可以分析企业今后利润的发展趋势、获利能力。

现金流量表是反映企业在一定时期内现金流入、现金流出及现金净流量的基本财务报表。它能够反映企业一定会计期间内现金和现金等价物流入和流出的信息，便于报表使用者了解和评价企业获取现金和现金等价物的能力，并据以预测企业未来的现金流量。

二、财务分析的常用方法

在进行财务分析时，应根据分析对象的特征以及资料的来源情况分别采用不同的技术方法。常用的有比较分析法和因素分析法。

（一）比较分析法

比较分析法是对两个或两个以上有关的数据进行对比，揭示其差异和矛盾的分析方法。比较是分析的最基本方法。

企业比较的对象可以是企业本身与其不同时期（2 年～10 年）指标相比，称“纵向比较”；也可以是同类企业，即与行业平均数或主要竞争对手比较，称“横向比较”；也可与计划预算比，即实际执行结果与计划指标相比，称“差异比较”。

企业比较的内容可以是会计要素的总量，总量是以绝对数进行量化的指标，如总资产、净资产、净利润等，主要用于本企业的经营状况的纵向比较，也可用于同业对比，看企业的相对规模和竞争地位。也可以是结构百分比，把利润表、资产负债表和现金流量表转换成结构百分比表。例如：收入为 100%，看利润表的各项目比重。结构百分比报表用于发现存在显著问题的项目，揭示进一步分析的方向。最重要的是以财务比率进行比较，财务比率是各会计要素的相互关系，反映其内在联系。由于比率是相对数，排除了规模的影响，使不同比较对象具有可比性。只计算出财务比率说明不了任何问题，分析的关键在于对财务比率的说明和解释。

（二）因素分析法

因素分析法是依据分析指标与其影响因素的关系，从数量上确定各因素对分析指标影响方向和影响程度的一种方法。因素分析法有不同的计算方式，常见的有连环替代法。

连环替代法是利用各个因素的实际数与标准数的连续替代来计算各因素脱离标准所造成的影响。假设某财务指标 p 是由 a、b、c 三个因素的乘积构成的，其标准指标和实际指标同有关因素的关系如下：

标准指标：$p_0=a_0\times b_0\times c_0$

实际指标：$p_n=a_n\times b_n\times c_n$

实际与标准的总差异为 p_n-p_0，这一总差异同时受到 a、b、c 三个因素的影响。它们各自的影响程度如下：

a 因素变动的影响：$(a_n-a_0)\times b_0\times c_0=p_1-p_0$

b 因素变动的影响：$a_n\times(b_n-b_0)\times c_0=p_2-p_1$

c 因素变动的影响：$a_n\times b_n\times(c_n-c_0)=p_n-p_2$

影响合计：p_n-p_0

式中，各字母下标 0 为标准数，下标 n 为实际数，p_1、p_2 分别为第一、第二个因素变动后的结果。

因素分析法既可以全面分析各因素对某一经济指标的影响，也可以单独分析某个因素对某一经济指标的影响。

三、基本财务比率

财务比率分析是将财务报告中的有关项目进行对比，用比率来反映它们之间的相互关系。财务报表可根据需要计算很多有意义的比率，这些比率涉及企业经营管理的各个方面。

（一）偿债能力分析

偿债能力是指企业偿还到期债务的能力，由于企业债务包括长期负债和短期负债，因此偿债能力分析包括短期偿债能力分析和长期偿债能力分析。

1. 短期偿债能力分析

短期偿债能力分析是指企业偿付短期债务的能力。短期负债又称流动负债，流动负债一般要以流动资产来偿还，因此，一般是通过流动资产与流动负债之间的比例关系来计算判断企业的短期偿债能力。

短期偿债能力对于企业来说，如果发生问题，企业被迫投入大量精力筹措资金、应付还债，同时增加企业筹资的难度，或加大临时性紧急筹资的成本；对债权人来说，企业只有具有充分的偿还能力，才能保证其债权的安全，按期取得利息，到期收回本金。

（1）流动比率。

流动比率是指旅游企业的流动资产与旅游企业的流动负债之比，写成算式为：

流动比率＝企业的流动资产÷企业的流动负债

从财务上来讲，这个比值的理想值是 2，即流动资产与流动负债应该保持 2∶1 的关系。如果一个企业的流动比率大于 2，通常认为这个企业的短期偿债能力比较强；如果一个企业的流动比率小于 2，通常认为这个企业的短期偿债能力比较弱。

但有时这个指标可能会造成一种错觉。比如流动资产中有大量的残损霉变、呆滞积压的商品等存货，或者是无法收回的应收账款，那么在这种情况下，即使比值大于 2，也不能证明企业的偿债能力强。

（2）速动比率。

为了进一步对旅游企业短期偿债能力进行检验，还得使用另一个指标，即速动比率。速动比率是指速动资产总额除以流动负债总额。

速动比率＝速动资产总额÷流动负债总额

速动资产是可以迅速地转换成现金的资产。财政部有一个硬性的规定：可以迅速转换成现金的资产就是速动资产，它等于流动资产减去存货。

速动资产＝流动资产－存货

也就是说，存货不能迅速地转换成现金资产，其他的都视为可以迅速转换成现金的资产。其实剩下的资产也不一定都能够迅速转换成现金。在旅游企业中，存货在整个流动资产中一般要占到 50％左右。所以如果说流动比率是 2，那么速动比率应该就是 1。一般来说，速动比率的理想值是1。如果一个企业的速动比率大于1，通常认为这个企业的短期偿债能力比较强；如果企业的速动比率小于1，通常认为这个企业的短期偿债能力比较弱。

（3）现金比率。

现金比率是企业现金类资产与流动负债的比率。现金类资产是速动资产扣除应收账款之后的余额，它包括企业所拥有的货币资金和持有的易变成现金的有价证券。

$$现金比率=\frac{现金+有价证券}{流动负债}$$

虽然现金比率能反映企业的直接支付能力，但通常情况下，企业无必要也不可能保留过多的现金类资产。如果现金比率过高，则意味着企业所筹集的流动负债未得到合理运用，而经常以获利能力低的现金类资产保持着。

2. 长期偿债能力分析

企业的长期负债包括长期借款、应付长期债券等。由于债权人的本金和利息要先于所有者的利润分配，因此对企业来说，负债程度的大小将会直接影响投资者的利益。一般说来，企业负债越多，其债权人风险越大；但当企业的投资报酬大于负债成本时，负债越多给企业投资者的收益也越大。由此可见，企业的投资者和债权人都很关心企业长期偿债能力的大小。企业的长期偿债能力不仅取决于长期负债在资金总额中所占的比重，而且还取决于企业经营的效益。

（1）资产负债率。

资产负债率又称举债经营比率，它是用以衡量企业利用债权人提供资金进行经营活动的能力，以及反映债权人发放贷款的安全程度的指标，通过将企业的负债总额与资产总额相比较得出，反映在企业全部资产中属于负债比率。这个指标表明企业资产中有多少是债务，同时也可以用来检查企业的财务状况是否稳定。由于站的角度不同，对这个指标的理解也不尽相同。

$$资产负债率=\frac{负债总额}{资产总额}$$

$$负债总额=短期负债+长期负债$$

资产负债率虽然是评价企业长期偿债能力的一个重要指标，但其局限性对评价效果的影响也是不能忽视的。

①从资产负债率的计算公式来看，其分子负债总额包含短期负债和长期负债两部分，现在有争议的是计算该比率时要不要把短期负债排除出去，因为该比率是用以评价企业对长期债务本息的偿还能力的。

②从资产负债率分子和分母的含义来看，其分母部分为企业资产总额，给长期债务提供最终保证的是它的变现收入而不是账面值，资产负债率只是提供了一种账面上的比值，而且资产和负债值均来自公司中期或年度资产负债表，只是某一时点的静态值。

③资产的变现能力本身也有很大的不确定性，如存货可能积压滞销，应收账款可能不能如期收回，固定资产和无形资产也可能严重贬值。

④或有负债的存在，或有负债是指一种现存的状况或处境，这种状况或处境最终的结果可能会给企业增加一笔负债或带来损失。比如给别的企业贷款提供担保，或正处于诉讼或仲裁中的经济纠纷等。或有负债不能记录在当时的会计账面上，但它很可能在未来变成一笔负债。所以或有负债的存在事实上也可能是对企业长期偿债能力的一种抵减。

⑤资产负债率指标只能说明某一时点的资本结构，这种资本结构可为长期债务提供一种最基本的财产保证，但是企业偿还债务最终还得依赖其获利能力，并且必须有足够的现金流入。如果公司亏损，最直接的后果是股东权益的损耗，会计账面上体现为净资产的减少，资产负债率升高。

⑥对资产负债率从数量上进行限制是从保护债权人的角度来做的，而对于公司股东和管理层来说，当预期的总资产收益率高于负债利率时，增加负债将有助于提高公司净利润，增加所有者权益，但债权人权益并不会随之增加；相反，当出现经营风险即总资产收益率低于负债利率时，债权人得和股东一起承担损失。所以，债权人、股东和公司管理层因其所处的利益角度不同，对资产负债率的要求和评价也不同。

（2）产权比率和权益乘数。

①产权比率。产权比率是企业负债总额与权益总额的比值。反映企业投资者权益对债权人权益的保障程度。该比率越低，则表明企业长期偿债能力越强，债权人权益的保障程度越高，承担的风险越小。

$$产权比率=\frac{负债总额}{权益总额}$$

②权益乘数。权益乘数是资产总额与权益总额的比值。它反映企业的负债程度。权益乘数越大，企业负债越高，财务风险越大。

$$权益乘数=\frac{资产总额}{权益总额}$$

（3）已获利息倍数。

已获利息倍数是指企业生产经营所获得的息税前利润总额与利息费用的比率，又称为利息保障倍数，是衡量企业偿付负债利息能力的指标。一般认为已获利息倍数至少应大于1，即已获利息倍数最低在1∶1左右。如果该比率小于1，说明企业全部的息税前利润都不足以偿还负债利息。

$$已获利息倍数=\frac{息税前利润总额}{利息费用}$$

“息税前利润总额”是指利润表中未扣除利息费用和所得税之前的利润（EBIT）。EBIT等于利润表中“利润总额”加上利息费用，但由于利润表未提供利息费用的相关信息，另一种测算办法是“利润总额”加上“财务费用”。

“利息费用”主要是指长期负债的利息费用，包括银行长期借款利息费用及发行长期债券利息费用。

（二）营运能力分析

营运能力是指企业资金的利用效率，通常是通过企业生产经营资金周转速度的有关指标来反映的。

1. 应收账款周转率

应收账款周转率是用赊销收入净额与应收账款平均余额的比值来表示的，反映应收账款周转的快慢。周转率越高，应收账款的回收越快。

$$应收账款周转率=\frac{赊销收入净额}{应收账款平均余额}$$

“赊销收入净额”是指利润表中“销售收入”扣除折扣和折让后的销售净额。“应收账款平均余额”是资产负债表中期初余额和期末余额的平均值。

反映应收账款的回收速度还可以用另一个指标——“平均收账期”。平均收账期越短，应收账款回收越快。

$$平均收账期=\frac{360}{应收账款周转率}$$

2. 存货周转率

存货周转率（又称存货周转次数）是以销货成本除以平均存货成本而得到的比率。存货周转率越高，存货的占用水平越低，则存货的流动性越强，存货转换为现金或应收账款的速度越快。

$$存货周转率=\frac{销货成本}{平均存货成本}$$

$$平均存货成本=\frac{期初存货成本+期末存货成本}{2}$$

对应地从时间上考虑：

$$存货周转天数=\frac{360}{存货周转率}$$

3. 总资产周转率

总资产周转率是指企业销售收入净额与资产平均总额的比率，反映企业全部资产的使用效率。该比率越高，则企业利用全部资产进行经营的效率越高，企业的销售能力越强。

$$总资产周转率=\frac{销售收入净额}{资产平均总额}$$

（三）盈利能力分析

盈利能力就是企业获取利润的能力，企业利润是企业在会计期内的最终财务成果，反映经营者的经营业绩和管理效能，也是投资获利、偿还债务的资金来源，因此，盈利能力是企业经营管理者、投资人和债权人共同关心的一个重要指标。

1. 销售利润率

销售净利率是净利润与销售收入净额的百分比。

$$销售净利率=\frac{净利润}{销售收入净额}$$

此处“净利润”指税后利润，从该公式可以看出，为提高销售净利率，企业扩大销售的同时必须获取更多的净利润。为实现这一目的，企业应注意改进管理，提高盈利水平。

另一个考察销售利润率的指标是销售毛利率：

$$销售毛利率=\frac{销售毛利}{销售收入净额}$$

2. 资产收益率

资产收益率是企业净利润对企业全部资产的比率。它表示企业运用全部资产所产生的利润，是反映企业资产综合利用效果的指标，同时也是衡量企业利用债权人和所有者权益总额所取得盈利的指标。

$$资产收益率=\frac{净利润}{全部资产总额}$$

$$平均资产总额=\frac{期初资产总额+期末资产总额}{2}$$

如果只从运用所有者权益获取利润的角度来考虑，则有：

$$净资产收益率=\frac{净利润}{平均净资产}$$

$$平均净资产=\frac{期初净初净+期末净末净}{2}$$

净资产收益率也称净值报酬率或权益报酬率。

（四）股份公司盈利率指标

1. 每股收益

每股收益是指普通股每股所取得的净利润，是衡量股份公司盈利能力的相对最客观、最直接的一个比率指标。如果公司同时发行了优先股，则还要从净利润中扣除优先股应得股利。每股收益用来反映普通股每股盈利能力的大小。每股收益是上市公司在年度报告中必须披露的第一个指标。

$$每股收益=\frac{净利润-优先股股利}{加权平均普通股股数}$$

每股收益作为股份公司盈利能力的参考指标也有其局限性：第一，企业的净利润不一定来自主营业务收入，而其他业务收入一般认为是不可持续的。第二，每股收益不能反映公司经营风险的大小。如通过负债融资来增加投资，扩大经营规模后可能会增加每股收益，但与此同时也增加了公司的财务风险，每股收益的波动幅度将变大。第三，不同的公司股票每一股份所代表的资产净值、市价是不同的，投资者只可以根据这个比率指标进行纵向比较来衡量公司营利性的发展趋势，而不能进行不同公司之间的横向比较。而且每股收益多，并不一定意味着公司股利分配多。

2. 市盈率

市盈率是普通股每股市价对每股收益的比率。

$$市盈率=\frac{普通股每股市价}{普通股每股收益}$$

市盈率是反映股票盈利状况的重要指标，也是投资者从某种股票获得 1 元利润所愿支付的价格。市盈率越低，股票在相同收益下的股价越低，或者说在相同股价下股票的收益越高，股价下跌的空间越小，投资的风险也越小。在其他条件相同的情况下，市盈率低的股票投资价值相对高。一般性的规律是，那些充满扩张机会的新兴行业，其市盈率普遍较高，而成熟工业行业市盈率则普遍较低。在较为成熟规范的证券市场里，普遍认为市盈率 10～20 倍属正常范围，即使该种股票市场前景看好，一般也不宜以超过 25 倍市盈率做股票估价。

3. 股利支付率

股利支付率是每股股利对每股收益的比率。反映股份公司的利润中有多少用于股利的支付。

$$股利支付率=\frac{普通股每股股利}{普通股每股收益}$$

这是股东非常关心的一个指标，每股股利相同而股利支付率不同的公司，派息基础可能是大不相同的。股利支付率低的公司可能在利润充裕的情况下分红，而股利支付率高的公司可能在利润拮据的情况下分红。显然，它们的发展前景可能大相径庭。从投资者角度来看，某些投资者，特别是短期投资者，倾向于高额股利发放率，期望在短期内获得实惠；而长期投资者则希望公司少发股利，保留在股东权益内，以扩大再生产。这样，企业实力增强，竞争能力提高，股票市价稳步上升，从长远来看，对他们有利。

由此可见，绝不能简单地认为股利支付率越高越好。有的公司虽然股利支付率低一些，但其盈利水平却很高，目前少发股利的目的是将大量利润用于再投资，这意味着公司尚有增加股利派发的潜力，股票也有升值的机会。相反，有的公司内部缺乏再投资的条件，虽有较高的股利支付率，但公司的发展后劲不足。当然，最理想的公司是每股股息额很高，而股利支付率却很低。同样，股利支付率也与行业特点有关。收入较为稳定的行业和处于稳定发展阶段的行业，其股利支付率往往较高；而新兴行业，具有成长性的公司的股利支付率却很低。

四、财务状况的综合分析

从前面的分析可知，每种财务分析指标都是从特定角度对企业财务状况以及经营成果进行分析，不足以全面评价企业财务状况及经营成果。为了弥补这一不足，应当进行综合分析，将所有有关指标有机联系起来，既全面反映整体财务状况，又指出指标与指标之间的联系。

（一）杜邦分析法

杜邦分析法是以净资产收益率为核心的财务指标，通过财务指标的内在联系，系统、综合地分析企业的盈利水平，具有很鲜明的层次结构，是典型的利用财务指标之间的关系对企业财务进行综合分析的方法。杜邦分析法就是利用几种主要的财务比率之间的关系来综合地分析企业的财务状况，这种分析方法最早由美国杜邦公司使用，故名杜邦分析法。杜邦分析法是一种用来评价公司盈利能力和股东权益回报水平的经典方法（见图 9－1）。

图 9－1 中，权益净利率是中心指标，反映投资者净资产的获利能力。净资产的不断增值是财务管理的最终目标，它体现了企业经营活动的最终成果。权益净利率的高低取决于资产净利率和权益乘数的水平。

资产净利率是企业主营业务利润率与总资产周转率的综合体现。主营业务利润率反映主营业务收入与净利润的关系，要提高主营业务利润率，不仅要增加主营业务收入，还要努力降低各项成本。通过列示各项成本费用，按照重要性原则进行成本费用的结构分析，加强成本控制。而提高总资产周转率关键在于减少资金的占用。资产是由长期资产和流动资产两部分构成，长期资产与流动资产的结构比是否合理直接影响资金的周转速度。在此基础上，还需进一步考察各项资产的占用数额和周转速度。

权益乘数反映股东权益与企业资产总额的关系，它所说明的问题是企业在资产规模比较稳定时，适当开展负债经营，相对减少股东权益，可提高企业的权益净利率。因此，合理安排资本结构也是提高权益净利率的有效途径。

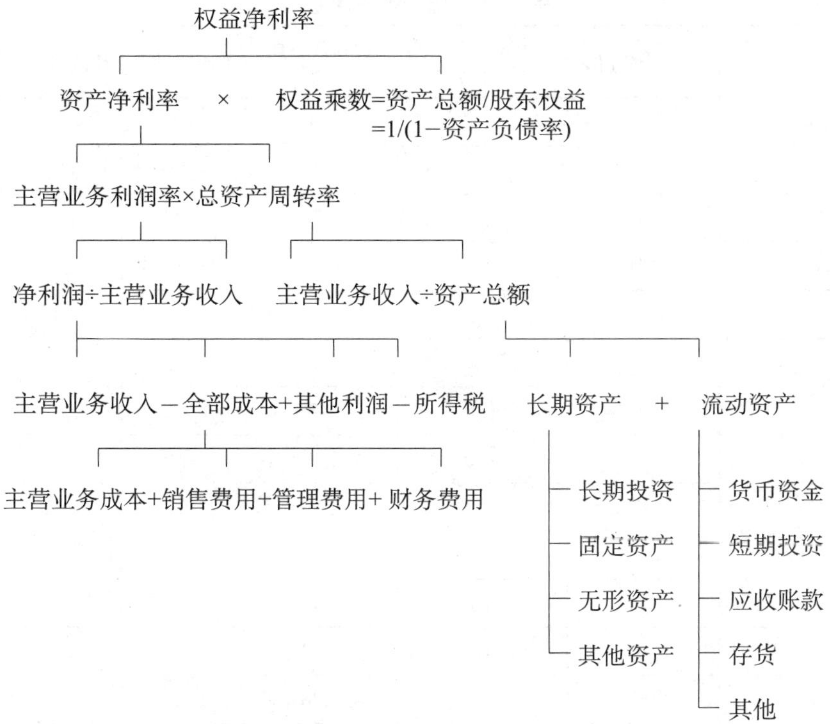

图 9-1　杜邦分析图

（二）综合评分法

财务状况综合评价最早得到实际应用的一种方法是沃尔评分法。1928 年美国的亚历山大·沃尔在《信用晴雨表研究》和《财务报表比率分析》中提出“信用能力指数”的概念，他选择了 7 种财务比率，分别设定在总评分中的比重，总和为 100 分，即流动比率（25）、净资产/负债（25）、资产/固定资产（15）、应收账款周转率（10）、存货周转率（10）、固定资产周转率（10）、净资产周转率（5）。然后确定每项比率的标准值，与实际值相比较，评出每项指标的得分，最后求出总评分。

沃尔评分法的理论基础没有证明所提出的 7 种财务比率指标的理由，为什么不能选择更多或更少，也没有证明每种比率所占比重的合理性。虽然如此，但通过实际运用沃尔评分法大多数情况下可以得到相对满意的评价结果，并且其方法相当简便易学，所以即使到现在，这种方法仍有较多的应用。

随着评价理论和实践的不断进步，在沃尔评分法的基础上加以改进并被广泛接受的一种方法是综合评分法。它是以盈利能力、偿债能力和成长能力共同构成财务评价的主要内容。它们之间大致按照 5∶3∶2 来分配比重。盈利能力指标主要有资产净利率、销售净利率和净资产收益率，按 2∶2∶1 来安排。偿债能力有 4 个常用指标，成长能力有 3 个常用指标。

以 100 分为总评分的评分标准如表 9-5 所示。

表 9-5　综合评分的标准

指标	标准评分值	标准比率（%）	行业最高比率（%）	最高评分	最低评分	每分比率的差（%）
盈利能力：						
总资产报酬率	20	10	20	30	10	1
销售净利率	20	4	20	30	10	1.6
净资产报酬率	10	16	20	15	5	0.8
偿债能力：						
自有资本比率	8	40	100	12	4	15
流动比率	8	150	450	12	4	75
应收账款周转率	8	600	1 200	12	4	150
存货周转率	8	800	1 200	12	4	100
成长能力：						
销售增长率	6	15	30	9	3	5
净利增长率	6	10	20	9	3	3.3
人均净利增长率	6	10	20	9	3	3.3
合计	100			150	50	

由表 9-5 可知，采用综合评分法时，调整分上下浮动不能超过标准评分值的 50%，也就是说评分结果最终会在 50～150 分之间，在 100 分附近的分数显然是处在行业平均水平；综合评分法基于沃尔评分法侧重评价企业的信用状况，而使成长能力的权重相对偏低；标准评分值与标准比率的确定应以行业平均水平为基础进行适当的修正，而不能“一刀切”，各行业标准比率的差异是客观存在的，如朝阳产业与夕阳产业就不会相同。

假设表 9-5 中的标准评分值和标准比率是符合旅游行业的实际情况的，用综合评分法对某旅游公司某一年的财务状况进行综合评价，其结果如表 9-6 所示。

表 9-6　运用综合分析法的某旅游公司实际评分表

指标	实际比率①	标准比率②	差异③=①-②	每分比率差④	调整分⑤=③÷④	标准评分值⑥	得分⑦=⑤+⑥
盈利能力：							
总资产报酬率	8.22	10	-1.78	1	-1.78	20	18.22
销售净利率	7.73	4	3.73	1.6	2.33	20	22.33
净资产报酬率	14.67	16	-1.33	0.8	-1.66	10	8.34
偿债能力：							
自有资本比率	71.64	40	31.64	15	2.11	8	10.11
流动比率	261	150	111	75	1.48	8	9.48

续前表

指标	实际比率①	标准比率②	差异③=①-②	每分比率差④	调整分⑤=③÷④	标准评分值⑥	得分⑦=⑤+⑥
应收账款周转率	556	600	-44	150	-0.29	8	7.71
存货周转率	1 491	800	691	100	6.91	8	14.91
成长能力：							
销售增长率	23.8	15	8.8	5	1.76	6	7.76
净利增长率	36.52	10	26.52	3.3	8.04	6	14.04
人均净利增长率	13.64	10	3.64	3.3	1.1	6	7.1
合计						100	120

从综合评分表情况看，属中等偏上企业，综合评分达 120 分。体现在：①销售净利率比标准比率高 93.25%；②自有资本比率比标准比率高 79.1%；③存货周转率比标准比率高 86.38%；④销售增长率比标准比率高 58.67%；⑤净利增长率比标准比率高 2.65 倍；⑥人均净利增长率比标准比率高 36.4%；⑦流动比率比标准比率高 74%（与②一样也说明公司没有充分利用财务杠杆作用），说明公司的盈利能力、偿债能力、成长能力等比较强。

但是，表中的一些指标没有达到标准比值，也显示其不足的一面：①总资产报酬率比标准比率低 17.8%，说明其资产运营潜力还有待挖掘；②净资产报酬率比标准比率低 8.31%，从另一个侧面说明企业没有充分利用财务杠杆作用，提高权益乘数，以提高权益报酬率；③应收账款周转率比标准比率低 7.33%，说明公司应收账款的回收速度还有待加快。

五、现金流量分析

（一）现金流量分析的意义

随着现代经济活动规模的不断扩大与细化分工，如何能够以多种方式考察企业内部的经营状况就成了人们越来越关心的问题。财务管理的一个基本结论是：资产价值是其未来各期现金流量现值之和。因此，企业根据《企业会计准则》要求所编制的现金流量表就成为满足投资人现金流量信息需要的主要来源。目前现金流量分析是企业财务分析的辅助方法。

（二）现金流量的结构分析

现金流量的结构分析包括现金的流入结构、流出结构及流入流出比分析。某旅游公司现金流量的主要数据及流量结构如表 9-7 所示。

表 9-7　某旅游公司现金流量结构表

项目	流入（万元）	流出（万元）	净流量（万元）	内部结构	流入结构	流出结构	流入流出比
一、经营活动							
销售产品、提供劳务	12 000			100%			
现金流入小计	12 000			100%	69%		
购买商品和劳务		4 417		53%			
支付给职工		2 500		30%			
支付各项税费		942		11%			
其他现金支出		500		6%			
现金流出小计		8 359		100%		37%	1.44
经营现金净流量			3 641				
二、投资活动							
投资收回	124			5%			
分得股利	300			12%			
处置固定资产	2 000			83%	91%		
现金流入小计	2 424			100%	14%		
购置固定资产		4 000					
现金流出小计		4 000				18%	0.61
投资现金净流量			−1 576				
三、筹资活动							
借款	3 000						
现金流入小计	3 000				17%		
偿还债务		10 000		99%			
支付利息		125		1%			
现金流出小计		10 125		100%		45%	0.3
筹资现金净流量			−7 125				
合计	17 424	22 484	−5 060		100%	100%	

1. 流入结构分析

流入结构分析包括经营、投资和筹资三项活动流入的内部结构分析。

总流入中经营流入占 69%，是主要来源，投资流入和筹资流入分别占 14%、17%。

经营活动流入中销售收入（含税）占100%，比较正常；投资活动的流入中，最主要的部分是处置固定资产占91%，回收资金但不获利；筹资活动的3 000万元全部是借债。

2. 流出结构分析

流出结构分析也同样包括总流出结构和三项活动流出的内部结构分析。

该公司的总现金流出中占最大部分的是筹资流出占45%，说明公司现金流出中偿还债务占很大比重并使负债大量减少。

经营活动流出中购买商品和劳务占53%，支付给职工的占30%，比重较大。投资活动现金流出全部是购置固定资产。筹资活动中偿还债务本金占99%，是绝大部分。

3. 流入流出比分析

经营活动流入流出比为1.44，表明企业经营活动的效果可使得1元的流出换回1.44元现金。能更大地提高这一比值当然更好。

投资活动流入流出比为0.61，说明企业正在扩大投资，处于扩张期。

筹资活动中现金流入流出比为0.3，说明还款大于借款。

该公司本年现金存量减少了5 060万元，经营现金净流入3 641万元。用于投资1 576万元，用于还款7 125万元。

从该公司现金流入流出结构的历史比较和同业对比可以发现变化的趋势是否正常。对一个正在健康成长的公司来说，经营活动的现金流量应是正数，投资活动的现金流量是负数，而筹资活动的现金流量是正负相间的。

（三）现金的流动性分析

现金的流动性是指企业将资产转化为现金的能力。根据资产负债表所确定的流动比率，虽然也能在一定程度上反映企业资产的流动性，但有相当的局限性。企业真正能用来偿还债务的是现金流量，而非流动资产。因此，现金流量和债务相比能更真实地反映企业偿还债务的能力。

1. 现金到期债务比

$$现金到期债务比=\frac{经营现金净流量}{本期到期的债务}$$

本期到期的债务是指本期到期的长期债务和本期应付票据，因为这两种债务必须如期偿还。

如果甲旅游公司本期到期长期债务是1 000万元，则：

$$现金到期债务比=3\ 641\div 1\ 000=3.64$$

如同业平均水平为2.5，显然如期偿还本期债务是比较有保证的。

2. 现金流动负债比

$$现金流动负债比=\frac{经营现金净流量}{流动负债}$$

如果甲旅游公司流动负债本期期末数为 5 000 万元，则：

现金流动负债比＝3 641÷5 000＝0.73

如同业平均水平在 0.8，可能该公司就需要考虑减少流动负债，以免到期无法如数支付所带来的风险。

3. 现金债务总额比

$$现金债务总额比=\frac{经营现金净流量}{债务总额}$$

设甲旅游公司的债务总额本期期末数是 20 000 万元，则：

现金债务总额比＝3 641÷20 000＝18%

假如不考虑还本，则企业最大的付息能力可达 18%。只要市场利率低于 18%，企业就可以扩大债务规模。如果市场利率是 10%，则意味着甲旅游公司还可在原有 20 000 万元债务总额的基础上再增加 16 410 万元的债务也可以保证按时付息。

（四）获取现金能力分析

企业获取现金的能力是指企业经营现金净流入和企业投入的比值。这里的投入可以是销售收入、总资产、净营运资金、净资产或者普通股股数等。

1. 销售现金比率

$$销售现金比率=\frac{经营现金净流量}{销售总额}$$

如果甲旅游公司本期销售总额为 12 000 万元，则：

销售现金比率＝3 641÷12 000＝0.3

该比率反映每元销售能获得的净现金，其比值越大越好。

2. 每股营业现金净流量

$$每股营业现金净流量=\frac{经营现金净流量}{普通股股数}$$

如果甲旅游公司普通股股数为 50 000 万股，则：

每股营业现金净流量＝3 641÷50 000＝0.073（元）

该指标反映甲旅游公司最大的分派股利能力，超过这一限度就要借款分红。

（五）财务弹性分析

财务弹性是指企业适应经济环境变化和利用投资机会的能力。如果企业现金流量超过现金支付需要，有剩余的现金，这种适应性也就越强。因此，财务弹性是以经营现金流量与支付要求做比较。支付要求可以是投资需求或承诺支付等。

1. 现金满足投资比率

$$现金满足投资比率=\frac{近5年经营活动现金净流入}{近5年资本支出、存货增加、现金股利之和}$$

如果甲旅游公司近 5 年经营活动现金净流入的平均数与本年相同，资本支出、存货增加、现金股利平均每年为 4 000 万元、40 万元和 100 万元，则：

现金满足投资比率＝3 641÷（4 000＋40＋100）＝0.88

该比率越大，说明资金自给率越高。达到 1 时，可完全满足扩充所需资金；小于 1 时，需要外部融资来补充资金。

2. 现金股利保障倍数

$$现金股利保障倍数=\frac{每股营业现金净流量}{每股现金股利}$$

如果甲旅游公司每股现金股利为 0.05 元，则：

现金股利保障倍数＝0.073÷0.05＝1.46

该比率越大（至少要大于 1），说明现金股利支付能力越强。若同业平均现金股利保障倍数为 3，相比之下，甲旅游公司的股利保障倍数不高，如不景气，可能无法维持现有股利水平或不得不借债维持。

（六）收益质量分析

收益质量分析是讨论企业会计收益和公司业绩的相关性。从现金流量表角度评价收益质量，主要是以现金流量表补充资料中净利润调整为经营现金流量的各调整项目为分析基础。

需要关注的是其中两个主要部分：一是非经营净收益，主要是指以资产处置和证券交易获得的收益，它不代表正常的收益能力，收益能力不可持续；二是未付现费用，主要是计提的资产减值准备，固定资产折旧以及各类待摊费用摊销。少提取这类费用，增加收益却不增加现金流入，会使收益质量下降。

1. 净收益营运指数

净收益营运指数是指经营净收益与全部净收益的比值。

经营净收益＝净收益－非经营收益

$$净收益营运指数=\frac{净收益-非经营收益}{净收益}$$

通过净收益营运指数的历史比较和行业比较，可以评价一个公司的收益质量。

2. 现金营运指数

现金营运指数是指经营现金净流量与经营应得现金的比率。

经营应得现金＝经营活动净收益＋非付现费用

$$现金营运指数=\frac{经营现金流量}{经营应得现金}$$

小于 1 的现金营运指数，说明收益质量不够好，说明收益未以现金形式收回，应收款增加、应付款减少或者存货增加等都可能是形成这种情况的原因。企业为获得同样的收益占用了更多的营运资金，如果长期如此可能导致企业的资金链紧张，资金短缺。运用现金营运指数进行分析，一般需要使用连续若干年的数据，如果某一两年的现金营运指数小于 1，虽然可能说明不了多少问题，但却值得引起高度警惕。

【思政园地】

会计信息为何会失真?

会计信息的失真将导致国家宏观经济决策失误，给国家带来重大经济损失，并使社会公众对会计诚信基础产生怀疑，从根本上动摇市场经济的信用基础，危害宏观经济的正常运行。所以，只有保障会计信息的真实性，才能根据财务数据的分析结果确定合理的资源配置方案，进而对国家、企业资源进行充分运用，最终推动社会经济的健康发展。财务分析通过利用不同的分析方法，分析财务数据存在的异常情况，辨别财务舞弊造假案例，并认识财务舞弊案例产生的社会后果，提高自身的社会责任感，塑造自身诚实守信的优良职业品质。

企业一般会有哪些财务造假动机?

(1) 融资。公司 IPO 或上市公司再融资都必须满足上市条件，这是监督部门为优化上市公司的质量以保护投资人利益的重要措施。但由于财务指标的设计过于简单，一方面造成企业管理层的压力，另一方面导致企业很容易通过会计处理来调节，公司为了符合上市或再融资标准，就千方百计地造假，以达到融资的目的。

(2) 保壳。A 股对上市公司的净利润有各种各样的高要求，比如连续两年亏损要 ST、三年连续亏损就要暂停上市。那些一年亏损、连续两年亏损的企业在接下来的年度就有非常大的压力，如果靠实际业务不能扭亏为盈，为了维护上市公司形象或者保壳，就可能会铤而走险进行财务造假。

(3) 兑现业绩承诺。只要有压力，就有造假的动机，比如你年初签订了当年售1 000万产品的 KPI（关键绩效指标），整个年度内你都可能有造假的想法。上市公司也一样，由于对赌协议的存在，上市公司为了兑现业绩承诺，有时不惜铤而走险。一般来说，借壳上市的公司都有业绩承诺，因此，借壳上市公司财务造假的概率远远大于一般的上市公司。

(4) 避税甚至逃税。尽管企业用于纳税的财务数据与其向股东和债权人展示的财务数据在口径上是有显著差异的，但企业向股东和债权人披露的财务数据仍然是企业纳税财务数据的重要基础。因此，企业可能出于纳税目的进行财务造假。

(5) 向少数股东隐瞒财务业绩。企业是被大股东或者实际控制人控制的。因此，当企业不希望非控制性投资者（即少数股东）了解企业全面的财务状况尤其是盈利状况的时候，企业可能在控股股东的授意下，将虚假的财务报表展示给少数股东。实际上，资本市场上的造假行为经常是在控股股东的授意下进行的。

(6) 维持股价或配合庄家炒作。毋庸置疑，在所有粉饰财报的动机中，维持股价是最直接的。把财报粉饰得好看了，就可以通过讲故事维持一个比较满意的股价水平，从而使企业持股的高管和员工通过减持来获取不错的收益。此外，为了配合庄家的各种炒作题材，上市公司往往通过粉饰业绩来达到最终的炒作目的。

【项目小结】

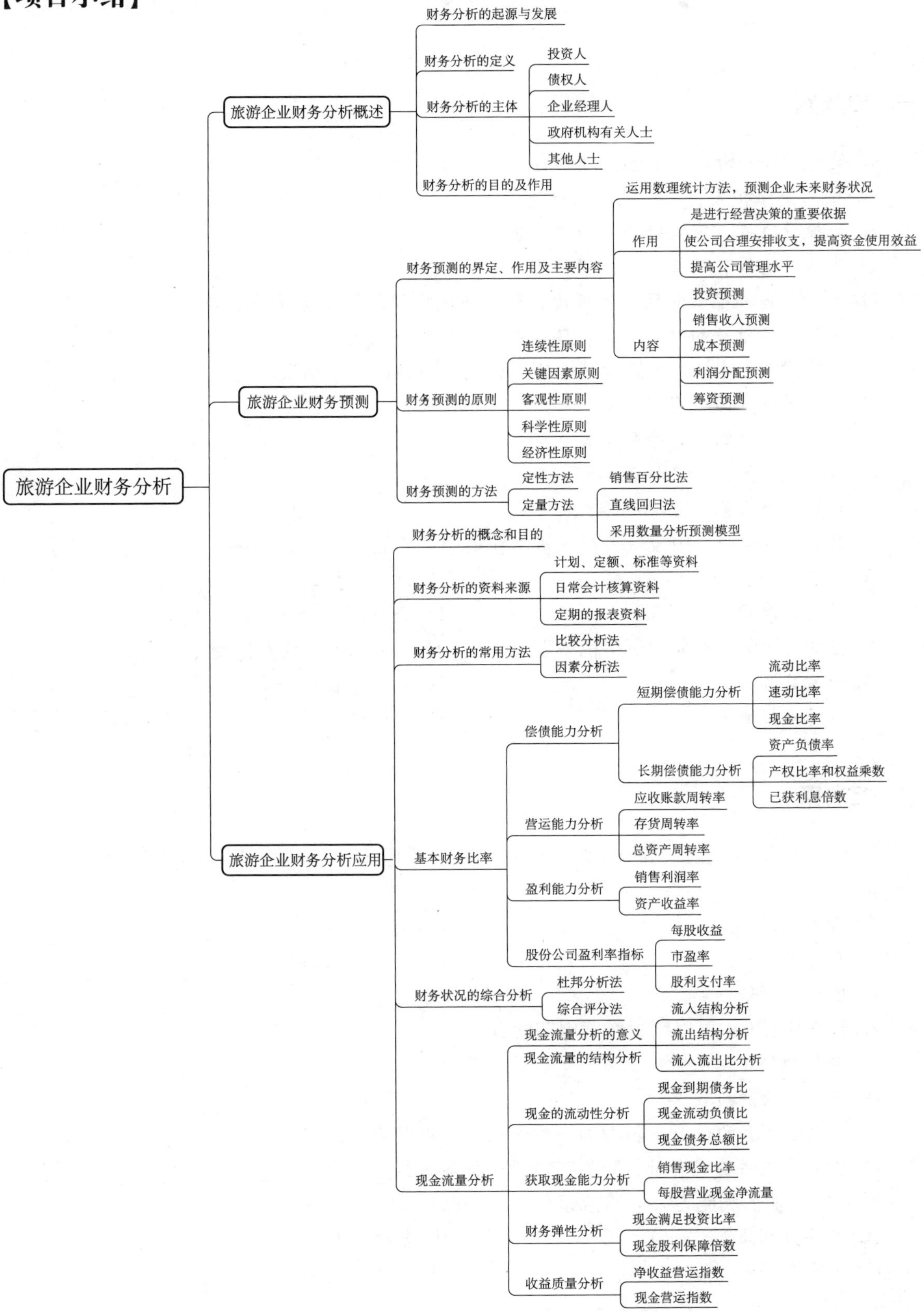
旅游企业财务分析
旅游企业财务分析概述
财务分析的起源与发展
财务分析的定义
财务分析的主体
投资人
债权人
企业经理人
政府机构有关人士
其他人士
财务分析的目的及作用
旅游企业财务预测
财务预测的界定、作用及主要内容
运用数理统计方法，预测企业未来财务状况
作用
是进行经营决策的重要依据
使公司合理安排收支，提高资金使用效益
提高公司管理水平
内容
投资预测
销售收入预测
成本预测
利润分配预测
筹资预测
财务预测的原则
连续性原则
关键因素原则
客观性原则
科学性原则
经济性原则
财务预测的方法
定性方法
定量方法
销售百分比法
直线回归法
采用数量分析预测模型
旅游企业财务分析应用
财务分析的概念和目的
财务分析的资料来源
计划、定额、标准等资料
日常会计核算资料
定期的报表资料
财务分析的常用方法
比较分析法
因素分析法
基本财务比率
偿债能力分析
短期偿债能力分析
流动比率
速动比率
现金比率
长期偿债能力分析
资产负债率
产权比率和权益乘数
已获利息倍数
营运能力分析
应收账款周转率
存货周转率
总资产周转率
盈利能力分析
销售利润率
资产收益率
股份公司盈利率指标
每股收益
市盈率
股利支付率
财务状况的综合分析
杜邦分析法
综合评分法
现金流量分析
现金流量分析的意义
现金流量的结构分析
流入结构分析
流出结构分析
流入流出比分析
现金的流动性分析
现金到期债务比
现金流动负债比
现金债务总额比
获取现金能力分析
销售现金比率
每股营业现金净流量
财务弹性分析
现金满足投资比率
现金股利保障倍数
收益质量分析
净收益营运指数
现金营运指数

※ 应知考核 ※

一、单选题

1. 关于财务分析目的表述正确的有（　　）。

A. 帮助企业相关利益人进行决策与评价

B. 为投资决策、宏观经济等提供依据

C. 为信贷决策、销售决策提供依据

D. 为企业内部经营管理业绩评价、监督与选择经营管理者提供依据

E. 了解财务信息的供求关系，获得高质量的财务信息

2. 在杜邦财务体系中，假设其他情况相同，下列说法中错误的是（　　）。

A. 权益乘数大则财务风险大

B. 权益乘数大则权益净利率大

C. 权益乘数等于资产权益率的倒数

D. 权益乘数大则资产净利率大

3. 用来衡量企业运用投资者投入资本获得收益的能力的财务比率是（　　）。

A. 净资产收益率　　B. 总资产报酬率

C. 销售利润率　　D. 盈利现金比率

4. 假设其他条件不变，所得税率发生变化，下列指标中也会发生变化的是（　　）。

A. 流动比率　　B. 应收账款周转率

C. 净资产报酬率　　D. 流动资产周转率

二、多选题

1. 某企业当年的经营利润很多，却不能偿还到期债务。为查清其原因，应检查的财务比率包括（　　）。

A. 资产负债率　　B. 流动比率

C. 存货周转率　　D. 应收账款周转率

E. 已获利息倍数

2. 下列各项中，可以缩短经营周期的有（　　）。

A. 存货周转率（次数）上升

B. 应收账款余额减少

C. 提供给顾客的现金折扣增加，对他们更具吸引力

D. 供应商提供的现金折扣降低了，所以提前付款

3. 反映企业盈利能力大小的指标有（　　）。

A. 留存盈利比率　　B. 流动比率

C. 净值报酬率　　D. 销售净利率

E. 股利支付率

4. 下列说法正确的是（ ）。

A. 每股收益和每股股利正相关

B. 每股收益和每股股利是同一概念

C. 每股收益指标不利于公司间的比较

D. 每股收益越大，则股利发放率也越大

E. 每股收益大，每股股利不一定多，还要看公司股利政策

5. 企业短期资金的主要来源有（ ）。

A. 短期银行借款

B. 出售固定资产收到的资金

C. 出售长期股权投资收到的资金

D. 商业信用

E. 发行股票筹集的资金

三、判断题

1. 计算已获利息倍数时的利息支出，指的是计入财务费用的各项利息。（ ）

2. 现金比率表明用现金立即偿还短期债务的能力，企业应尽量使其大于或等于1。（ ）

3. 尽管流动比率可以反映企业的短期偿债能力，但有的企业流动比率较高，却没有能力支付到期的应付账款。（ ）

4. 利息保障倍数公式中的利息费用，既包括财务费用中的利息费用，也包括计入固定资产成本中的资本化利息。（ ）

5. 股利发放率很难有一个合理的标准，而且公司之间也没有什么可比性，它取决于企业的股利政策。（ ）

四、简答题

1. 旅游企业为什么要进行财务预测？财务预测的方法有哪些？

2. 什么是可持续增长率？它与企业的实际增长率有什么关系？

3. 什么是旅游企业的财务预算？预算的编制方法有哪些？财务预算的编制基础是什么？

4. 什么是财务分析？包括哪些内容？

5. 试找一家上市旅游公司连续三期的财务报表，用综合评分法说明企业业绩增长或萎缩的原因有哪些。

※ 应会考核 ※

背景材料（一）

甲旅游公司2019年的资产负债表（见表9-8）。

表 9-8　甲旅游公司 2019 年资产负债表　　单位：元

资产	期末余额	负债及所有者权益	期末余额
货币资金	20 000	应付费用	7 000
应收账款净额	10 000	应付账款	13 000
存货	30 000	短期借款	10 000
固定资产净值	40 000	公司债券	20 000
		实收资本	40 000
		留存收益	10 000
总计	100 000	总计	100 000

甲旅游公司 2019 年的销售收入为 100 000 元，销售净利润为 10 000 元，净利润的 50% 分配给投资人。公司的资产除固定资产以外都随销售量的增加而增加；负债及所有者权益中，只有应付费用和应付账款随销售量同比变化。

考核要求

1. 假设公司的实收资本始终保持不变，2020 年预计销售收入将达到 120 000 元，企业销售净利率不变，并采用固定股利支付率政策，计算该公司当年的可持续增长率，并说明需要补充多少外部融资。

2. 如果利润留存率是 80%，销售净利率提高到 12%，2020 年目标销售收入是 150 000 元，甲公司是否需要从外部融资？如果需要，需要补充多少外部资金？

3. 如果甲公司预计 2020 年不可能获得任何外部融资，销售净利率和股利支付率不变，计算 2020 年甲公司的预计销售额。

4. 假设甲公司 2020 年保持销售净利率和股利支付率不变，预计销售收入将达到110 000 元，但是为了实现这一目标，需要另外增加对外投资 5 000 元，计算甲公司需要补充多少外部融资。

背景材料（二）

某旅游企业本月产品销售收入 50 万元，销售收入的 60% 在本月收回，上期应收账款余额为 20 万元，预计将在本月全部收回，本月其他业务收入（均收现）15 万元，其他业务支出（均付现）55 000 元。本月产品销售成本、费用、税金等支出 8 万元，购置固定资产支出 6 万元，期初现金余额为 5 000 元。

考核要求

假定不考虑其他因素的影响，计算“现金预算”中的预计可供使用现金、现金支出合计和现金多余或不足的数额。

背景材料（三）

某旅游公司近三年的主要财务数据和财务比率如表 9-9 所示。

表 9-9　某旅游公司近三年的财务数据表

	2018 年	2019 年	2020 年
销售额（万元）	4 000	4 300	3 800
总资产（万元）	1 430	1 560	1 695
普通股（万元）	100	100	100
保留盈余（万元）	500	550	550
所有者权益合计	600	650	650
流动比率	1.19	1.25	1.20
平均收现期（天）	18	22	27
存货周转率	8.0	7.5	5.5
债务/所有者权益	1.38	1.40	1.61
长期债务/所有者权益	0.5	0.46	0.46
销售毛利率	20.0%	16.3%	13.2%
销售净利率	7.5%	4.7%	2.6%
总资产周转率	3.00	2.88	2.33
总资产报酬率	22.5%	13.54%	6.06%

假设该旅游公司所得税率为 30%，利润总额＝毛利－期间费用。

考核要求

1. 分析说明总资产报酬率下降的原因。

2. 分析说明总资产周转率下降的原因。

3. 计算 2019 年和 2020 年的毛利、期间费用、利润总额和净利润，并说明销售净利率下降的原因。

4. 分析说明该旅游公司的资金来源。

5. 分析旅游公司的股利支付比例。

6. 假如你是该旅游公司的经理，在 2021 年应从哪些方面改善公司的财务状况和经营业绩？

项目十

旅游企业预算管理

【知识目标】

(1) 了解预算的概念和分类;
(2) 掌握旅游企业六种预算编制方法;
(3) 掌握旅游企业财务预算的编制。

【技能目标】

能够结合旅游企业预算的实际情况，有针对性地根据企业财务管理需要和不同预算的特点，正确选择预算的编制方法。

【素质目标】

能够认知财务预算编制程序和方法，培养交流沟通、综合协调的能力。

【引入案例】

近20多年来，我国星级酒店业遭遇过四次“寒潮”，客房出租率也出现过四次阶段性低值。第一次是1998年，受亚洲金融危机影响，当年星级酒店客房出租率为57.04%；第二次是2003年，受非典影响，当年星级酒店客房出租率为61.09%；第三次是2008年，受国际金融危机影响，当年星级酒店客房出租率为55.44%；第四次是2020年，受新冠肺炎疫情影响，当年星级酒店客房出租率为50%左右。

【问题】

面对这种不可预见事件的发生，你认为酒店在编制预算时应做些什么准备才能更有利于预算管理的实施?

任务一

认识旅游企业预算管理

一、旅游企业预算的概念

预算是在预测、决策的基础上，用数量和金额以表格的形式反映旅游企业未来一定时期内经营、投资、筹资等活动的具体计划，是为实现企业目标而对各种资源和企业活动所做的详细安排。

预算管理，是指旅游企业以战略目标为导向，通过对未来一定时期内的经营活动和相应的财务结果进行全面预测和筹划，科学、合理配置企业各项财务和非财务资源，并对执行过程进行监督和分析，对执行结果进行评价和反馈，指导经营活动的改善和调整，进而推动实现企业战略目标的管理活动。

“凡事预则立，不预则废。”旅游企业只有经过事先充分的准备和计划，才能在生产经营中未雨绸缪，合理配备资源，全方位地保障业财融合，不断提高企业的经济效益。因此，预算管理已经成为现代化企业不可或缺的管理手段。

二、旅游企业预算的分类

（一）按预算内容划分

旅游企业预算可以分为经营预算（即业务预算）、专门决策预算和财务预算。

（1）经营预算是指与旅游企业日常经营活动直接相关的一系列预算，包括营业收入预算、营业成本预算、存货预算、费用预算、人力资源预算等。

（2）专门决策预算是指旅游企业重大的或不经常发的、需要根据特定决策编制的预算，包括投融资决策预算等。专门决策预算直接反映相关决策的结果，是实际中已选方案的进一步规划，如资本支出预算。

（3）财务预算是指与旅游企业资金收支、财务状况或经营成果等有关的预算，包括资金预算、预计资产负债表、预计利润表等。财务预算作为全面预算体系的最后环节，它是从价值方面总括地反映企业经营预算与专门决策预算的结果，故亦称为总预算，其他预算则相应地称为辅助预算或分预算。显然，财务预算在全面预算中占有举足轻重的地位。

（二）按预算指标覆盖的时间划分

旅游企业预算可分为短期预算和长期预算。

（1）短期预算是指预算期在 1 年以内（含一年）的预算。

（2）长期预算是指预算期在 1 年以上的预算。

预算的编制时间可以视预算的内容和实际需要而定，可以是 1 周、1 月、1 季度、1 年或若干年等。在预算编制过程中，往往要结合各项预算的特点，将长期预算和短期预算结合使用。一般情况下，旅游企业的经营预算和财务预算多为 1 年期的短期预算，年内再按季度或月度细分，而且预算期间往往与会计期间保持一致。

三、旅游企业预算体系

各种预算是一个有机联系的整体。一般将由经营预算、专门决策预算和财务预算组成的预算体系称为全面预算体系，其结构如图 10－1 所示。

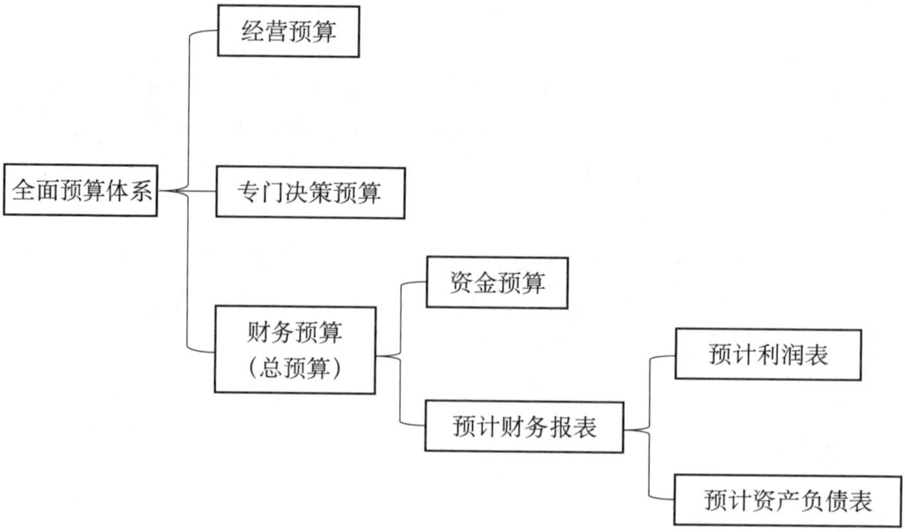

图 10-1 全面预算体系

四、旅游企业预算的作用

全面预算细化了旅游企业经营的具体任务与目标，进一步明确了工作主体的任务与目标，因此，预算不仅仅是编制和执行计划，更是全面协调旅游企业各项工作和各位成员的一个重要工作体系。因此，它在企业经营管理中发挥着重要作用，概括起来有以下三个方面：

（一）预算可以使旅游企业经营达到预期目标

预算可以通过预算指标控制实际活动过程，随时发现问题，采取必要措施，纠正不良偏差，避免经营活动漫无目的、随心所欲，通过现有的方式实现预期目标。因此，预算具有规划、控制、引导企业经济活动有序进行、以最经济有效的方式实现预期目标的功能。

（二）预算可以实现旅游企业内部各个部门之间的协调

为了使各个职能部门向着共同的战略目标前进，它们的经济活动必须密切配合，相互协调，统筹兼顾，全面安排，搞好综合平衡。各部门预算的综合平衡，能促使各部门管理人员清楚地了解本部门在全局中的地位和作用，尽可能地做好部门之间的协调工作。各部门之间只有协调一致，才能最大限度地实现企业整体目标。

（三）预算是业绩考核的重要依据

预算作为旅游企业财务活动的行为标准，使各项活动的实际执行有章可循。各部门责任考核必须以预算标准为基础。经过分解落实的预算规划目标能与部门、责任人的业绩考评结合起来，成为奖勤罚懒、评估优劣的重要依据。

任务二

旅游企业预算的编制方法与程序

一、旅游企业预算的编制方法

预算编制是一项专业技术要求较高的工作，必须采用专门的方法进行。旅游企业可以根据不同的预算项目内容，分别采用增量预算、零基预算、固定预算、弹性预算、定期预算和滚动预算等方法进行编制。

（一）增量预算法与零基预算法

按其出发点的特征不同，编制预算的方法可分为增量预算法和零基预算法两大类。

1. 增量预算法

增量预算法又称调整预算法，是指以历史期实际经济活动及其预算为基础，结合预算期经济活动相关影响因素的变动情况，通过调整历史期经济活动项目及金额形成预算的预算编制法。

增量预算编制的假设前提条件有以下几点：

（1）现有业务活动是合理的，不需要进行调整。

（2）现有各项业务的开支水平是合理的，在预算期予以保持。

（3）以现有业务活动和各项活动的开支水平确定预算期各项活动的预算数。

增量预算是建立在过去的经验的基础上，假定过去所发生的一切都是合理的，主张不需在预算内容上做较大改进，而是遵循以前的预算项目。其缺点主要表现在：

一是受原有费用项目限制，可能导致保护落后。由于按这种方法编制预算，往往不加分析地保留或接受原有的成本项目，可能使原来不合理的费用开支继续存在下去，形成不必要开支合理化，造成预算上的浪费。

二是滋长预算中的“平均主义”和“简单化”。采用此法，容易鼓励预算编制人凭主观臆断按成本项目平均削减预算或只增不减，不利于调动各部门降低费用的积极性。

三是不利于旅游企业未来的发展。按照这种方法编制的费用预算，对于那些未来实际需要开支的项目，可能因没有考虑未来情况的变化而造成预算的不足。

虽然增量预算存在以上问题，但其显著的优点是：工作量小且简便易行，所以在我国实务中，多数酒店均采用此法编制预算。

2. 零基预算法

零基预算法是指旅游企业不以历史期经济活动及其预算为基础，以零为起点，从实际需要出发分析预算期经济活动的合理性，经综合平衡，形成预算的预算编制方法。这种方法适用于旅游企业各项预算的编制，特别是不经常发生的预算项目或预算编制基础变化较大的预算项目。

零基预算法是为克服增量预算的缺点而设计的，主要优点是：

（1）以零为起点编制预算，不受历史期经济活动中的不合理因素影响，能够灵活应对内外环境的变化，预算编制更贴近预算期企业经济活动需要；

（2）有助于增加预算编制透明度，有利于进行预算控制。

但其缺点在于：一是预算编制工作量较大、成本较高；二是预算编制的准确性受企业管理水平和相关数据标准准确性影响较大。

（二）固定预算法与弹性预算法

编制预算的方法按其业务量基础的数量特征不同，可分为固定预算法和弹性预算法。

1. 固定预算法

固定预算法又称静态预算法，是指以预算期内正常的、最可实现的某一业务量水平为固定基础，不考虑可能发生的变动的预算编制方法，是一种传统的预算编制方法。

固定预算法最大的优点是编制比较简单，其缺点表现在两个方面：

一是适应性差。因为编制预算的业务量基础是事先假定的某个业务量。在这种方法下，不论预算期内业务量水平实际可能发生哪些变动，都只按事先确定的某一个业务量水平作为编制预算的基础。

二是可比性差。当实际的业务量与编制预算所依据的业务量发生较大差异时，有关预算指标的实际数与预算数就会因业务量基础不同而失去可比性。

一般情况下，对不随着业务量变化的固定成本与费用，多采用固定预算方法进行编制；而对变动成本，在编制预算时不宜用此方法。

【例题 10－1】 某酒店 2021 年预计营业收入为 12 000 000 元，预计营业成本为营业收入的 22%，营业费用为营业收入的 55%。则可根据上述资料编制酒店营业利润预算表（见表 10－1）。

表 10－1　某酒店营业利润预算表　　单位：元

项目	金额
营业收入	12 000 000
营业成本	12 000 000×22%＝2 640 000
营业费用	12 000 000×55%＝6 600 000
营业利润	2 760 000

2. 弹性预算法

弹性预算法又称动态预算法，指旅游企业在分析业务量与预算项目之间数量依存关系的基础上，分别确定不同业务量及其相应预算项目所消耗资源的预算编制方法。它是为一定的业务量水平范围而不是单一的业务量水平编制的预算，其数据能够适应业务量水平的变化而自行调整。

弹性预算法的主要优点是考虑了预算期可能的不同业务量水平，更贴近旅游企业经营管理实际情况。能够反映在预算期内，与一定相关范围内可预见的多种业务量水平相对应的不同预算额，扩大了预算的适用范围。

与按特定业务量水平编制的固定预算法相比，弹性预算法的主要优点是考虑了预算期可能的不同业务量水平，更贴近企业经营管理实际情况。但其缺点有两个方面：一是编制工作量大；二是市场及其变动趋势预测的准确性、预算项目与业务量之间的依存关系的判断水平等会对弹性预算的合理性造成较大影响。

理论上，弹性预算法适用于所有与业务量有关的预算编制，但实务中主要用于编制成本费用预算和利润预算，尤其是成本费用预算。

弹性预算法又分为公式法和列表法：

(1) 公式法。

公式法是运用总成本性态模型，测算预算期的成本费用数额，并编制成本费用预算的方法。在成本习性分析的基础上，成本与业务量之间的数量关系可用公式表示为：

$$y = a + bx$$

式中，y 表示某项预算成本总额，a 表示该项成本中的固定基数，b 表示与业务量相关的弹性定额，x 表示预计业务量。

【例题 10-2】 表 10-2 所列为某酒店 2021 年销售费用弹性预算资料，其中较大的混合成本项目已经过事先分解，该酒店服务能力为年接待客人数 75 000 人次，人均消费 160 元，酒店综合利用率预计在 90%～105%（67 500～78 750 人次），要求编制销售费用的弹性预算。

根据上述资料，采用公式法编制销售费用弹性预算。

表 10-2　某酒店 2021 年销售费用弹性预算表

项目	67 500～78 750 人次	
	固定费用（元）	变动费用率（%）
工资	3 000 000	
财产保险费	50 000	
设备租金	40 000	
能源费		8
临时工工资		5
物料消耗	30 000	2.5
维修费	15 000	1
洗涤费	45 000	1.5
折旧费	30 000	
合计	3 210 000	18

当酒店综合利用率为 100%（接待人次 75 000 人次）时：

$$\begin{aligned}销售费用弹性预算 &= 固定销售费用 + \sum(变动费用率 \times 业务量水平)\\ &= 3\ 210\ 000 + 75\ 000 \times 0.18 \times 160 = 5\ 370\ 000（元）\end{aligned}$$

同样，利用上述公式可以计算出 67 500～78 750 人次任意一点上的销售费用预算数。

公式法的优点是：便于在一定范围内计算任何业务量的预算成本，可比性和适应性强，编制预算的工作量相对较小。但是，按公式法进行成本分解比较麻烦，对每个费用子项目甚至细目逐一进行成本分解，工作量很大。

（2）列表法。

列表法是指旅游企业通过列表的方式，在业务量范围内依据已划分出的若干个不同等级，分别计算并列示该预算项目与业务量相关的不同可能预算方案的方法。

采用列表法编制预算，首先要在确定的业务量范围内，划分出若干个不同水平，然后分别计算各项预算值，汇总列入一个预算表格。

【例题 10-3】以列表法编制的弹性预算如表 10-3 所示。

表 10-3 某酒店 2020 年销售费用弹性预算表 单位：元

综合利用率	……	90%	95%	100%	105%	……
接待人数	……	67 500	72 250	75 000	78 750	……
人均消费	……	160	160	160	160	……
营业收入	……	10 800 000	11 560 000	12 000 000	12 600 000	……
1. 变动成本	……	1 404 000	1 502 800	1 560 000	1 638 000	……
能源费	……	864 000	924 800	960 000	1 008 000	……
临时工工资	……	540 000	578 000	600 000	630 000	……
2. 混合成本	……	630 000	668 000	690 000	720 000	……
物料消耗	……	300 000	319 000	330 000	345 000	……
维修费	……	123 000	130 600	135 000	141 000	……
洗涤费	……	207 000	218 400	225 000	234 000	……
3. 固定费用	……	3 120 000	3 120 000	3 120 000	3 120 000	……
工资	……	3 000 000	3 000 000	3 000 000	3 000 000	……
财产保险费	……	50 000	50 000	50 000	50 000	……
设备租金	……	40 000	40 000	40 000	40 000	……
折旧费	……	30 000	30 000	30 000	30 000	……
销售费用预算数	……	5 154 000	5 290 800	5 370 000	5 478 000	……

列表法的优点是：在某种程度上克服了公式法的局限性，费用预算分别列示，且比较精确，便于进行考核和控制，但工作量相对较大。

（三）定期预算法与滚动预算法

编制预算的方法按其预算期的时间特征不同，可分为定期预算法和滚动预算法两大类。

1. 定期预算法

定期预算法也称为阶段性预算，是指在编制预算时，以固定会计期间（如日历年度）作为预算期的一种预算编制方法。这种方法的优点是能够使预算期间与会计期间相对应，便于将实际数与预算数进行对比，有利于对预算执行情况进行分析和评价。但它存在以下几个缺点：

（1）盲目性。由于定期预算往往是年初甚至提前两三个月编制的，对于整个预算年度的生产经营活动很难做出准确的预算，尤其是预算后期只能进行笼统的估算，数据笼统含糊，缺乏远期指导性，给预算的执行带来很多困难。

（2）滞后性。由于定期预算不能随情况的变化及时调整，当企业所规划的各种经营活动在预算期内发生重大变化（如旅游企业产品或服务结构的调整）时，就会造成预算滞后，使之成为虚假预算。

（3）间断性。由于受预算期间的限制，致使经营管理者的决策视野局限于本期规划的经营活动，通常不考虑下期。例如：一些企业提前完成本期预算后，以为可以松一口气，其他事情等下期再说，形成人为的预算间断。因此，按定期预算方法编制的预算不能适应连续不断的经营过程，从而不利于旅游企业的长远发展。

定期预算一般适用于全年经营服务较为均衡的旅游企业。

2. 滚动预算法

滚动预算法又称永续预算法，是指旅游企业根据上一期预算执行情况和新的预测结果，按既定的预算编制周期和滚动频率，对原有的预算方案进行调整和补充、逐期滚动、持续推进的预算编制方法。其具体做法是每过一个季度（或月份），立即根据前一个季度（或月份）的预算执行情况，对以后季度（或月份）进行修订，并增加一个季度（或月份）的预算，以逐期向后滚动，使预算期永远保持为一个固定的长度（一般为 12 个月）的预算形式规划企业未来的经营活动。

滚动预算法按照滚动频率不同，可以分为逐月滚动、逐季滚动和混合滚动三种形式。

（1）逐月滚动。

逐月滚动是指在预算编制过程中，以月份为预算的编制和滚动单位，每个月调整一次预算的方法。如在 2021 年 1 月至 12 月的预算执行过程中，需要在 1 月末根据当月预算的执行情况修订 2 月至 12 月的预算，同时补充下年 1 月的预算；到 2 月末可根据当月预算的执行情况，修订 3 月至 2022 年 1 月的预算，同时补充 2022 年 2 月的预算。以此类推，逐月滚动方式如图 10－2 所示。

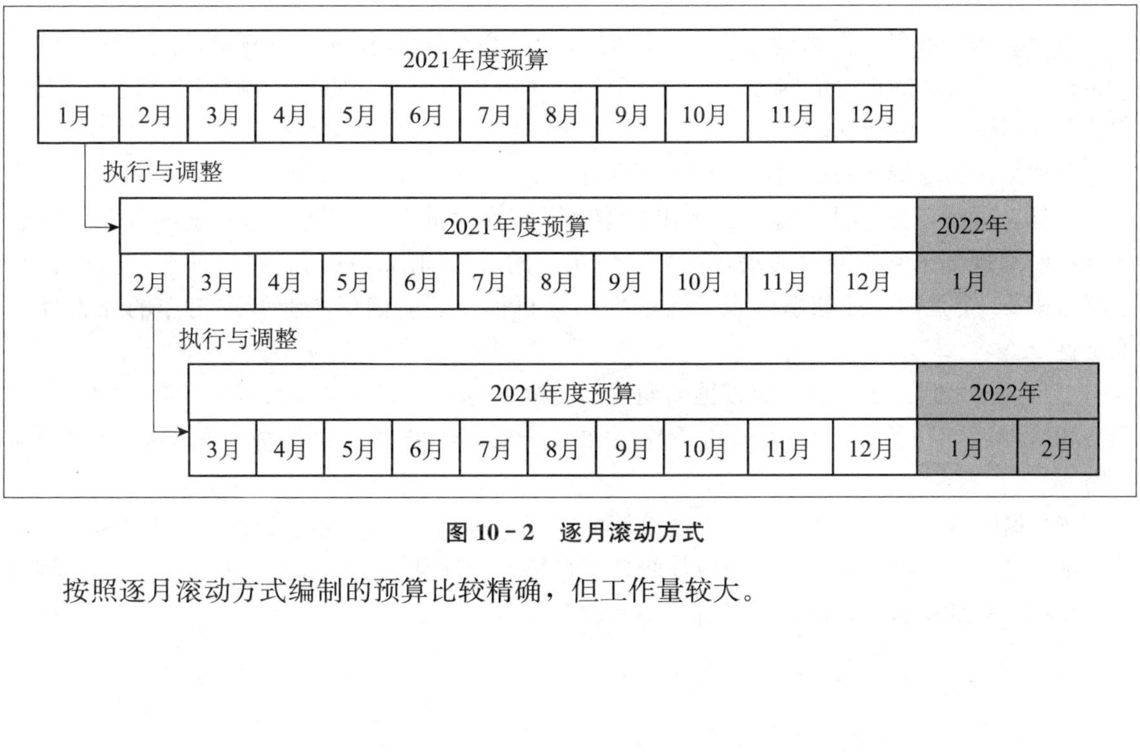

图 10－2　逐月滚动方式

按照逐月滚动方式编制的预算比较精确，但工作量较大。

（2）逐季滚动。

逐季滚动是指在预算编制过程中，以季度为预算的编制和滚动单位，每个季度调整次预算的方法。逐季滚动编制的预算比逐月滚动的工作量小，但精确度较差。逐季滚动预算方式如图 10－3 所示。

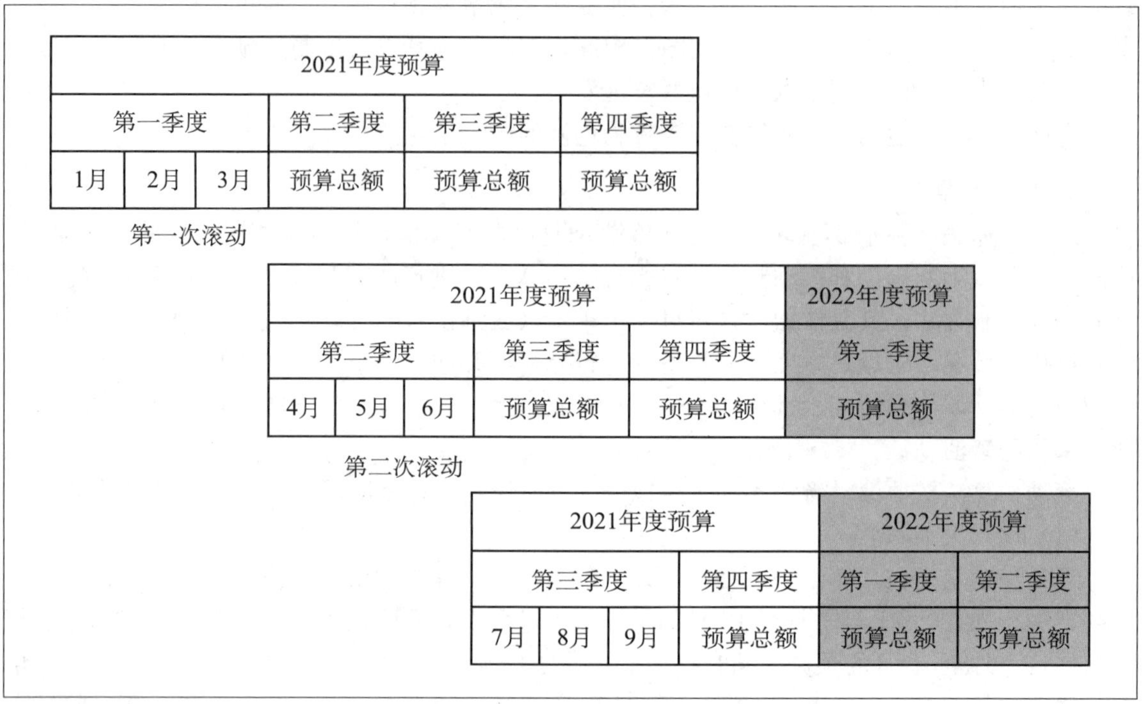

图 10－3　逐季滚动方式

（3）混合滚动。

混合滚动是指在预算编制过程中，同时以月份和季度作为预算的编制和滚动单位的方法。这种预算方法的理论依据是，人们对未来的了解程度具有对近期的预计把握较大、对远期的预计把握较小的特征。

滚动预算法与传统的定期预算相比，具有以下优点：

一是连续性、完整性和稳定性突出。滚动预算在时间上不再受日历年度的限制，能够连续不断地规划未来的经营活动，不会造成预算的人为间断；同时，可以使企业管理人员了解未来 12 个月内企业的总体规划与近期预算目标，能够确保企业管理工作的完整性与稳定性。

二是及时性强。滚动预算能根据前期预算的执行情况，结合各种因素的变动影响，及时调整和修订近期预算，这样做出的预算更加切合实际，能够充分发挥预算的指导和控制作用。

三是透明度高。采用滚动预算方法编制的预算不再是预算年度刚开始几个月的事情，而是实现了日常管理的紧密衔接，可以使管理人员始终能够从动态的角度把握企业近期的规划目标和远期的战略布局，使预算具有较高的透明度。

采用滚动预算方法编制预算，唯一的缺点是工作量较大。它通常适应于按季或按月编制的旅游企业。

以上预算编制方法各有优缺点，旅游企业应根据自身经营管理需要及不同业务活动特点，充分考虑预算管理效率，兼顾成本效益原则，选择能满足企业经营管理需要的预算编制方法，或采用多种预算方法的组合。

二、旅游企业预算的编制程序

旅游企业预算的编制是一个系统工程，为此需要科学合理地安排编制流程，统筹各部门的经济关系和职能，处理有关方面在编制预算时可能发生的矛盾与争执。不同旅游企业的性质特点不同，因此其具体的预算编制流程也有所区别。但是一般按照“上下结合、分级编制、逐级汇总”的程序进行。

（一）下达目标

旅游企业董事会或经理办公会根据企业发展战略和预算期经济形势的初步预测，在决策的基础上，提出下一年度企业预算目标，包括销售或营业目标、成本费用目标、利润目标和现金流量目标，并确定预算编制的政策，由预算管理层下达至各部门。

（二）编制上报

各部门按照旅游企业预算管理层下达的预算目标和政策，结合自身特点以及预算的执行条件，提出本部门详细的预算方案，上报旅游企业财务部门。

（三）审查平衡

旅游企业财务部门对各部门上报的预算方案进行审查、汇总，提出综合平衡的建议。在审查、平衡过程中，预算管理层应当进行充分协调，对发现的问题提出初步调整意见，并反馈给有关部门予以修正。

（四）审议批准

旅游企业财务部门在有关部门修正调整的基础上编制出企业预算方案，报企业预算管理层讨论。对于不符合企业发展战略或者预算目标的事项，企业预算管理层应当责成有关部门进一步修订、调整。在讨论、调整的基础上，企业财务部门正式编制企业年度预算草案，提交董事会或经理办公会审议批准。

（五）下达执行

旅游企业财务部门对董事会或经理办公会审议批准的年度总预算，一般在次年 3 月底以前，分解成一系列的指标体系，由预算管理层逐级下达各部门执行。

任务三

旅游企业预算编制

旅游企业应建立和完善预算编制的工作制度，明确预算编制依据、编制内容、编制程序和编制方法，确保预算编制依据合理、内容全面、程序规范、方法科学。由于旅游企业经营多元化，服务项目广阔、产品结构复杂，企业预算模式也形成多样化，因此下面仅以酒店行业的经营预算与财务预算为例阐述预算编制。

一、经营预算的编制

旅游企业经营预算，也称为营业预算，是规划和控制预算期间日常经营活动的预算，主要包括营业收入预算、营业成本预算、营业费用预算、管理费用预算等（为计算方便，不考虑税费）。

（一）营业收入预算

营业收入预算是在销售预测的基础上根据销售计划编制的，是整个预算的编制起点，其他预算的编制都以销售预算作为基础。

营业收入预算的主要内容是销量、单价和销售收入。销量是根据旅游市场客源调查和企业的实际情况预测确定的，单价是通过价格政策确定的，营业收入是两者的乘积，在营业收入预算中计算得出。

1. 客房部营业收入预算

客房部营业收入受客房数量、出租率和平均房价三个因素影响。对于一家酒店来说，客房数量在一定时间内是不变的，其平均房价也只能在政策允许的范围内小幅调整，因此，出租率是影响客房部营业收入的重要因素，客房出租率越高，房务收入越高。值得注意的是，在酒店内部，客房有不同的类型和档次，其房价也有区别，在编制预算时应分开计算，再予以汇总。客房部营业收入计算公式如下：

$$客房部营业收入 = \sum(客房数 \times 出租率 \times 平均房价 \times 预算期天数)$$

2. 餐饮部营业收入预算

酒店餐饮部各类餐厅提供的产品各有特色，其产品的成本结构、经营状况和销售状况也各有特点。因此，在编制餐饮部营业收入预算时，一般先分餐厅进行编写，然后进行汇总。具体可按如下步骤编写。

（1）餐厅预计营业收入主要受餐厅座位数量、餐位上座率和人均消费额三个因素的影响。根据市场调查和酒店的历史数据预测出预算期内餐位上座率和人均消费额。由于餐厅早、中、晚餐的上座率和人均消费额差别较大，应根据不同餐厅、不同就餐时间分别预测相关数据。

（2）根据预测值计算出餐厅的营业收入，再将各个餐厅的营业收入进行汇总。计算公式如下：

$$餐饮部营业收入=\sum(某餐厅座位数\times餐位上座率\times某餐厅人均消费额\times预算期天数)$$

3. 商品销售部营业收入预算的编制

商品销售部销售商品多种多样，不同类别的商品其售价、成本、销售数量都有区别，因此在编制预算时应按商品类别进行划分，分别预算不同类商品的预计营业收入，然后进行汇总。酒店商品销售情况都会受到酒店的入住率、客人消费水平等因素的影响，需要在对酒店未来情况深入分析的基础上对商品销售量进行合理的预计。其计算公式如下：

$$商品销售部预计营业收入=\sum(某类商品预计销售价\times商品预计销售数量)$$

【例题 10－4】 某酒店是一家拥有 400 间客房的大型酒店，通过对酒店历史资料及旅游市场行情的分析，预测 2020 年度平均客房出租率为 70%，比 2019 年预计增加 5%。考虑到酒店行业价格调整因素，预计 2020 年平均房价为 390 元，预计双客出租率为 50%。餐饮、商品部的销售收入预算考虑到预算年度客房销售情况的增长因素，预计每个住店客人平均餐饮消费为 60 元，购买商品 10 元，则该酒店 2020 年营业收入预算如表 10－4 所示。

表 10－4　某酒店 2020 年度营业收入预算表

项目	一季度	二季度	三季度	四季度	全年
客房出租率（%）	65	75	75	65	70
平均房价（元/间·天）	390	390	390	390	390
客房营业收入万元	912.6	1 064.7	1 076.4	932.88	3 986.58
住店客人（人）	35 100	40 950	41 400	35 880	153 330
住客人均餐饮消费（元）	60	60	60	60	60
住客餐饮营业收入万元	210.6	245.7	248.4	215.28	919.98
其中：食品收入万元	168.48	196.56	198.72	172.22	735.98
饮料收入万元	42.12	49.14	49.68	43.06	184
住客人均商品消费（元）	10	10	10	10	10
住客商品营业收入万元	35.1	40.95	41.4	35.88	153.33
营业收入合计（万元）	1 158.3	1 351.35	1 366.2	1 184.04	5 059.89

需要注意的是，上例中的餐饮营业收入和商品营业收入预算的编制，仅预测了住店客人的消费情况，并未考虑其他渠道客人的餐饮消费及商品购买情况，在编制酒店完整的餐饮营业收入及商品销售收入预算时，还应将其他渠道产生的有关营业收入，根据往期历史数据的分析，一并计入总预算内。

（二）营业成本预算

1. 营业成本预算的编制

营业成本预算，是旅游企业按照预算期的正常生产经营情况所需产生的成本预算。它属于一种预计或未来成本，是以企业预算期内的销售预算为基础进行编制的。值得注意的是，旅游企业中酒店营业成本的预算一般只包括餐饮成本预算、商品销售成本预算、车辆营运成本预算等，而客房、康乐等以固定资产运营为主的部门在经营中产生的能源、人力等支出难以归结到某一特定产品中，因此一般归结至营业费用中。

（1）客房成本预算。

客房成本预算通常分为变动费用预算和固定费用预算两部分。

①变动费用预算。客房部的变动费用预算是以客房消费品定额标准为依据来编制的，可采用如下方法进行。

$$物料用品成本预算 = \sum(客房数量\times预计出租率\times某类消耗品每间客房配备量\times某类消耗品平均单价\times预算期天数)$$

如果没有完善定额标准资料，就需逐项进行预计变动费用。

②固定费用预算。固定费用通常与旅游企业的业务量无关。如固定资产折旧费、职工薪酬、保险费、服装费等，这些费用在预算期内比较稳定，可以根据上期的费用水平和预算期实际情况预计编制。

（2）餐饮成本预算。

餐饮成本预算是在编制营业收入预算的基础上进行的，一般有两种方法：

一种方法是根据营业收入和历史资料、酒店星级、市场供求关系等确定本酒店餐厅的毛利率。计算公式为：

$$预算期餐饮成本 = \sum[某餐厅预算餐饮营业收入\times(1-某餐厅预计餐饮毛利率)]$$

另一种方法是根据标准成本计算，对购进的食品原材料进行加工测试，求加工后实际净料成本，编制成本计算表来确定每种食品主料、配料的标准成本，然后追加一定的附加成本，最后确定出餐饮制品的标准成本。计算公式为：

$$预算期餐饮成本 = \sum(某餐厅预算餐饮营业收入\times标准成本率)$$

（3）商品销售成本预算。

商品销售成本是指已经销售商品的进价成本，其计算公式如下：

$$商品成本预算金额 = \sum[预算期某类商品销售额\times(1-该类商品毛利率)]$$

【例题 10-5】某酒店商品部现有五个营业柜组，包括百货类、工艺品类、食品类、医药类、办公耗材类，它们的毛利率分别为 30%、50%、35%、40%、45%，则商品部 2020 年成本预算如表 10-5 所示。

表 10-5 某酒店 2020 年商品部成本费用预算表 单位：元

项目	百货类	工艺品类	食品类	医药类	办公耗材类	合计
预计营业收入	865 564	1 019 693	642 311	660 868	976 298	4 164 734
毛利率（%）	30	50	35	40	45	
毛利额	259 669	509 847	224 809	264 347	439 334	1 698 006
营业成本	605 895	509 846	417 502	396 521	536 964	2 466 728

2. 期间费用预算的编制

企业的期间费用包括营业费用、管理费用和财务费用，这些费用直接计入当期损益，从企业获得的当期营业收入中得以补偿。

(1) 营业费用预算。

营业费用预算是反映旅游企业各个营业部门在其经营过程中所需支付的费用预算。它以销售预算为基础，根据费用计划编制。

(2) 管理费用预算。

管理费用是反映旅游企业为组织和管理经营活动而所需要支付的费用，应由企业统一认定负担的费用预算，包括：行政人员工资福利、办公费、工会经费、职工教育经费、折旧费等。管理费用多属于固定成本，所以一般是以上期的实际开支为基础，按照预算期的可预见变化进行调整编制。

(3) 财务费用预算。

财务费用预算是反映旅游企业在其经营过程中为解决资金周转等问题在筹集资金时所发生的费用开支预算，它一般结合上期的数据及预算期资金筹集情况确定，包括结合资本预算、现金预算等进行编制。

二、财务预算的编制

财务预算是旅游企业的综合性预算，包括现金预算、利润表预算、资产负债表预算。

(一) 现金预算

旅游企业的现金预算，主要是规划企业在经营过程中现金的流入、流出以及净现金流动的产生情况，以便更好地调度现金，保证生产经营的需要。这里说的现金是指企业的库存现金和银行存款等货币资金。

现金预算是企业财务预算的中心，由四部分组成：现金收入、现金支出、现金余缺、现金的筹措和运用。

1. 现金收入

现金收入包括预算期的期初现金余额和预算期现金收入，销售取得的现金收入是其主要来源，包括现销收入、回收应收账款款项、应收票据的兑现等。

2. 现金支出

现金支出包括预算期的各项现金的支出，如营业成本、营业费用、管理费用中涉及的需要现金支出的项目，还包括各项税费、购置设备、股利分配等现金支出，有关的数据分别来自另行编制的专门预算。

3. 现金余缺

现金余缺主要反映现金收入合计与现金支出合计的差额。差额为正，说明收大于支，现金有多余，可用于偿还过去从银行取得的借款，或是用于短期投资。差额为负，说明支大于收，现金不足，要从银行取得新的借款。

4. 现金的筹措和运用

现金的筹措和运用反映预算期内因资金不足向银行借款，或发放短期商业票据以筹集资金，以及还本付息的情况。

现金预算实际上是其他业务预算（如营业收入预算、成本费用预算等）有关现金收支部分的汇总，以及收支差额平衡措施的具体计划。它的编制要以其他各项预算为基础，或者说其他预算在编制时要为现金预算做好数据准备。

【例题 10-6】表 10-6 为 A 酒店 2020 年 6 月现金预算表。

表 10-6　A 酒店 2020 年 6 月现金预算表　　单位：万元

项目	金额
期初现金余额	222
加：现金收入	569.46
其中：餐饮现销收入	172.98
客房现销收入	316.48
商品现销收入	30
其他部门现销收入	50
可供使用现金	791.46
减：各项付现支出	
其中：物料支出	107.10
付现营业费用	159
付现管理费用	65
付现财务费用	12
税费支出	44
购买设备	
股利付现	
现金支出合计	387.10
现金余缺	404.36
归还银行借款（年利 8%）	
期末现金余额	149 399

表中：

可供使用现金＝期初现金余额＋现金收入

可供使用现金－现金支出＝现金余缺

现金余缺＋现金筹措－现金运用＝期末现金余额

（二）利润表预算

利润表预算用来反映旅游企业在计划期的预计经营成果，是在汇总营业收入、营业成本费用、资本支出等预算的基础上加以编制的，通过编制利润预算，可以了解企业预期的盈利水平。如果预计利润和最初编制方针中的目标利润有较大的不一致，就需要调整部门预算，设法达到目标，或是经企业领导同意后修改目标利润。

【例题 10-7】表 10-7 为 A 酒店 2020 年预计利润表。

表 10-7　A 酒店 2020 年预计利润表

单位：元

项目	金额
营业收入	17 640 000
营业成本	10 237 500
毛利	7 402 500
营业及管理费用	2 350 000
利息	2 164 750
利润总额	2 887 750
所得税费用（估计）	700 000
净利润	2 187 750

其中："营业收入"项目的数据来自营业收入预算；"营业成本"项目的数据来自营业成本预算；"毛利"项目的数据是前两项的差额；"营业及管理费用"项目的数据来自营业及管理费用预算；"利息"项目的数据来自现金预算。另外，"所得税费用"项目是在利润规划时估计的，并已列入现金预算，它通常不是根据"利润总额"和所得税税率计算出来的，因为有诸多纳税调整的事项存在。

（三）资产负债表预算

资产负债表预算用来反映旅游企业在计划期末预计的财务状况。该表是利用计划期期初资产负债表，根据营业收入、营业成本费用、资本支出等预算的有关数据加以调整编制的，它是编制全面预算的终点。通过编制资产负债预算表，可以帮助企业管理者判断预算反映的财务状况的稳定性和流动性。如果通过资产负债表预算的分析，发现某些财务比率不佳，必要时可以修改有关预算，以改善财务状况。

【例题 10-8】 表 10-8 为 A 酒店 2020 年预计资产负债表。

表 10-8　A 酒店 2020 年预计资产负债表

单位：元

资产	年初	年末	负债和所有者权益	年初	年末
货币资金	800 000	306 650	短期借款	0	750 000
应收账款	620 000	2 016 000	应付账款	235 000	742 400
物料	402 500	645 000	长期借款	12 000 000	22 000 000
固定资产	4 000 000	3 350 000	负债合计	12 235 000	23 492 400
在建工程	10 000 000	22 000 000	实收资本	2 000 000	2 000 000
			资本公积	500 000	500 000
			盈余公积	750 000	968 775
			未分配利润	337 500	1 356 475
			所有者权益合计	3 587 500	4 825 250
资产合计	15 822 500	28 317 650	负债和所有者权益合计	15 822 500	28 317 650

利润表预算和资产负债表预算是财务管理的重要工具。财务报表预算的作用与历史实际的财务报表不同。所有企业都要在年终编制历史实际的财务报表，这是法律强制执行的。而财务报表预算主要为企业财务管理服务，是控制企业资金、成本和利润总量的重要手段。因

其可以从总体上反映一定时期企业经营的全局情况，通常称为企业的“总预算”。

【思政园地】

跟白居易学未雨绸缪思维——“量入为出”

（一）原文出处

该句出自白居易的《赠友五首》。白居易说：“庸必算丁口，租必计桑田。不求土所无，不强人所难。量入以为出，上足下亦安。”

（二）译文

劳役和兵役必须落实到人头上，租税必须落实到耕种桑田的亩数上。不管土地归谁所有，不强迫给人摊派租税负担让人为难。支出安排以收入多少为限制，这样上面的开支有了保障，下面的百姓也生活安定。

（三）引申

从会计文化的角度讲，白居易所说的有三层要义。一是财务会计工作要加强预算工作，做好事前的预测和估计工作，谋划在先，以预算统揽财务会计工作的始终，严把预算编制、预算执行、预算调整和预算考核各个环节；二是财务会计工作要强化平衡理念，收支平衡、账目平衡、报表平衡是最基本的工作要求和标准；三是要节约开支，降低成本费用水平，开支如果没有标准和制度约束，多少收入都无法满足。

资料来源：郭传章．会计文化［M］．北京：高等教育出版社，2019.

【项目小结】

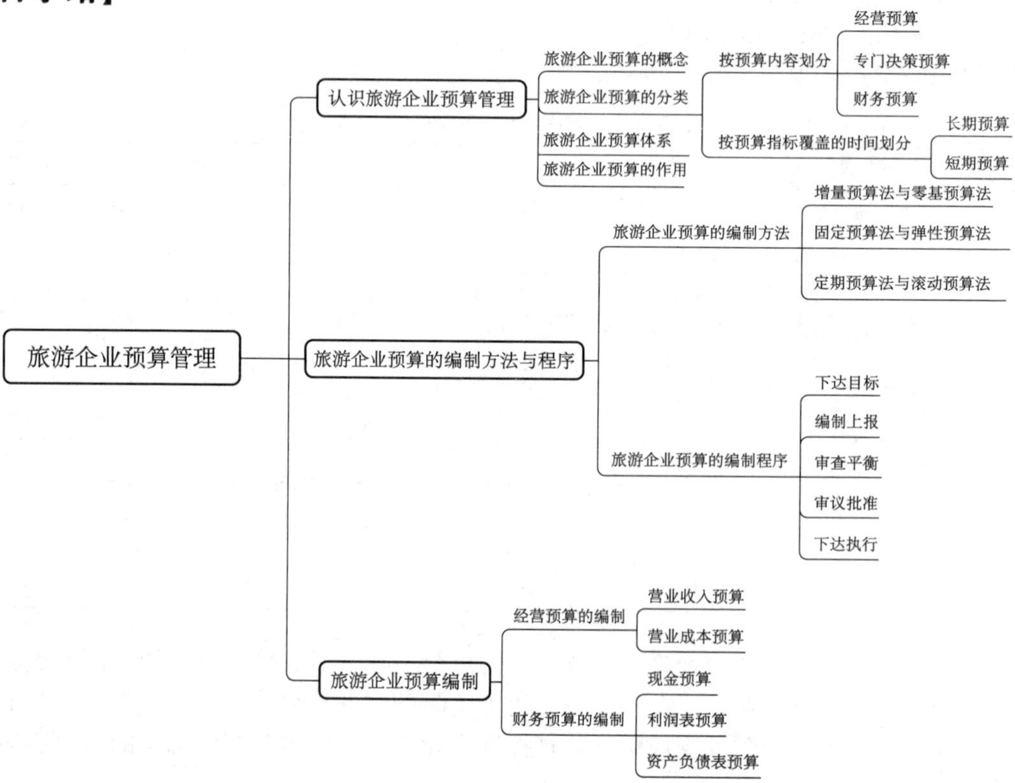

※ 应知考核 ※

一、单选题

1. 下列预算中，属于财务预算的是（　　）。

A. 销售预算　　B. 现金预算

C. 直接人工预算　　D. 直接材料预算

2. 随着预算执行不断补充预算，但始终保持一个固定预算期长度的预算编制方法是（　　）。

A. 滚动预算法　　B. 增量预算法

C. 零基预算法　　D. 定期预算法

3. 下列各项预算编制方法中，不受现有费用项目和现行预算束缚的是（　　）。

A. 定期预算法　　B. 固定预算法

C. 弹性预算法　　D. 零基预算法

4. 根据预算期内正常的、可实现的某一固定业务量水平作为唯一基础来编制的预算方法是（　　）。

A. 弹性预算法　　B. 固定预算法

C. 增量预算法　　D. 定期预算法

5. 下列因素中不会影响酒店营业收入预算编制的是（　　）。

A. 酒店客房销售价格　　B. 客房出租率水平

C. 顾客消费喜好　　D. 餐饮上座率情况

二、多选题

1. 弹性成本预算的编制方法包括（　　）。

A. 公式法　　B. 因素法

C. 列表法　　D. 百分比法

2. 滚动预算按照预算编制和滚动的时间单位不同分为（　　）。

A. 逐月滚动　　B. 逐季滚动

C. 逐年滚动　　D. 混合滚动

3. 酒店现金预算的内容包括（　　）。

A. 现金收入　　B. 现金支出

C. 现金余缺　　D. 资金筹措和使用

4. 零基预算与增量预算相比较，其不同之处在于（　　）。

A. 一切从可能出发　　B. 以零为基础

C. 以现有的费用水平为基础　　D. 一切从实际需要出发

5. 酒店销售预算的主要内容有（　　）。

A. 平均房价　　B. 客房出租率

C. 营业收入　　D. 营业成本

三、判断题

1. 全面预算体系的最后环节是专门决策预算。（　　）
2. 增量预算与零基预算相比能够调动各部门降低费用的积极性。（　　）

※ 应会考核 ※

背景材料

某酒店 2016—2020 年的食品收入、食品成本、食品成本率、饮料收入、饮料成本、饮料成本率数据资料如表 10－9 所示。

表 10－9　某酒店 2016—2020 年的预算表

年份	食品收入（元）	食品成本（元）	食品成本率（%）	饮料收入（元）	饮料成本（元）	饮料成本率（%）
2016	2 435 620	881 694	36.20	365 300	103 453	28.32
2017	2 557 400	907 366	35.48	390 870	107 724	27.56
2018	2 684 760	980 474	36.52	417 850	116 580	27.90
2019	2 824 367	1 008 299	35.70	447 510	125 616	28.07
2020	2 968 410	1 070 112	36.05	479 500	134 740	28.10

考核要求

1. 请根据相关资料预测 2021 年该酒店食品收入和饮料收入。
2. 分别计算出 2021 年的食品成本、食品成本率、饮料成本和饮料成本率。

参考文献

[1] 财政部会计资格评价中心．财务管理［M］．北京：经济科学出版社，2021

[2] 赵素娟，苏玲朵．旅游企业财务管理［M］．北京：清华大学出版社，2020

[3] 王茂盛，景诚．酒店财务管理［M］．北京：高等教育出版社，2019

[4] 徐虹，康晓梅．旅游企业管理［M］．大连：东北财经大学出版社，2019

[5] 徐哲，李贺．财务管理［M］．北京：立信会计出版社，2019

[6] 郭传章．会计文化［M］．北京：高等教育出版社，2019

[7] 贾玎，肖华．旅游企业管理［M］．上海：复旦大学出版社，2010

[8] 李元伟．财务管理基础［M］．2 版．北京：中国人民大学出版社，2016

[9] 金佳，陈娟．财务管理实务［M］．2 版．北京：中国人民大学出版社，2018

[10] 马勇，胡芬．旅游企业财务管理［M］．武汉：华中科技大学出版社，2020

图书在版编目（CIP）数据

旅游企业财务管理/王艳玲，王蕾主编．—北京：中国人民大学出版社，2022.4
新编21世纪高等职业教育精品教材·旅游大类
ISBN 978-7-300-30429-8

Ⅰ．①旅… Ⅱ．①王… ②王… Ⅲ．①旅游企业-财务管理-高等职业教育-教材 Ⅳ．①F590.66

中国版本图书馆CIP数据核字（2022）第041631号

校企“双元”合作开发教材
新编21世纪高等职业教育精品教材·旅游大类
旅游企业财务管理
主　编　王艳玲　王　蕾
副主编　刘艳雪　王　晓
Lüyou Qiye Caiwu Guanli

出版发行	中国人民大学出版社		
社　　址	北京中关村大街31号	**邮政编码**	100080
电　　话	010－62511242（总编室）		010－62511770（质管部）
	010－82501766（邮购部）		010－62514148（门市部）
	010－62511173（发行公司）		010－62515275（盗版举报）
网　　址	http://www.crup.com.cn		
经　　销	新华书店		
印　　刷	北京密兴印刷有限公司		
开　　本	787 mm×1092 mm　1/16	**版　　次**	2022年4月第1版
印　　张	17.5 插页1	**印　　次**	2025年5月第2次印刷
字　　数	432 000	**定　　价**	39.80元